# 힙합 핵폭탄 만들기

# Jump to side B...

이제 힙합 프로젝트 마지막 단계이다. 지금까지 배웠던 노래를 계속 연습하면서 노래 가사를 새로 써보고 다른 노래들도 랩으로 만들어 보자. www.swaggerlou.com---> Projects---> Hip-hop Project---> music에 Rapsta Anthem, Hush Kiddo, Kill' em All 등의 곡들이 있다. 이 곡들에 맞춰 가사를 쓰고 랩을 만들어 보자.
Go to swaggerlou.com-->projects--> Hip-hop Project--> music and listen to Rapsta Anthem, Hush Kiddo, and Killem All. These are songs with no lyrics. Listen to them and try adding your own rap to these these songs. Yes, you are a rap star, livn' large, driving fancy cars...

# 5.1

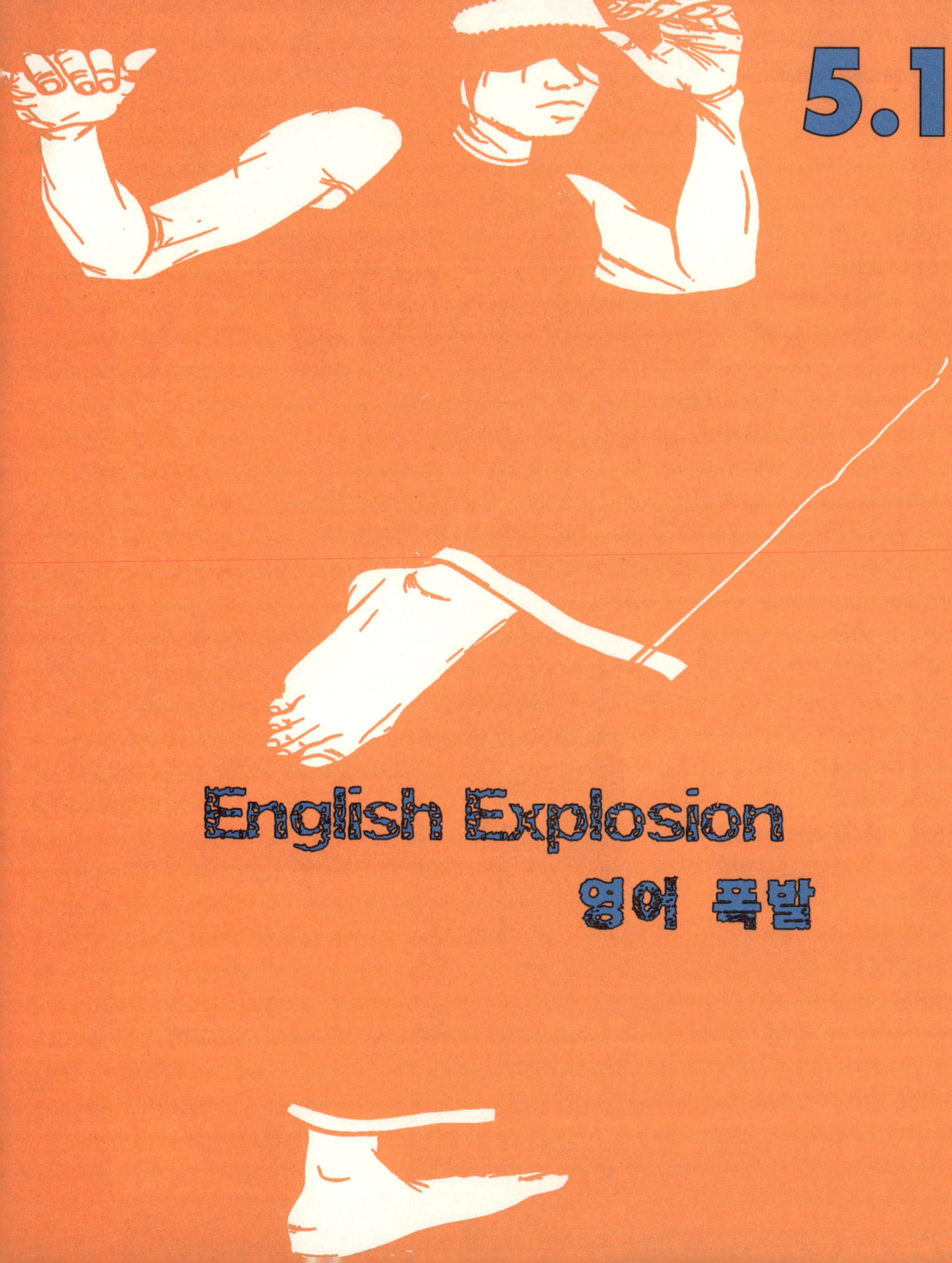

# English Explosion
## 영어 폭발

랩 핵폭탄

**virtuosic** 형용사
달인적인, 명인의.
***She's virtuosic, very talented now...***
***Pop, Crackle and Snap***

**wonder** 동사
(정처없이) 떠돌다, 헤매다, 방랑하다, 막연히 걸어가다, 배회하다(about, around).
***I wondered through Seoul...***
***Annyeonghasam***

이제 영어 핵폭탄뿐만 아니라 힙합 핵폭탄—랩 핵폭탄, 비보이 핵폭탄, 그래피티 핵폭탄, 그리고 DJ 핵폭탄— 즉, 힙합 4대 요소의 핵폭탄을 만들기 위한 힙합 프로젝트가 시작된다. 힙합 스타를 꿈꾸는, 아니면 힙합에 관심 있는, 그것도 아니면 그냥 친구들에게 더 쿨하게 보이고 싶은 사람들 다 여기 주목! 앞으로 소개할 이 네 사람은 한국에서 자기 분야에서 최고이자 실력파로 인정받고 있는 사람들이다. 힙합 프로젝트를 위해 한자리에 모셨지.

**spit** 동사
…을 내뱉다, 내뱉듯이 말하다.
***I spit words with eagerness and alacrity...***
**Pop, Crackle and Snap**

**stir** 동사
…을 흥분시키다, 감동시키다, 자극하다, 선동하다.
***I'm gonna stir it up like Steve Biko...***
***Mouth of the Horse***

**stoup** 명사
물통, 양동이.
***From the stoups, the homemade soups...***
**Annyeonghasam**

**swing** 동사
흔들리다, 흔들거리다.
***I'll swing back like a door-hinge...***
**Pop, Crackle and Snap**

**tepid** 형용사
미지근한, 미온의.
***...but we hot we never tepid...***
**Pop, Crackle and Snap**

**transmute** 동사
…의 성질(모양, 상태, 물질)을 (…로) 바꾸다.
***I change and transmute to gold like King Midas...***
**Pop, Crackle and Snap**

**treble** 명사
고음, 최고음역.
***...never overlook the treble...***
***Mouth of the Horse***

THE RAPPER...

**settle** 동사
(사건, 정세, 마음 따위가) 가라앉다, 진정되다.
***I'm gonna stir it up like Steve Biko, never settle...***
***Mouth of the Horse***

**snap** 동사
찰싹하고 소리 나다.
***Pop, crackle and snap like an elastic...***
***Pop, Crackle and Snap***

**soak** 동사
잠기다, 흠뻑 젖다.
***...soaking up that Korean sun...***
***Annyeonghasam***

**sorcery** 명사
마법, 마술.
미국에서 힙합-으로 영어 배우는 ***sorcery...***
***Lou Says Get Your Swagger On***

**sovereign** 명사
주권자, 통치자, 군주, 국왕.
***The sovereign of the land, I rule it like the sultan...***
***Pop, Crackle and Snap***

**spin** 동사
(팽이 따위)를 빙빙 돌리다, 빠른 속도로 회전시키다.
***B-boys do your head spin...***
***Ninth Dream***

**stink** 동사
악취를 풍기다.
***If it stinks then it's fetid...***
***Pop, Crackle and Snap***

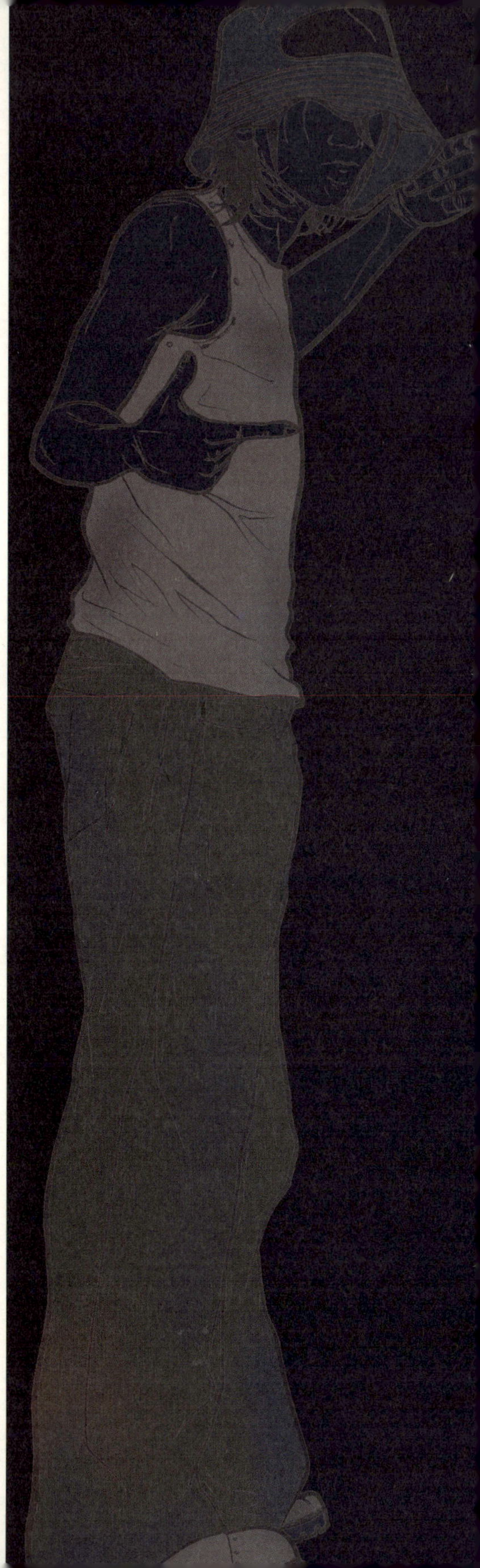

래피, 만능 랩퍼로 변신하다.
정통 랩
Yo
갱스터 랩
GANGSTER RAP
래피
랩 배틀에...
트롯트까지,
뭐든지 척척척...
다음 소식... 우주항공국에서 랩 배틀... 우승자는 달에서 공연할 수 있는 기회가...
엄마, 나 일등 먹었어!
1
흐흐흐, 달나라 댕겨오겠습니다~
WHO? WHAT?...
Peace~
One love~
Swagger Lou

**quantum** 명사
양자.
그리고 내 랩은 ***quantum sciencee...***
**Lou Says Get Your Swagger On**

**quarry** 명사
(지식 · 자료의) 원천, 보고.
***Like a quarry, a diamond in the rough...***
**Mouth of the Horse**

**quit** 동사
…을 (…때문에) 그만두다, 단념하다.
***...Two kojaengis, we never quit...***
**Annyeonghasam**

**resolute** 형용사
결심이 굳은, 단호한, 확고한.
***I stand strong, resolute, firm and determined...***
**Pop, Crackle and Snap**

**retail** 명사
소매.
***...I be selling this retail...***
**Mouth of the Horse**

**ridiculous** 형용사
우스운, 어리석은, 터무니없는.
***I could be ridiculous like ludicrous...***
**Pop, Crackle and Snap**

**scene** 명사
(the ~) (행위 · 사건의) 장소, 장면, 현장.
***The Korean Hip-hop scene...***
**Lou Says Get Your Swagger On**

**STREET PHILOSOPHY #12**
**LISTEN TO MOMS**

**김인하**
**Listen to moms.**
**엄마 말을 들을 것**
**"Dear mama... Place no one above ya, sweet lady... You are appreciated."**
**2PAC from *Dear Mama***

## 김동효 aka Rappetizer

### RAPPER, PRODUCER, LECTURER

- 경희대학교 섬유공학과 졸업
- 경희대 힙합 동아리 '래빈' 창립기 (200여 회 공연)
- 케이블 TV 엠넷(m.net) 주최 프리스타일 랩 배틀 대회 우승
- 성남 청소년 문화의 집 & 청소년 자활 센터 랩 강사 활동
- 엠넷 '힙합 더 바이브'의 'versus', 'kill' em all' 코너 진행
- 힙합 컴필레이션 앨범 'k-coast story' 타이틀 팀 '세익스피어' 리더 활동
- 신인 가수 신은성 객원 랩퍼 활동 (뮤직 비디오 출연 및 방송, 행사)
- 신은성 2집 앨범 프로듀서
- 손상미 1집, 2집 앨범 프로듀서
- 이승철 전국 투어 콘서트 랩 피처링 활동
- 여성 신인 조조(jojo) 음반 프로듀서
- 트로트 힙합 '흔들어 주세요' 디지털 싱글 앨범 발표
- SBS 103.5 LOVE FM '김흥국, 박미선의 특급쇼' 고정 출연
- SBS 103.5 LOVE FM 'DJ처리와 함께 아자아자'의 '크로스오버' 코너 진행
- SBS 103.5 LOVE FM '김창열의 올드스쿨' 고정 출연 ('8090 드라이브 뮤직')
- 뮤지컬 'The Donkey Show' 음악 감독
- 2007 LPG Loves 래피 - '바다의 공주' 랩 피처링

www.cyworld.com/rappetizer/

**notch** 명사
(득점 등을 기록하기 위해 막대에 새긴) 눈금.
***We pulled out all the stops, took it up a notch...***
*Mouth of the Horse*

**nuts** 형용사
미친, 머리가 돈.
***It's nuts!***
*Pop, Crackle and Snap*

**overlook** 동사
간과하다, …을 못 보고 넘어가다.
***...never overlook the treble...***
*Mouth of the Horse*

**perspicacity** 명사
명석함, 통찰력.
***I have an amazing level of perspicacity...***
*Pop, Crackle and Snap*

**phenomenon** 명사
비범한 사람, 천재.
***...lyrical phenomenon...***
*Annyeonghasam*

**pick** 동사
…을 (신중하게) 고르다, 가려내다.
***I'm picking bettler clubs than Tiger would...***
*Annyeonghasam*

**practically** 부사
사실상(은), 실제로는, 실질적으로(는).
***...seventy taxis practically attacked me...***
*Annyeonghasam*

어느 순간 카메라는 돌고, 현란한 조명 아래 꿈에서나 가능했던 방송 출연이 현실이 됐다. 와! 이게 꿈이야, 생시야! 엠넷에서 주최한 프리스타일 랩 배틀 대회에 참가한 나는 이 기회를 통해서 내 실력을 세상에 알리고 싶은 마음이 간절했다. 큐! 나는 "래피, 다시 돌아왔지~ 돌아온 육백만 불의 사나이~ 기억할 거야, 내가 래피~" 하고 랩을 시작했다. 내 입에서 흘러나오는 단어, 문장, 그리고 라임을 통해 이 세상에 내 이름 석 자를 알리고 싶었고 그리고 랩에 대한 나의 도전과 열정을 보여 주고 싶었다. 랩은 내 모든 경험의 밑바탕에서부터 본능적으로 쉴 새 없이 쏟아져 나오는 폭발이다. 그날 나는 한마디로 핵폭탄이었다. 우승하는 순간, 과거 어려웠던 시절들이 내 머릿속을 스치고, 나도 모르게 눈물이 났다. 가슴 한켠이 뭉클해지며 나는 내가 더 큰 무엇엔가와 연결됐다는 느낌이 들었다. 70년대 뉴욕의 거리에서 랩을 했던 젊은이들, 그리고 태평양 너머 머나먼 한국 땅에서 어렵게 랩을 시작했던 선배들의 열정과 에너지는 어느덧 나에게 전달돼 무대를 가득 채우고 있었다.

**incisive** 형용사
날카로운, 예리한, 통렬한, 신랄한.
***These words more incisive than incisions of a surgeon...***
***Pop, Crackle and Snap***

**jockey** 명사
(직업적) 경마 기수.
***Hold your horses like a jockey...***
***Mouth of the Horse***

**knot** 명사
매듭.
***I'm married to hip-hop till I die, so I tied the knot...***
***Mouth of the Horse***

**knuckle** 동사
치고받고 싸우다.
***It's time to knuckle up...***
***Lou Says Get Your Swagger On***

**logic** 명사
논리, 논법.
***...it's our logic...***
***Lou Says Get Your Swagger On***

**mean** 형용사
비열한, 야비한, 비천한.
***The world looks so mean...***
***Dog Life***

**meddle** 동사
간섭하다, 말참견하다.
***...if you meddle with my levels...***
***Mouth of the Horse***

랩(rap)' 은 말 그대로 이야기이다. 나는 랩을 통해서 내 이야기, 내 삶을 말하고 싶었다. 이 세상에 사는 모든 사람들은 다 자신의 이야기가 있다. 현재라는 것은 항상 미래를 향해 달음질치고 그 지나간 일 초, 일 초의 순간들은 곧바로 과거가 된다. 그 수많은 일 초의 순간들이 모여 바로 이 순간의 내 자신이 됐고 또 나는 어디를 가든 항상 과거와 연결되어 있다.

나는 경남 하동군 하동읍이라는 시골에서 태어났다. 어떻게 보면 랩은 지극히 도시적인 문화인데 시골에서 자란 내가 랩을 한다는 것에 대해 의아해 할지도 모르겠다. 그 시골 밭에서부터 화려한 무대까지 가는 길은 멀고도 험난했다. 하지만 지금 돌아보니 그 험한 길은 오히려 닻처럼 나를 붙들어 주었다. 따지고 보면 아웃캐스트(Outkast), 앳머스피어(Atmosphere), 아이디어(Eyedea)와 같은 미국의 유명한 랩퍼들도 다 동부나 서부의 도회지가 아닌 비교적 시골인 곳에서 태어난 랩퍼들이다.

하동, 악양, 진교 등 시골에서 시골로 이사를 다니며 영락없는 촌놈으로 자라던 나는 7살 즈음 경남 진주로 이사를 가게 된다. 초등학교 시절 나는 내성적이고 얌전한 아이였다. 물론, 내가 아무리 이렇게 주장해도 지금 내 주변에 있는 사람들은 절대로 이 말을 믿지는 않지만 말이다. 아무튼 나는 초등학교 시절부터 음악에 남다른 관심이 있었다. 당시 나는 인기 있는 트로트 곡이었던 현철과 벌떼들의 '앉으나 서나 당신 생각' 을 매일같이 부르고 다녔다. 어떻게 보면 지금 내가 트로트를 하고 랩 퓨전 음악에 관심이 있는 것은 내가 어릴 때 즐겨 불렀던 트로트 때문인지도 모른다.

아무튼 조용하고 차분했던 초등학교 시절이 지나고 나는 바야흐로 중학교에 입학하게 된다. 나의 중학교 시절은 초등학교 시절과는 판이하게 달랐다. 입학과 더불어 술과 담배를 접하고 친구들과 어울려 놀러 다니는 데 전력을 기울이게 된 것이었다. 자연히 성격도 변해 예전과는 달리 대범해지기 시작했다. 이때부터는 소풍이나 행사 때 무대에 나가 노래하는 것을 즐기게 되었다.

중학교 시절 내 별명은 다름 아닌 "호랑나비" 였다. 당시에는 김흥국 선배님의 "호랑나비" 란 노래가 대히트였는데 그 시절 나의 애창곡도 "호랑나비" 였기 때문이었다. 세월이 흘러 그 시절 호랑나비를 따라 부르던 소년은 이제 어른이 되어 호랑나비 노래의 주인과 같이 라디오 방송을 하고 있다. 김흥국 선배님과 한자리에 앉아 방송을 하는 건 내가 그 노래를 따라 불렀던 초등학교 시절엔 상상도 못했던 일 아닌가! 지금도 여전히 나는 김흥국 선배님의 열렬한 팬이다.

소위 비행 청소년이었던 나는 중3 때에는 급기야 가출까지 하게 된다. 친구 6명과 무작정 집을 나와 경남 창원으로 갔다. 먹고 살기 위해 일을 해야 했던 우리들은 자장면 집에서 배달을 했다. 그러나 결국 가출 사실이 들통 나서 집으로 다시 붙잡혀 오게 되었다. 집에 돌아와 정신을 차리고 보니 연합고사(당시에는 이 시험으로 고등학교 진학이 결정되었다)까지는 6개월 정도 남아 있었다. 그때부터 나는 미친 듯이 공부를 해 고등학교 진학에 성공하게 된다.

**discomfit** 동사

…의 계획(희망)을 좌절시키다.

***I'll discomfit you, thwart your plans...***

*Pop, Crackle and Snap*

**drop** 동사

…을 떨어뜨리다.

***...we drop beats in the song...***

*Annyeonghasam*

**exterminate** 동사

(종족 따위를) 멸종시키다, 박멸하다, 근절하다.

***...to exterminate these squirming worms...***

*Pop, Crackle and Snap*

**fly** 동사

(새 · 벌레 따위가) 날다, 날아가다(away, off), 날아다니다.

***I flew to Seoul to soothe my soul.***

*Annyeonghasam*

**funk** 명사

펑키(funky)한 것 또는 그런 상태.

***...bring the funk...***

*Lou Says Get Your Swagger On*

**grab** 동사

…을 갑자기 꽉 잡다, 움켜쥐다.

***...grab life and kick it with the hommies...***

*Ninth Dream*

**grin** 동사

(이를 드러내고) 방긋[벙긋, 씩] 웃다.

***...live life with a big grin...***

*Ninth Dream*

## STREET PHILOSOPHY #11

### KEEP YOUR SNEAKERS SPIFFY

**강순재 + 이선희**

Keep your sneakers spiffy.

스니커즈를 깨끗이 할 것

"We make a good team my Adidas and me...
we get around together, rhyme forever..."

Run DMC from *My Adidas*

하지만 개 버릇 남 못 준다고 나는 고등학교에 입학하자마자 학교를 술렁이게 만드는 장본인이 되고 만다. 긴 머리에 불량스러운 옷차림으로 입학식에 나타나질 않나, 등교 첫날부터 화장실에서 담배를 피우질 않나, 하여간 입학과 동시에 학업에는 손을 떼고 소위 '불량 서클' 활동을 시작하게 된다. 점점 학업에는 흥미를 잃고 불량 서클 생활의 재미에 푹 빠져 무의미하게 놀며 시간을 탕진했다.

그러던 중 음악에 대한 열정에 불을 지피게 된 계기가 있었으니, 바로 불량 서클 멤버들 위주로 락 그룹이 생기게 된 것이었다. 락 그룹 보컬은 나의 모든 에너지를 쏟아 부어도 아깝지 않을 만큼 충분히 매력적이었다. 1기와 2기 멤버를 통합해 락 그룹이 본격적인 활동을 시작하고 나서부터는 음악에 온 정신을 빼앗기기 시작했다. 연습할 곳이 마땅치 않아 진주 변두리의 허름한 곡식 창고를 빌려 연습을 해야 하는 열악한 환경이었지만 음악에 대한 열정만은 사그라지지 않았다.

***...the capacity to see things perceptively...***
*Pop, Crackle and Snap*

**crackle** 동사
탁탁 소리 내다.
***Pop, crackle and snap like an elastic...***
*Pop, Crackle and Snap*

**crash** 동사
(시스템, 프로그램) 에러로 작동하지 않다.
니 땜에 서버 ***crash...***
*Lou Says Get Your Swagger On*

**crew** 명사
(같은 일에 종사하는) 일단, 조, 반.
***...crews who be chewing the fat...***
*Mouth of the Horse*

**cuff** 명사
(바지 끝의) 접단, (손목 둘레의) 소맷부리, 소매 커버, (긴 장갑의) 손목에서 팔에 덮이는 부분.
***I'm off the record, off the beat, and off the cuff...***
*Mouth of the Horse*

**dagger** 명사
(양날의) 단도, 단검, 비수.
***...it's like a dagger...***
*Lou Says Get Your Swagger On*

**detail** 명사
세부, 세목, 항목(item).
***They say the devil's in the details...***
*Mouth of the Horse*

그러던 중 나는 장차 음악을 하기 위해서는 서울에 진출해야 할 필요성을 느끼게 되었다. 아무리 생각해 봐도 진주 같은 소도시에서 내가 설 수 있는 무대는 열 손가락 안에 꼽을 수 있을 정도로 제한되어 있었다. 하지만 대도시인  서울에는 더 많은 기회와 무대가 널려 있었다. 대학교 진학에 별 관심이 없었던 나는 드디어, 음악을 하러 서울에 진출하기 위해서는 대학에 가야겠다는 중대한 결심을 하게 된다. 그래서 고등학교 2학년 여름 방학 동안, 나는 친구와 함께 봉천동 산꼭대기에 머물면서 매일 서울대학교 중앙도서관에 공부를 하러 갔다. 매일 아침 6시경 열람실에 들어가서 밤 12시가 되어서야 열람실을 나서는 생활은 고2 겨울방학 때도, 고3 여름방학 때도 계속되었다. 정말 무식하게 공부를 했다. 안 되는 건 무조건 외워 버렸다. 오로지 음악을 하기 위해 서울에 있는 대학에 진학하겠다는 목표만을 향해 열심히 달렸던 것이었다. 서울에 와서 공부하는 틈틈이 수입 음반점에 들러 진주에서는 구할 수 없는 귀한 CD나 테이프를 구했을 때의 그 기쁨은 이루 말할 수 없었다.

드디어 고등학교를 졸업하고 나는 경희대학교 섬유공학과에 입학하게 된다. 비록 음대는 아니었지만 대학 입학으로 꿈에 그리던 서울에 진출하게 된 것이었다. 이제 나의 음악 인생에도 순항의 돛이 달리는 듯했다. 낯선 도시, 새로운 친구들, 아름다운 캠퍼스에 넘치는 젊음의 활기……. 서울에서 들뜬 하루하루를 보내던 나의 첫 번째 목표는 물론 락 밴드에 들어가는 것이었다. 보컬로 오디션을 볼까 드럼으로 오디션을 볼까 망설이던 나는 드러머 오디션에 도전한다. 물론, 고등학교 시절 락 그룹에서는 보컬로 활동했지만 언젠가 드러머에도 도전해 보고 싶다는 생각을 늘 해 왔던 터였다. 드럼이 너무 멋져 보여 쉬는 시간이면 혼자서 어깨 너머로 보고 배운 것을 연습해 보곤 했다. 하지만 오디션 결과는 실망스러웠다. 실력에는 뒤지지 않았지만 사투리를 쓴다는 이유로 탈락을 하게 된 것이었다. 낙담한 나는 술자리를 전전하며 하루하루를 보내게 된다. 당연히 학점은 점점 바닥으로 내려가게 되었다. 그렇게 대학교 1학년을 보내고 나는 군대에 가기 위해 휴학을 한다. 일단 군대에 다녀와 모든 것을 다시 시작하고 싶었기 때문이었다.

휴학 후 군대에 가기 전 몇 개월 동안 나는 진주에서 잠시 DJ 활동을 하게 된다. 사실, 나는 락 음악에 너무 심취한 나머지 락이 아닌 다른 음악들은 쓰레기로 생각하고 있었다. 하지만 DJ 활동을 계기로 댄스 음악, 힙합 음악 등 여러 종류의 음악을 접하게 되어 음악에 대한 안목이 넓어지게 되었다. 당시에는 생소했던 랩을 접하게 된 것도 이 시기였다. 어릴 때부터 랩을 쓰고 불렀던 외국의 랩퍼들에 비해 비교적 늦게 시작했지만, 힙합 음악은 처음 듣는 순간부터 내 피부에 와 닿았고 뭔가 통하는 느낌이었다. 조금씩 나는 머릿속으로 랩을 어떻게 하는지 연구하기 시작했다. 눈을 감고 음악을 들으면 다른 세상이 열렸고 나는 그 세상의 주인공이었다. 군대에 가서도 틈틈이 음악을 들으며 랩을 연구했다. 드디어 군대를 제대한 나는 본격적으로 음악 활동을 하려 했다. 하지만 한 가지 걸림돌은 완고하신 아버지의 허락을 받아 내는 일이었다. 아버지를 설득하기 위해서는 장학금을 받아 음악과 공부를 병행할 수 있다는 것을 보여 드리는 수밖에 없었다. 그래서 나는 복학할 때까지 회기동 학교 앞 1평짜리 고시원에서 은둔 생활을 하며 또다시 공부에 주력했다. 귀에는 늘 이어폰을 꽂고 다니며 하루 종일 음악, 공부, 음악, 공부만을 반복하며 지냈다. 결국 나는 장학금을 타서 아버지를 설득하는 데 성공하게 된다.

*Annyeonghasam*

**bomb** 명사
최고, 매우 쿨한 것.
***Seoul city is the bomb...***
*Annyeonghasam*

**bow** 동사
(…에) 허리를 굽히다, 머리를 숙이다, 절[인사]하다.
***If you see me on the streets be sure to bow...***
*Dog Life*

**bring** 동사
…을 오게 하다, 가져오다, 초래하다.
***...we bringing America and Korea closer...***
*Annyeonghasam*

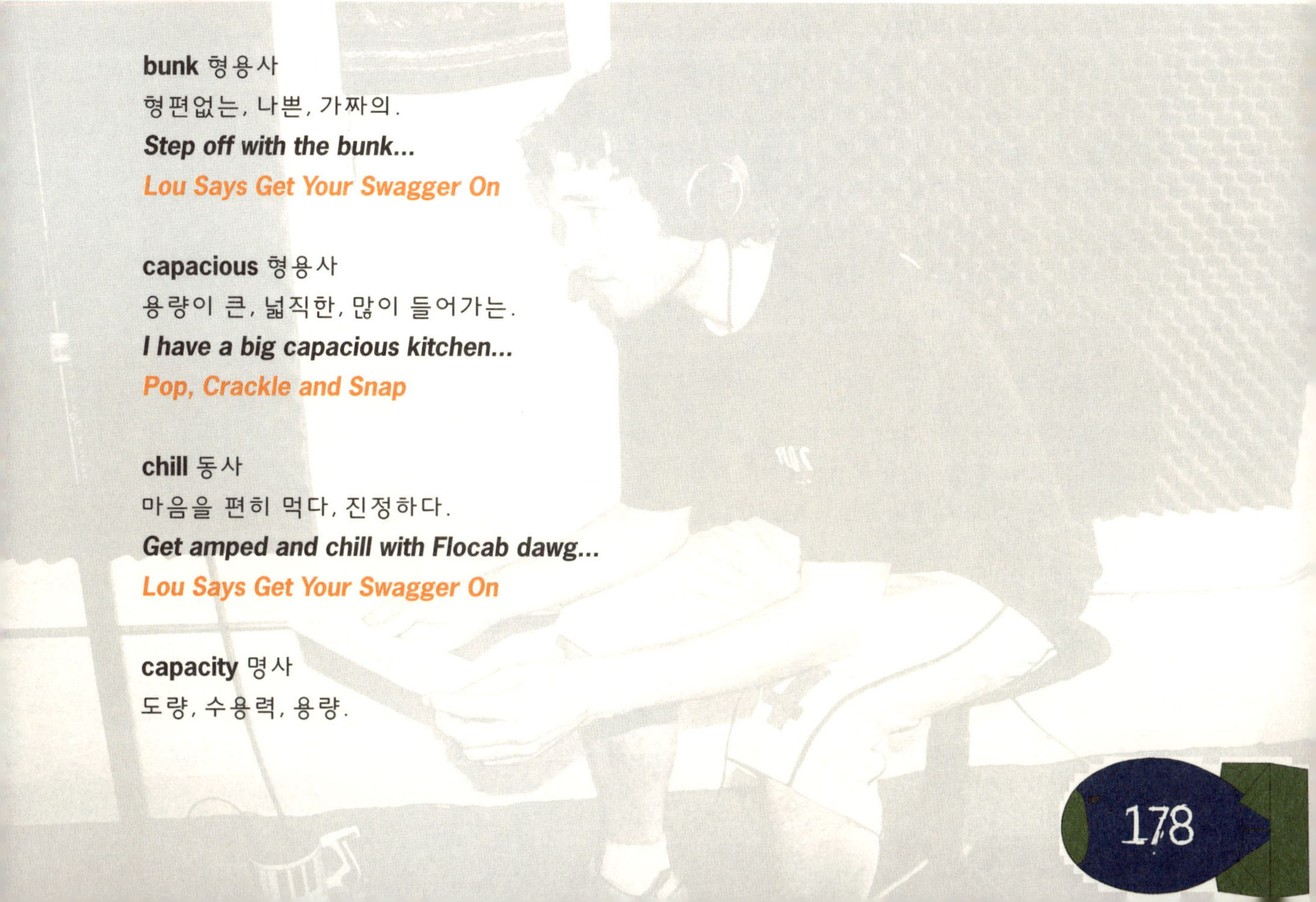

**bunk** 형용사
형편없는, 나쁜, 가짜의.
***Step off with the bunk...***
*Lou Says Get Your Swagger On*

**capacious** 형용사
용량이 큰, 넓직한, 많이 들어가는.
***I have a big capacious kitchen...***
*Pop, Crackle and Snap*

**chill** 동사
마음을 편히 먹다, 진정하다.
***Get amped and chill with Flocab dawg...***
*Lou Says Get Your Swagger On*

**capacity** 명사
도량, 수용력, 용량.

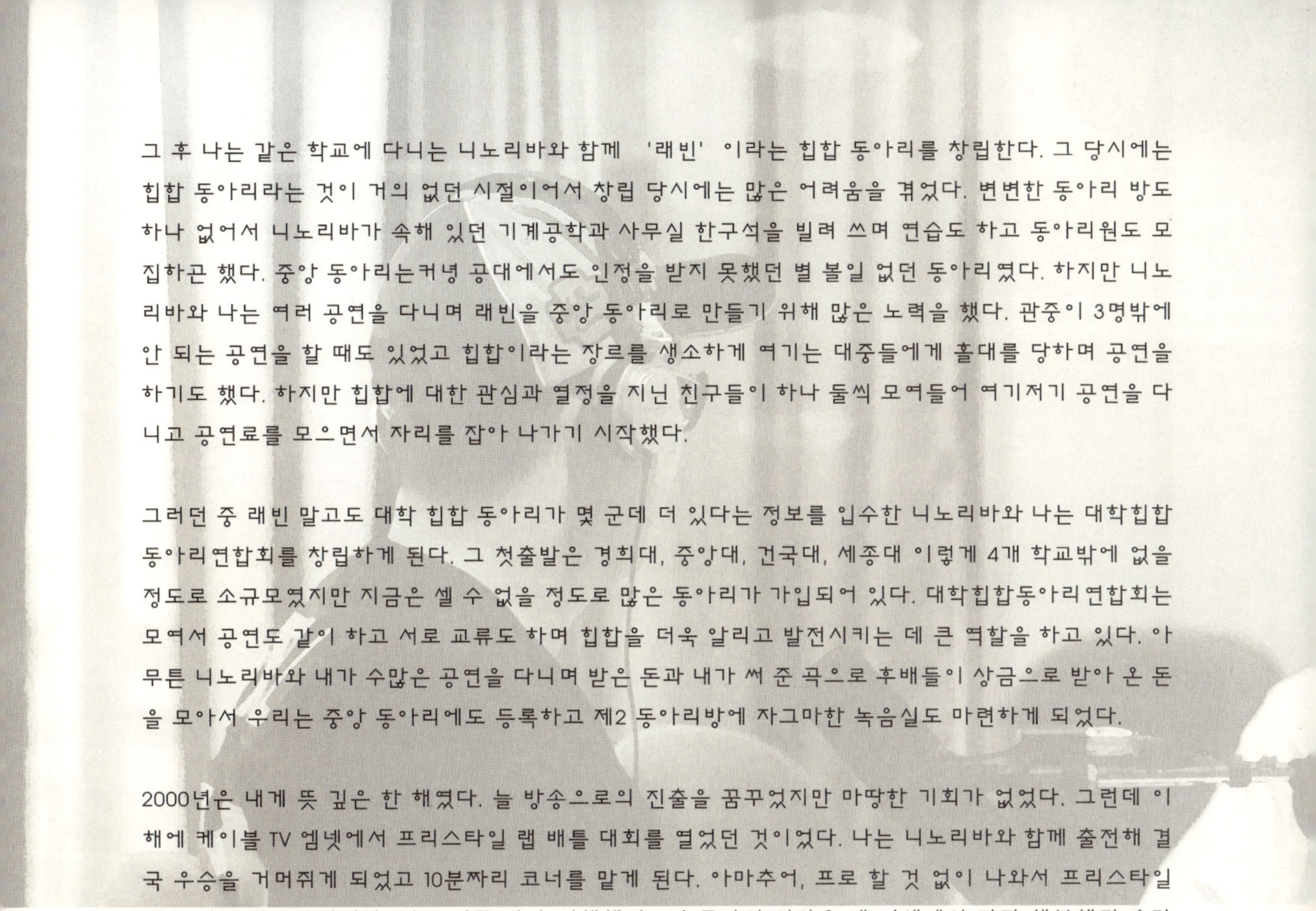

그 후 나는 같은 학교에 다니는 니노리바와 함께 '래빈' 이라는 힙합 동아리를 창립한다. 그 당시에는 힙합 동아리라는 것이 거의 없던 시절이어서 창립 당시에는 많은 어려움을 겪었다. 변변한 동아리 방도 하나 없어서 니노리바가 속해 있던 기계공학과 사무실 한구석을 빌려 쓰며 연습도 하고 동아리원도 모집하곤 했다. 중앙 동아리는커녕 공대에서도 인정을 받지 못했던 별 볼일 없던 동아리였다. 하지만 니노리바와 나는 여러 공연을 다니며 래빈을 중앙 동아리로 만들기 위해 많은 노력을 했다. 관중이 3명밖에 안 되는 공연을 할 때도 있었고 힙합이라는 장르를 생소하게 여기는 대중들에게 홀대를 당하며 공연을 하기도 했다. 하지만 힙합에 대한 관심과 열정을 지닌 친구들이 하나 둘씩 모여들어 여기저기 공연을 다니고 공연료를 모으면서 자리를 잡아 나가기 시작했다.

그러던 중 래빈 말고도 대학 힙합 동아리가 몇 군데 더 있다는 정보를 입수한 니노리바와 나는 대학힙합동아리연합회를 창립하게 된다. 그 첫출발은 경희대, 중앙대, 건국대, 세종대 이렇게 4개 학교밖에 없을 정도로 소규모였지만 지금은 셀 수 없을 정도로 많은 동아리가 가입되어 있다. 대학힙합동아리연합회는 모여서 공연도 같이 하고 서로 교류도 하며 힙합을 더욱 알리고 발전시키는 데 큰 역할을 하고 있다. 아무튼 니노리바와 내가 수많은 공연을 다니며 받은 돈과 내가 써 준 곡으로 후배들이 상금으로 받아 온 돈을 모아서 우리는 중앙 동아리에도 등록하고 제2 동아리방에 자그마한 녹음실도 마련하게 되었다.

2000년은 내게 뜻 깊은 한 해였다. 늘 방송으로의 진출을 꿈꾸었지만 마땅한 기회가 없었다. 그런데 이 해에 케이블 TV 엠넷에서 프리스타일 랩 배틀 대회를 열었던 것이었다. 나는 니노리바와 함께 출전해 결국 우승을 거머쥐게 되었고 10분짜리 코너를 맡게 된다. 아마추어, 프로 할 것 없이 나와서 프리스타일 랩을 선보이는 코너였다. 이 코너를 맡아 진행했던 3년 동안의 시간은 내 인생에서 가장 행복했던 순간이었다.

방송 출연을 계기로 나는 다양한 음반에 참여할 기회를 얻게 된다. 힙합 컴필레이션 앨범 '2001 대한민국' 을 필두로 여러 힙합 컴필레이션 앨범에 내 목소리를 넣기도 하고 다른 가수들의 앨범과 공연에도 참여를 하게 되었던 것이었다. 다른 가수들과 같이 작업을 하며 녹음을 하고 대학로 클럽에서 공연을 할 때면 내가 살아 있다는 것을 느낄 수 있었다.

하지만 무명의 서러움을 겪어야 할 때도 있었다. 2000년 즈음 '산책' 이라는 영화의 OST 담당자의 눈에 들어 래빈의 곡으로 녹음을 할 때였다. 당시 가수 Y씨가 만든 프로젝트 팀이 먼저 녹음을 하고 있었는데 밤 10시까지 녹음을 끝내기로 약속되어 있었다. 하지만 그 녹음은 새벽 4시가 되어서야 끝났고 우리는 밖에서 그들의 녹음이 끝나기만을 기다려야 했다. 그 가수는 밖에서 기다리고 있던 우리 앞을 수없이 왔다갔다하면서도 사과의 말 한마디조차 없었다. 나중에야 기타를 맡으신 분이 나와서 사과를 하셨지만 말이다. 이렇게 우여곡절 끝에 녹음을 끝내고 앨범이 나오기만을 손꼽아 기다렸건만 정작 앨범에는 우리들의 곡이 없었다. 나중에 통보 받은 결과 당시에는 테크노 곡이 유행하고 있어서 힙합 곡은 빼

# Vocabulary Shindig!

**alchemist** 명사
연금술사.
***...call me Emcee Esher the fresh alchemist...***
**Pop, Crackle and Snap**

**archaic** 형용사
고풍의, 구식의.
***Turn archaic, old beats into new ones...***
**Pop, Crackle and Snap**

**arise** 동사
발생하다, 나타나다, 일어나다.
***No, no, no there's a new sun arising...***
**Ninth Dream**

**attack** 동사
…을 공격하다, 습격하다.
***... seventy taxis practically attacked me...***
**Annyeonghasam**

**average** 형용사
보통의, 평범한.
***Here I am, not your average American Joe...***
**Annyeonghasam**

**bash** 명사
강타, (때려서) 움푹 들어간 곳.
***...you need a good head bash...***
**Lou Says Get Your Swagger On**

**blend** 동사
…을 섞다, 혼합하다.
***I wandered through Seoul wasn't blending in...***

기로 했다나 어쨌다나……. 아무튼 그땐 너무 황당하고 서러웠다.

그리고 나는 '세익스피어' 라는 팀의 리더로 활동하기도 했다. 하지만 회사와의 의견 충돌로 세익스피어 활동은 그리 오래가지는 못했다. 음악과 무대 위에서의 퍼포먼스에 대해 서로 추구하는 방향이 달랐기 때문이었다. 그 시절 출연했던 유일한 공중파 방송은 문화방송의 '전문가 따라잡기' 라는 프로그램이었다. 어느 날 작가로부터 전화가 와서 어떤 PD로부터 추천을 받았다며 방송에 한번 나와 달라고 하는 것이었다. 나는 이게 웬 떡인가 생각하며 촬영을 하러 강화도까지 달려갔건만, 정작 방송 내용은 힙합 따라잡기 혹은 랩 따라잡기가 아니라 내가 패러글라이딩 전문가를 따라 하는 것이었다. 하지만 어쩔 도리가 없었다. 그렇다고 방송을 취소하고 돌아올 수도 없었다. 그날따라 바람이 심하게 불었는데 패러글라이딩 전문가의 만류에도 제작진은 촬영을 강행했고 나는 죽을 각오로 패러글라이딩을 했던 기억이 아직도 선하다. 아무튼 희대의 전문가 따라잡기 사건은 지금 생각해도 웃긴다. 세익스피어 활동을 접으면서 나는 프로듀싱 작업이나 작사, 작곡에 주력하게 된다. 신은성, 손상미, 조조 등의 음반을 프로듀서하거나 뮤직비디오 출연 및 방송 활동도 병행했다.

2004년 어느 날, 나는 DJ처리(DJ 겸 가수 신철)로부터 한 통의 전화를 받는다. 획기적인 아이템이 하나 있는데 내가 꼭 참여를 해야 한다는 것이었다. 내용을 들어 보니 트로트에 랩을 접목시키는 시도를 라디오에서 해 보자는 것이었다. 사실, 처음에는 많이 망설였다. 밤새 고민을 하며 여러 가지 생각을 했다. 트로트란 장르에 랩을 접목시키는 데 대해서 어떤 이들은 비웃기도 할 것이고 가수로서 내가 평가 절하될 우려도 많았기 때문이었다. 하지만 그 모든 우려들은 기우에 불과했다. 트로트란 장르에 랩을 도입하고 음악을 리믹스하여 신나고 재미있게 만들어 라디오에서 방송한다는 것 자체가 애청자들에게는 신선한 충격이었고 여러 트로트 및 성인 가수들에게는 새로운 자극제가 되었던 것이었다. 예전의 히트곡이 랩 버전으로 편곡되기도 하고 여러 트로트 신곡에 랩이 삽입되기도 하는 등 적지 않은 반향을 불러일으켰다.

앞으로도 나는 계속 작사, 작곡, 프로듀싱 작업을 하며 여러 장르와의 크로스오버에 계속 도전할 계획이다. 그래도 나는 언제나 내가 랩퍼라고 생각한다. 힙합이라는 것은 한 사람보다 크고 어떻게 보면 한 나라나 시대보다도 크다. 우리가 죽고 나서도 힙합은 계속 존재하고 진화할 것이다. 내가 이 시대에, 대한민국이라는 한 나라에서 이 어마어마한 힙합 문화에 일부분이나마 참가했다는 것이 자랑스럽다. 힙합을 일시적으로 지나가는 하나의 유행으로 생각하는 사람도 많다. 그러나 이 세상에 이야기가 존재하는 이상, 사람들이 할 말이 있는 이상에는 힙합은 영원히 존재할 것이다. 왜냐고? 힙합은 길거리 문화니까. 길은 없어지지 않는다.

Hip-hop forever…

Pop, Crackle, and Snap을 포함한 힙합 프로젝트의 노래에 나오는 총단어 list이다. 영어 핵폭탄을 만들기 위해서는 많은 노력이 필요하지만, 힙합 프로젝트에 참여한 여러분은 시작이 좋다고 생각한다. 힙합은 길거리 문화이다. 그리고 일반 사람들의 이야기다. 어떻게 보면 가장 서민적이며 순수하다. 한 걸음, 한 걸음 우리 영혼에 담긴 이야기를 내뱉고 힙합이란 문화로 자기 자신을 표현하고 세상에 자기 흔적을 남기는 거지. Life is juxtaposition -살다 보면 겉으로는 도저히 어울리지 않는 것들이 뭉쳐서 큰일을 낸다. 힙합...그리고 영어... 겉으로 보면 상관없는 친구들인데 뭉치면 대단하다-와! 진짜 핵폭탄이네!

Now we're going to look at all the vocabulary words that have appeared in the songs for the Hip-hop Project. Have you got the beats down? Blast the speakers and rap over the lyrics. Rap with a swagger. The words you learn through these songs, I guarantee you will never forget. "Life is juxtaposition." Hip-hop and English... The unlikely pairing of two objects can cause a serious bang. Now is the time to test and apply your skills.

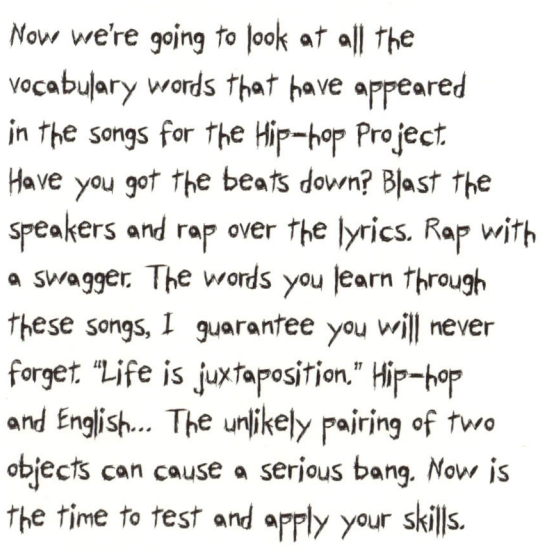

HOW TO RAP

# STREET PHILOSOPHY #10

## MOVE THE CROWD

김아영 + 김민영

Move the crowd.

관중을 신나게 할 것

"Yo! Bum rush the show." Public Enemy

from *Yo! Bum Rush the Show*

우리 랩 선생님이 어떤 분인지는 알아봤고 이제 랩 핵폭탄을 만들기 위한 기술을 배워야 되겠지? 스왜거루 웹사이트에서 해당하는 rappy hip-hop school file을 들으면서 공부하면 많은 도움이 된단다. 자, 랩 핵폭탄... 멀지 않았어.
LOG ON TO THE INTERNET
1. www.swaggerlou.com-->
2. projects-->
3. Hip-hop Project-->
4. Hip-hop School-->
5. Rappy

**Eschew** cashews, dude, avoid 'em like the flu. 캐슈 너트를 삼가라, 독감처럼 피해라.

Who wish ill will? who cast **aspersions**? 누가 다른 사람의 불행을 비나? 누가 남을 중상하는가?

These words more incisive than incisions of a surgeon. 이런 말들은 수술 자국보다 더 깊은 상처를 남기지.

Ow, everybody, 모두

Mind to body 마음에서 몸으로

## Chapter 1.
## 엠씨잉(MCing)?

대다수의 사람들은 힙합의 기원을 예전에 농장에서 흑인 노예들이 노래를 읊조리던 것에서 찾습니다. 힙합을 단어 그대로 풀어 '힙(hip: 엉덩이)', '합(hop: 들썩이다)' 이라고 나름대로 해석하는 사람들도 있긴 하지만 그 누구도 힙합은 무엇이다라고 함부로 정의할 수는 없다고 봅니다. 그것은 비단 힙합뿐 아니라 어떤 음악도 그 어느 누구에 의해 정의되거나 결론 내려지는 성질의 것이 아니기 때문일 것입니다.

음악적으로 볼 때 힙합은 1970년대 초 DJ들에 의해 탄생되었다고 전해지고 있습니다. 그 시절의 DJ들은 클럽이나 파티 장소에서 음악을 틀면서 중간 중간에 비트만 계속하여 틀어주곤 했습니다. 그동안 사람들이 중앙으로 나와 춤을 추곤 했는데, 이들은 나중에 '비보이(B-boy, Break Boy)', 그들의 춤은 '브레이크 댄싱(break dancing)' 으로 알려지게 됩니다. 또 이렇게 비트만 계속되는 간주 부분에 흥을 돋우기 위하여 소리를 지르며 관중들과 말하는 소위 후레이(hooray)를 하였는데- 예를 들자면, "세이 호(Say ho-o)~" 와 같이 관중과 함께 외치는 것- 이것이 바로 랩의 시작이라고 주장하는 사람들이 많습니다. 누구의 이름을 부른다거나 분위기를 고조시키기 위한 두어 마디 정도의 말로 사실 내용면에서 따지자면 별다른 의미는 없었습니다.

하여간 이것이 계기가 되어 나중에는 간주 부분에 랩을 하기 위해 따로 사람을 두게 되었고, 그들은 자신이 하는 일을 '엠씨잉(emceeing 또는 rapping)' 으로 명명합니다. 힙합에 있어 MC의 의미에 대해서는 '마스터 오브 세러모니(master of ceremony)', '마이크로폰 체커(microphone checker)', '마이크 컨트롤러(mic controller)', '무브 더 크라우드(move the crowd)' 등 이런저런 말들이 많지만 굳이 그런 것에 집착하지 말았으면 하는 게 제 바람입니다.

또한 MC의 자격에 대해서도 여러 말이 많습니다. 개인적인 생각이지만 과연 MC에 대해 자격을 부여하고 MC인가 아닌가를 판단하는 것은 누구이며 그것이 무슨 의미가 있는지 의문이 듭니다. 다만 랩을 하는 저 사람이 어떤 생각을 하고 있는가, 또는 어떤 가사 · 어떤 방식으로 관중들에게 자신의 생각을 전달하고 있는가, 그런 것이 더 중요하지 않나 싶습니다. 어쨌든 간주 중간에 흥을 돋우기 위한 두어 마디 정도의 외침이었던 랩은 여러 문장으로 된 가사에 *라임(rhyme)까지 도입된 형태로 나날이 발전하게 되었습니다.

> rhyme:
> 시에서는 운, 압운, 각운 등을 의미하는데 노래 가사에 있어 발음이 비슷한 단어들을 조합해서 만들어진 운율을 말합니다.

엠씨잉의 수준이 점점 높아져 감에 따라 MC들은 서로 가사의 라임과 내용이 어떠한가, 비트(beat)를

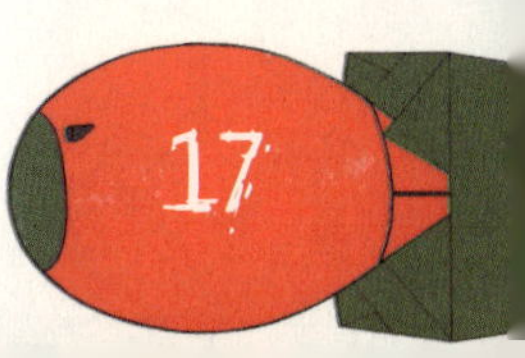

in Russian, Crime and Punishment, 러시아어로, 죄와 벌,
Notes from the Underground, 지하로부터의 수기를.
She's virtuosic, very talented now... 재능이 아주 많지.

Ow, everybody, 모두
Mind to body 마음에서 몸으로

Now I want every rap I rap to be a rhapsody, 내 모든 랩이 광시곡이 되었으면,
very impassioned, writ enthusiastically. 열정에 넘쳐, 신나게 쓰지.
I stand strong, resolute, firm and determined, 난 단호히 일어서지,
to exterminate these squirming worms and the vermin. 이 꿈틀거리는 벌레와 해충을 박멸하기 위해.
I have an amazing level of perspicacity, 나는 통찰력이 뛰어나
the capacity to see things perceptively. 모든 것을 정확히 보지.
I'll even rhyme with words that don't rhyme like orange. 나는 orange와 같이 라임을 하기 힘든 단어로도 라임을 만들지.
Never boring... um... 난 절대 따분한 사람은 아니지...음...
I'll swing back like a door-hinge. I could be ridiculous like ludicrous, 나는 돌쩌귀처럼 제자리로 다시 돌아올 거야. 우스꽝스러울 수도 있지만,
delightful and apt, felicitous. 즐겁고 적절하게 행동하지.
If it stinks then it's fetid, 고약한 냄새가 난다는 건 악취를 풍기는 것,
but we hot we never tepid, 뜨거운 건 절대 미지근한 건 아니지,
I just said it don't forget it, 말했으니까 잊지 마,
let it in and then it's netted. 뭔가가 들어 와 그물에 잡혔지.
It's nuts! Allergic to nuts? What you gonna do? 미친 소리! 견과류 알레르기 있나? 그럼 어떻게 할 거야?

얼마나 잘 타는가 즉 얼마나 박자에 잘 맞추어 랩을 하는가, *플로우(flow)가 얼마나 유려하며 가사를 잘 전달하는가에 따라 그 능력을 평가 받았으며, 서로 자신의 실력을 과시하기 위해 *배틀(battle)을 벌이기도 하였습니다. 결국 1978년, 첫 힙합 앨범이라고 자타가 공인하는 슈가힐 갱(Sugerhill Gang)의 '래퍼즈 딜라이트(Rapper' s Delight)' 가 발매되었으며, 이때부터 힙합적인 랩 음악은 그 본격적인 걸음마를 시작하게 됩니다.

flow:
랩의 흐름을 말합니다.

battle:
춤이나 노래 등에서 우열을 가리는 일을 말합니다.

## Chapter 2.
## 랩의 매력

여러분은 랩의 매력이 뭐라고 생각하시는지요? 이런저런 의견들이 많이 있겠지만 제가 느끼는 랩의 첫 번째 매력은 '내뱉음' 에 있습니다. 내뱉음이란 '쉴 새 없이 가사를 내뱉는 것' 을 뜻합니다. 랩을 한 번 들어 볼까요? 뭔가를 쉴 새 없이 지껄여 대고 있지요. 물론, 우리는 노래를 통해서도 자신의 생각을 표현합니다만, 랩을 통해 자신이 하고 싶은 말을 거침없이 뿜어내는 것과는 양과 표현력에 있어서 비교가 되지 않습니다. 하지만 밑도 끝도 없이 알아듣지도 못하는 말을 내뱉는다면 듣는 사람은 괴롭기가 짝이 없겠지요? 음악적 요소가 배제된 무미건조한 내뱉기는 청중의 흥을 돋우지 못할 것입니다. 그러므로 이 내뱉음이란 것을 얼마나 효과적으로 전달하느냐와 얼마나 음악적 매력을 포함한 내뱉음을 구사하느냐가 뮤지션들에겐 중요한 관건이 될 것입니다.

# Pop, Crackle,and Snap

Pop, crackle and snap like an elastic, 경쾌하게, 탄력있게
I rock raps ebulliently, enthusiastically. 난 열광적으로 랩을 하지.
I spit words with eagerness and alacrity. 부지런히 랩을 뱉어 내며
sip on my rhymes like a virgin daiquiri, 버진 다이퀴리인 양 내 라임들을 맛 좀 보고
I'm glad to be me, 난 내가 되어서 기뻐,
I'm elated, exultant, 정말 기쁘고 승리를 얻지.
The sovereign of the land, 영토의 주권자,
I rule it like the sultan, 난 술탄처럼 통치를 펼치지.
call me emcee escher the fresh alchemist, 난 MC 에셔, 훌륭한 연금술사
I change and transmute to gold like King Midas, 마이다스 왕처럼 만지면 금이 되고
Turn archaic, old beats into new ones, 구식 비트를 새로운 비트로 재창조하며
Turn old mattresses into fancy futons, 낡은 침대를 고급 침대(futons: 일본식 매트리스)로 바꾸지.
I have a big capacious kitchen, 난 아주 큰 부엌이 있고,
make my own croutons, 직접 크루통을 만들 때면
I make them infinitesimal, 아주 작게 만드네,
smaller than neutrons. 중성자보다 더 작게.
Try to recycle my rhymes like a can, 나는 깡통을 재활용하는 것처럼 라임을 재사용하지,
I'll discomfit you, thwart your plans. 나는 당신을 좌절시켜 당신의 계획에 방해를 놓지.
Advanced and precocious like Becky, my cousin, 내 사촌 베키는 나이에 비해 똑똑해서
age nine she read Dostoyevsky... 아홉 살인데도 도스토예프스키를 읽지.

제가 생각하는 랩의 두 번째 매력은 언제 어디에서든 라이브(live)가 가능하다는 것입니다. 자, 모두 상상해 봅시다. 지금 이곳은 흑인들이 득실대는 허름한 뒷골목입니다. 흔히들 말하는 *게토(ghetto)란 곳이지요. 아이들이 몇 명 모여서 뭔가를 하고 있습니다. 아하, 역시 그거였군요! 몇 명은 쉴 새 없이 비트 박스(beat box)를 하고 있고 나머지 친구들은 번갈아 가며 랩을 하고 있습니다. 그렇습니다. 바로 이것이 다른 음악과는 차별되는 랩의 큰 매력이 아닐까 싶습니다.

ghetto: 원래는 중세 이후 유럽 각 지역에서 유대인을 강제 격리하기 위해 설정한 유대인 거주 지역인데 미국에서는 뉴욕 등 대도시의 중앙부에 있는 흑인 밀집 거주 지역을 말합니다.

힙합 음악과 랩을 즐기는 사람들에겐 비트 박스와 프리스타일 랩이 일상생활화되어 있습니다. 실제로 있었던 일로, 수년 전에 드렁큰 타이거(Drunken Tiger)의 타이거 JK(Tiger JK)라는 뮤지션이 불미스러운 사건에 휘말려 구속되었던 일이 있었습니다. 그때 드렁큰 타이거의 팬들은 타이거 JK의 무죄를 주장하며 대학로 마로니에 공원에서 석방 촉구 집회를 열었고 몇몇 힙합 팀들이 그 집회에 참석해 공연을 하려고 했습니다.

그러나 막상 힙합 팀들이 공연을 시작하려 하자 마로니에 공원 측에서는 그 집회를 불법 시위로 간주하여 전기 공급을 중단했습니다. 그 집회를 위해 모였던 수많은 인파들과 외국에서 날아온 취재진들 및 공연을 준비하고 있던 랩퍼들은 난감했지만 방법이 없는 것은 아니었습니다. 바로 언제 어디서든 라이브가 가능한 랩의 매력이 발휘가 된 것이지요. 저를 비롯한 여러 사람들이 번갈아 가며 비트 박스와 랩을 하면서 30여 분이 넘게 그런 식으로 *프리스타일(freestyle)의 향연을 벌였고 그 공연은 여느 공연보다 값진 공연이었다고 기억됩니다.

freestyle: 운동 경기 종목으로 말하자면 자유형을 뜻하는데요, 음악에 있어서는 형식에 구애 받지 않고 즉흥적으로 하는 연주를 말한다고 할 수 있습니다.

이외에도 여러 가지 매력들이 있겠지만 제가 생각하는 랩의 세 번째 매력은 다른 장르의 음악과 융화되기가 쉽다는 것입니다. 요즘 들어 많이 등장하는 크로스오버(crossover)의 개념도 여기서 논할 수 있겠습니다. 근래에는 락(rock)이나 메탈(metal) 음악의 강력한 *리프(riff)와 *샤우트(shout) 창법을 빌어 이를 이용해 거친 사운드를 만들어 내거나, 기타나 베이스 또는 건반 등의 실제 연주를 통한 직접적 *세션(session)의 적용, 또는 국악과 랩의 크로스오버 시도라든가 트로트 음악과 힙합의 리믹스 등 랩이 첨가되어 만들어 낸 새로운 음악들이 많이 시도되고 있습니다. 랩은 이제 그 영역의 확장에 있어 무한한 가능성을 인정받으며 서서히 대중들에게로 다가서고 있는 것이지요.

*riff: 일반 노래의 1절, 2절처럼 큰 부분의 반복이 아니라 한두 마디 또는 반 마디 등 아주 짧은 구간의 악절을 반복하는 것입니다.

*shout 창법 : 3옥타브 이상의 높은 고음을 내지르는 창법을 말합니다.

혹시 사물놀이 반주에 맞춰 랩을 하는 것을 상상해 보셨나요? 몇 년 전에 모 플라자 앞에서 이벤트 공연을 할 때였습니다. 그때 힙합 팀 외에 사물놀이 팀도 와서 공연을 했었는데, 즉석에서 좋은 아이디어가 떠올랐습니다. 다름 아닌 사물놀이에 맞춰 랩을 하는 것이었습니다. 망설임 없이 무대에 올라가 사물놀이와 랩의 즉석 세션을 선보였는데 참으로 신선하고 충격적인 시도였습니다. 뮤지션이라면 한 곳에 머물러 있지 말고 늘 연구하고 도전하는 자세가 필요하다고 생각합니다. 예전에 대학로에 있는 S.H 클럽에서 락과 힙합의 조인트 공연이 있었습니다. 그날은 특별한 이벤트가 마련되었는데 락 밴드인 어딕션

*session: 한 가수가 음반을 녹음하면서 기타, 드럼 등과 같이 실제 연주가 필요할 때 실제 연주를 해 주는 행위를 말합니다.

# Pop, Crackle, and Snap

Performed by Flocab

"Studying vocabulary words through hip-hop."

이 노래는 먼저 가사를 통해 영어 단어를 설명하고 단어를 제시한 뒤 설명이 다시 반복되는 형식으로 되어 있다.

제목인 'Pop, Crackle, and snap'은 미국의 Rice Krispies cereal 캐릭터의 주인공들이며, 시리얼과 우유가 만났을 때 나는 독특한 소리를 뜻한다.

터였습니다. 처음 방송을 내보낼 당시 전혀 어울리지 않을 듯한 힙합과 트로트를 접목시키는 최초의 시도여서 염려도 많았지만 청취자의 심판에 과감히 내맡겼는데 반응은 가히 폭발적이었습니다. 자신들의 장르만을 고집하며 편견에 젖어 있던 젊은 세대와 기성세대들에게 이러한 시도는 신선한 충격이었지요. 이 프로그램은 매주 2차례씩 1년이 넘도록 방송되며 청취자들의 입맛을 사로잡았고 이러한 시도는 새로운 분야로 성공적으로 정착하게 되었습니다. 국내 음악계에 새로운 방향을 제시하여 준 선구자로서의 역할을 하며 국내 가요 흐름의 전환을 이끌 뉴 패러다임을 형성했다는 점에서 높이 평가되었습니다.

## Chapter 3.
## 라임(rhyme)

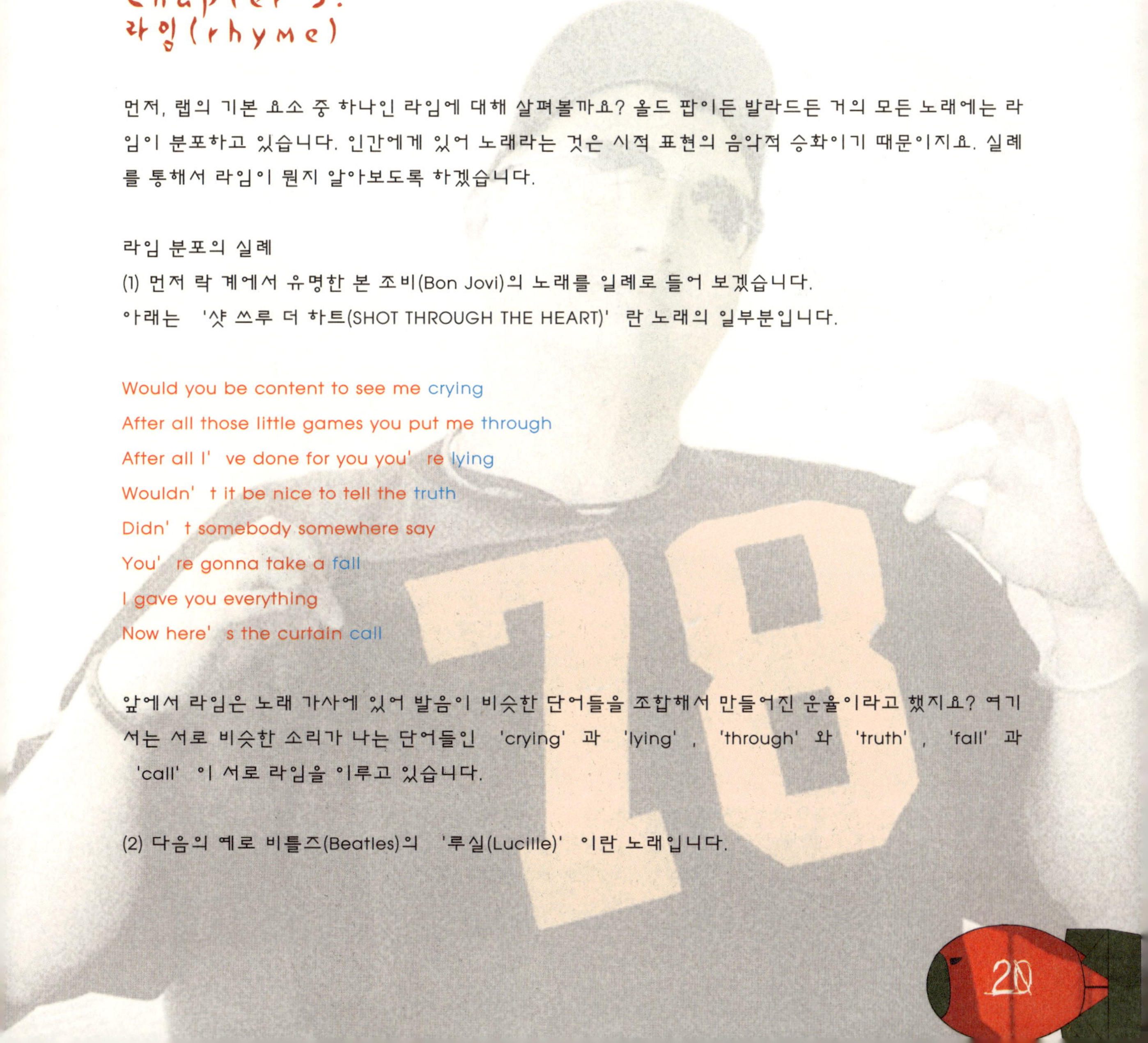

먼저, 랩의 기본 요소 중 하나인 라임에 대해 살펴볼까요? 올드 팝이든 발라드든 거의 모든 노래에는 라임이 분포하고 있습니다. 인간에게 있어 노래라는 것은 시적 표현의 음악적 승화이기 때문이지요. 실례를 통해서 라임이 뭔지 알아보도록 하겠습니다.

라임 분포의 실례

(1) 먼저 락 계에서 유명한 본 조비(Bon Jovi)의 노래를 일례로 들어 보겠습니다.

아래는 '샷 쓰루 더 하트(SHOT THROUGH THE HEART)' 란 노래의 일부분입니다.

Would you be content to see me crying
After all those little games you put me through
After all I' ve done for you you' re lying
Wouldn' t it be nice to tell the truth
Didn' t somebody somewhere say
You' re gonna take a fall
I gave you everything
Now here' s the curtain call

앞에서 라임은 노래 가사에 있어 발음이 비슷한 단어들을 조합해서 만들어진 운율이라고 했지요? 여기서는 서로 비슷한 소리가 나는 단어들인 'crying' 과 'lying', 'through' 와 'truth', 'fall' 과 'call' 이 서로 라임을 이루고 있습니다.

(2) 다음의 예로 비틀즈(Beatles)의 '루실(Lucille)' 이란 노래입니다.

Pop, Crackle, and Snap이라는 노래는 가사 자체가 단어를 설명한다. 사전에서 찾는 것보다 노래 가사를 통해서 단어를 공부하면 무슨 뜻인지 쉽게 와 닿는다. 플로캡은 미국 고등학생들에게 SAT 단어를 가르칠 때 이런 방식을 쓴다. 외우기 어려운 단어를 랩 음악에 맞춰서 설명하고 정의하는데, 학생들에게 좋은 반응을 얻고 있다. 말장난을 통해 부담 없이 그 단어를 접하고 생각하고 또 오랫동안 기억하게 된다. 평소에 단어를 많이 외워 두었던 사람도 막상 영어 단어를 접할 때면 "아, 어디서 본 단어인데" 하면서 기억이 가물가물했던 적이 많았을 것이다. 하지만 이런 식으로 공부하면 평생 잊어버리지 못할걸?

Jumping into the final stretch of the Hip-hop Project. We're going to study vocabulary through rap songs. There's a word list of all the vocabulary included in the songs we have learned.

(Addiction)의 연주에 케이코스트 스토리(K-coast Story) 앨범에 참여했던 저와 MC K가 랩을 맡아 2 곡을 선보였습니다. 물론 여느 *잼 세션(jam session)이 그렇듯 프리스타일로 한 랩이었지만 흔히들 생각하는 "랩과 락의 만남 = 하드코어(hardcore)" 라는 공식을 탈피하여 펑크(funk)와 블루스(blues)곡에 랩을 했었는데 의외로 반응이 좋았고 락 팬들이나 힙합 팬들 모두에게 좋은 경험이 되었다는 평가가 이어졌습니다.

jam session : 각 연주자들이 연습 없이 즉흥 연주를 하는 연주 형태를 말합니다.

또 트로트와 랩이라는 언뜻 들으면 생소하고 어울리지 않을 듯한 두 장르의 만남을 제가 처음으로 시도한 것은 2004년 SBS 'DJ처리와 함께 2시 탈출' 이란 프로그램에 '크로스오버' 코너를 개편하면서부

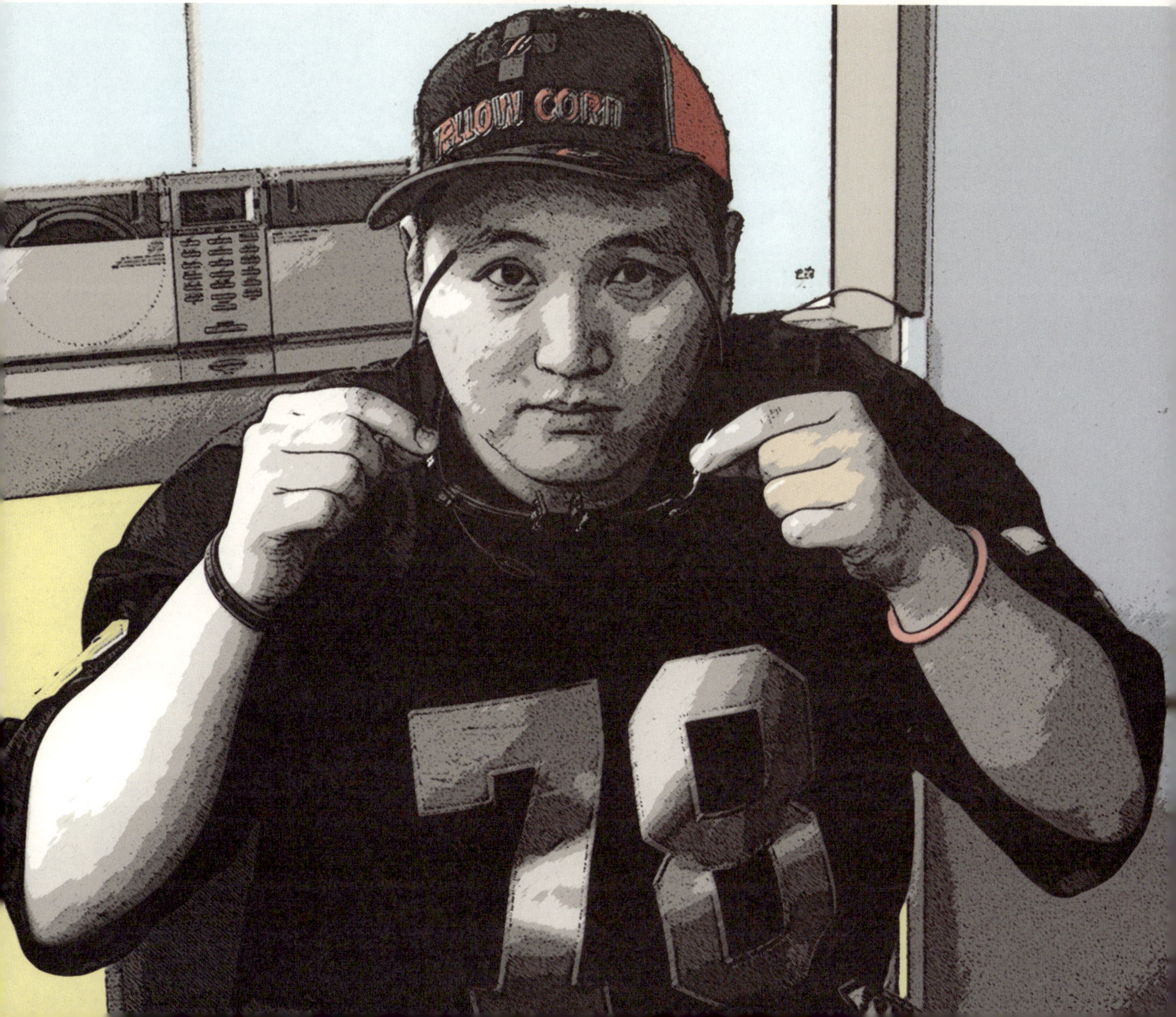

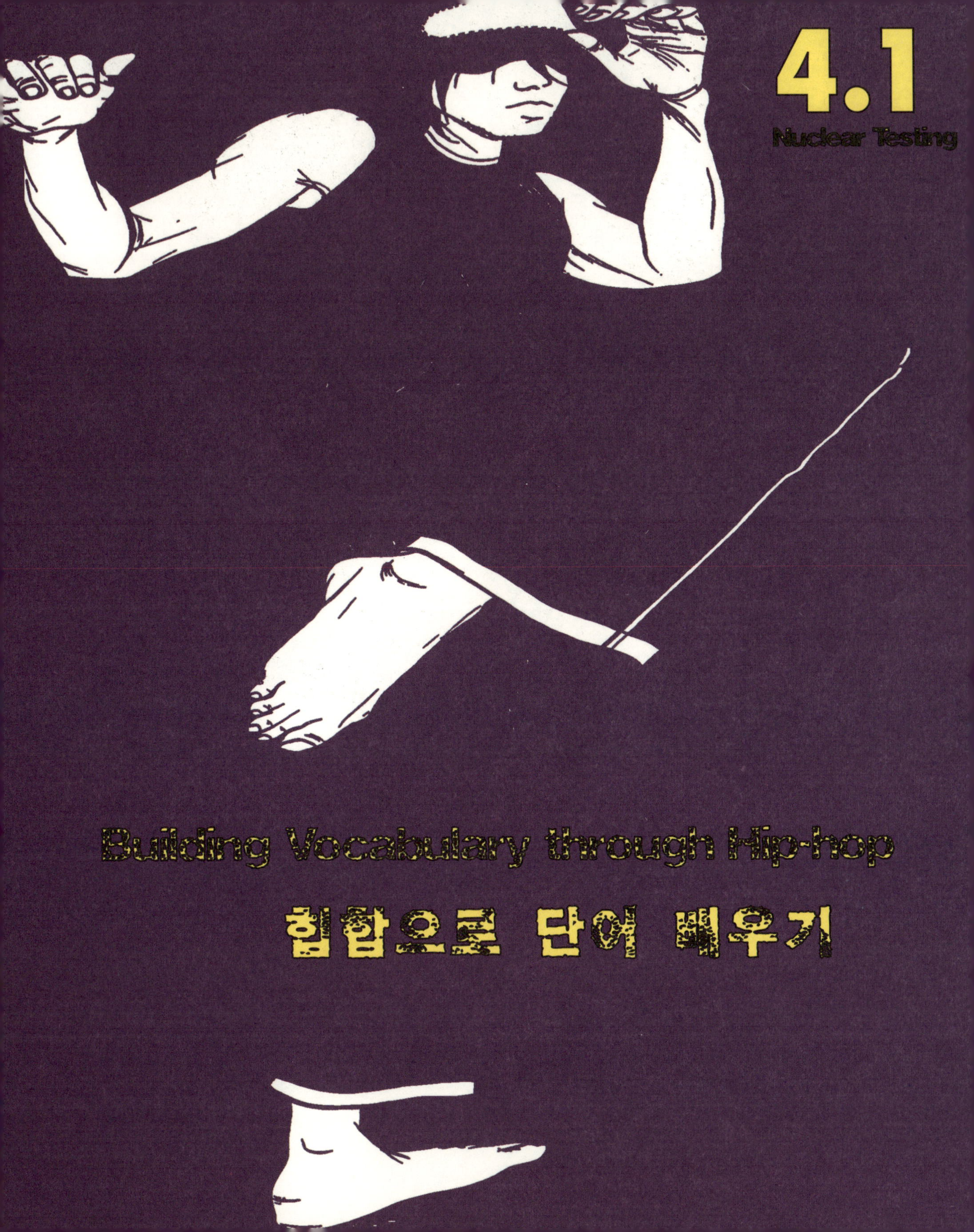

# Building Vocabulary through Hip-hop

# 힙합으로 단어 배우기

Lucille,
baby do your sister' s will.
Lucille,
baby do your sister' s will.
Well you went up and married
but I love you still.

여기서는 'Lucille' 의 두 번째 음절과 'will,' 'still' 이 라임을 이루고 있습니다.

(3) 최근 노래로는 앨리샤 키스(Alicia Keys)의 '이프 아이 에인트 갓 유(If I ain' t got you)' 란 노래를 예로 들어 보겠습니다.

Some people want it all
But I don' t want nothing at all
If it ain' t you baby
If I ain' t got you baby
Some people want diamond rings
Some just want everything
But everything means nothing
If I ain' t got you

여기서는 'it all' 과 'at all' , 'rings' 와 'everything,' 'nothing' 과 같은 단어들이 라임을 이루고 있네요. 어떻습니까? 신기하지 않습니까? 이렇듯 랩이 아닌 다른 노래에도 라임이 존재하고 있습니다.

## 라이밍 I
## 영어 라임

여러분은 혹시 "랩을 할 줄 아느냐?" 란 표현을 영어로 어떻게 말할지 생각해 보셨나요? "Can you rap?" 이런 말 혹시 들어 보셨나요? 아마도 못 들어 보셨을 겁니다. 대신에 흑인들은 "Can you rhyme?" 이란 말을 씁니다. 그들은 랩=라임, 즉 랩과 라임을 동등한 의미로 사용하고 있는 것이지요. 바꿔 말하면, 랩에 있어 라임의 유무를 따지는 것 자체가 무의미하다는 말이 됩니다. 라임이 곧 랩이라는 말이지요. 시에서 두운, 각운이 있듯이 랩에서도 마찬가지입니다. 라임이 문장의 어느 부분에 놓이느냐

| 1 | 2 | 3 | 4 | 5 | 6 | 7 |
|---|---|---|---|---|---|---|
| ● | ● | ● | ● | ● | ● | ● |

Lou- says get your swag • ger on

7 SYLLABLES

YOU TRY

| 1 | 2 | 3 | 4 | 5 | 6 | 7 | 8 |
|---|---|---|---|---|---|---|---|
| ● | ● | ● | ● | ● | ● | ● | ● |

Step off with the bunk/ bring the funk

8 SYLLABLES

YOU TRY

| 1 | 2 | 3 | 4 | 5 | 6 | 7 | 8 | 9 | 10 | 11 | 12 | 13 | 14 | 15 |
|---|---|---|---|---|---|---|---|---|---|---|---|---|---|---|
| ● | ● | ● | ● | ● | ● | ● | ● | ● | ● | ● | ● | ● | ● | ● |

WALK with a swag • ger/ TALK with a swag • ger/ RAP with a swag • ger

15 SYLLABLES

YOU TRY

| 1 | 2 | 3 | 4 | 5 | 6 | 7 | 8 |
|---|---|---|---|---|---|---|---|
| ● | ● | ● | ● | ● | ● | ● | ● |

It's good to bang it in the club!

8 SYLLABLES

YOU TRY

에 따라 플로우도 틀려질 것이고, 또 대부분의 경우 액센트가 위치하는 곳은 라임이 있는 부분이므로 라임을 어떻게 잘 짜느냐에 따라서 그 곡의 질(quality)도 달라질 것입니다. 하지만 여기서 간과하지 말아야 할 것은 라임을 짜기 이전에 곡 전체의 주제, 내용에 잘 부합하는가를 살펴보는 것입니다.

라이밍에 대한 문제를 언급하기에 앞서 영어로 하는 랩이 왜 맛있게 들리는가에 대해 간단하게 짚어 보고 가겠습니다. 먼저 간단한 예를 들어서 설명하도록 하겠습니다. 다음은 매쏘드 맨(Method Man)의 가사입니다.

Microphone checka, swingin' sword lecture
Closin' down the sector, supreme neck protector
Better warn 'em kid, Mr. Meth's a boiling pot
About to blow his lid from the pressure

위에서 라임으로 작용하는 'lecture,' 'sector,' 'pressure' 는 모두 2음절로 구성되어 있고, 'protector' 는 3음절로 구성되어 있는데, 우리나라 말로는 이런 2, 3음절로 작용하는 라임을 찾기가 영어보다 훨씬 어렵습니다.

계속해서 예를 들어 보겠습니다.

Put your lights out
Get the shit to crackin' got you feenin' with your pipes out

위에서 라임으로 작용하는 부분을 한글로 적어 보겠습니다. '라이츠 아웃' 과 '파잎즈 아웃' 인데 여기서 가만히 살펴보면 'out' 이 뒤에 붙어 있음으로 해서 앞의 단어와 묘하게 연결되어 라임으로도 작용하지만 '라이츠(lights)' 와 '파잎즈(pipes)' 만 보아도 영어로 따지면 하나의 음절로 취급되는데 한글로 따지면 '라-이-트' , '파-이-프' 와 같이 3개의 음절로 취급됩니다. 그러므로 영어의 1음절이 한글의 3음절과 같은 효과를 낸다는 걸 아시겠죠? 이런 면에서 볼 때 영어가 훨씬 유리한 점을 갖고 있는 것이지요.

이제 다른 뮤지션의 가사를 한번 살펴봅시다. 다음은 라킴(Rakim)의 '무브 더 크라우드(Move the Crowd)' 란 곡에서 발췌한 가사입니다.

Standing by the speaker, suddenly I had this
Fever, was it me or either summer madness

1 2 3 4 5 **6** **7** **8** **9** **10** **11** **12**

니 땜에 서버 **crash** / You need a good head **bash**

12 SYLLABLES

SAMPLE

Hey, life can be so **rough**/ So make sure you are **tough**

YOU TRY

자, 위에 있는 가사를 보면 무조건 12 음절만 맞춘 것 같지만, 사실 중간에는 'crash'를, 끝에는 'bash'를 써서 라임을 맞추었다. 이런 식으로 가사를 한번 만들어 봐. 물론 항상 이런 규칙을 따라야 하는 것은 아니지만 이런 연습은 영어 문장을 구성하고 어휘력을 키우는 데 도움이 된다.

Cuz I just can' t stand around

So I get closer and the closer I get, the better it sound

My mind starts to activate, rhymes collaborate

위의 경우에서 다른 것은 앞서 설명한 것이고 제일 아래에 나와 있는 라임인 'activate' 와 'collaborate' 를 한번 보겠습니다. 이들 단어에서 라임이 위치하는 곳은 둘 다 'ㅔ이트' 입니다. 여기서 흥미로운 것은 '베이트(vate)' 와 '레이트(rate)' 는 영어에서는 하나의 음절로 취급됩니다만, 한글에서는 분명 3개의 음절입니다. 흥미롭지 않습니까?

위에서 살펴본 여러 예시들을 통해 랩이라는 자체가 영어권에서부터 시작되었고 또 영어라는 언어 자체가 랩을 만들기에 쉬운 언어라는 것을 이제 여러분들도 아셨을 겁니다. 계속해서 한글로 된 라임을 예로 들어 가며 한번 배워 봅시다.

## 라이밍 2
## 한글 라임

이제는 한글로 된 라임을 한번 살펴보도록 하겠습니다. 먼저 필자의 예전 노래 중에서 한글로 된 2음절, 3음절 라임을 한번 살펴보겠습니다.

(rappy hip-hop school 1 파일을 들으면서 참고하세요.)

서서히 밝아져 오는 아침/

다시는 그러지 않으리라 굳게 다짐/

했던 게 바로 어제 기를 쓰고 맨날 맨날 그따위 생각 가짐/

뭐 해 지키지도 못할걸/

또 일어나자마자 불타는 갈증으로 목탈걸/

그래 우린 소주맨/ 되는 일도 없고 세상 돌아가는 거 보면 요즘엔/

아무리 입에 대지 않으려 해도 주변의 여건들이 나를 도와주지 않아 이쯤엔/

포기할 것도 같아 보이겠지만은 천만의 말씀/

우린 결코 포기하진 않아 지난 일들은 모두 소주 한 잔에 툭 털어 버리는 그런 마음 씀/

씀이를 가진 우린 바로 래빈/ 게다가 인간성까지 캡인/

우린 바로 래빈

자, 이제 한번 자세히 살펴볼까요? 위에서 '아침', '다짐', '가짐' 은 모두 2음절로 구성된 라임이

# SYLLABLES AND RHYMING

1 2 3 4 5 6 7 8 9 10 11 12 13

● ●● ●● ●● ● ● ● ●●●

Dou • ble H, 한국 힙합 / Got turned in • to Hip-뻥

13 SYLLABLES

SAMPLE

Come to me/ Wel • come to my life/ lis • ten to my rap

YOU TRY

자, 위에 보면 이 노래의 첫 줄은 모두 13음절(syllable)이다. 동그라미 하나가 한 음절을 뜻한다. 동그라미에 맞추어 영어 가사를 한 번 붙여 봐라. 샘플을 참고해서 자기만의 가사를 쓰고 노래를 들으면서 연습해 보자. 어때? 좀 어렵기는 하지만 일기나 에세이를 쓰는 것보다 더 재미있지 않아?

고 '못할걸' 과 '목탈걸' 은 3음절로 구성된 라임입니다. 그리고 '소주맨' 과 '요즘엔' 도 3음절 라임이지요. (흥미로운 점은 '소주맨' 과 '요즘엔' 은 글자 모양은 틀리지만 발음상으로는 분명 라임으로 작용합니다.) '말씀' 에 대응하는 라임은 '마음 씀' 으로 2음절과 3음절 단어가 라임을이룬 좀 특이한 경우입니다. 마지막 부분의 '래빈' 과 '캡인' 은 2음절로 구성된 라임이고요.

주의하실 것은 '그따위 생각 가짐/ 뭐 해 지키지도 못할걸' 이라는 부분에서 원래대로 문장을 풀어 쓰자면 '그따위 생각 가지면 뭐 해 지키지도 못할걸' 인데 위에 나온 '다짐' 에 맞추기 위해 문장 중간을 인위적으로 끊은 경우입니다. (물론 '굳게 다짐/했던 게 바로 어제...' 도 마찬가지이고요.) 그런 면에서 볼 때 '마음 씀/씀이를 가진...' 부분에서도 앞의 라임인 '말씀' 에 맞추기 위해 '마음 씀씀이' 의 가운데를 인위적으로 갈라 놓았다는 걸 아실 수 있을 겁니다.

이렇듯이 라임을 짤 때 무엇보다도 중요한 것은 노래 전체의 주제 흐름에 어긋나서는 안 된다는 사실이지요. 라임을 억지로 맞추기 위해 주제가 흐려지고 내용이 일관성 없게 진행되어서는 안 된다는 말입니다.

이번에는 제가 작사를 한 NRG의 '별책부록' 이란 곡을 예로 들어 보겠습니다.
(rappy hip-hop school 2와 rappy hip-hop school 3 파일을 들으면서 참고하세요.)

yes the NRG/ to the SONG/ 하나로 뭉쳐/ 얼굴로 퉁쳐/
노래는 화끈하게/ 춤은 더 새끈하게/ 하나로 똘똘 뭉쳐 얼굴로 그냥 퉁쳐 Double click 우리가 열지/ 이젠 정말 펄펄 날지/ 잊지 말지/ 모두 다 알지/ 도무지 우리가 없인 못 살지/ 알면 알수록/ 빠져들어 별책부록/처럼 한번 맛보면 벗어나지 못해 OK/ 오늘은 이것만으로 족해/ 이번엔 과연 어떨까/ 모두들 기대하겠지/ 때마침/ 우리의 다짐/ 그때 기회가 왔어 모두를 맞이/하여 그대로 차지/하는 게 우리의 목표라지/ 어디 한두 번 하나 장사/ 이런 맛을 알게 돼 감사/하고 있을 따름/이야 우리도 이젠 나름/대로 한 수 해/ 아, 여기저기 이쪽저쪽 뱅뱅 돌아가…

위에서 '뭉쳐' , '퉁쳐' 는 2음절 라임이 된다는 것 이제 아시겠죠? '화-끈하게' , '새-끈하게' 에서 실제 라임으로 작용하는 것은 '화끈' 과 '새끈' 이지만 느낌상 4음절짜리 라임으로 작용하게 되는 것이고요. '날지' , '말지' , '알지' , '살지' 는 처음 시작하는 자음이 ㄴ,ㅁ,ㅇ,ㅅ 으로 계속 변형되며 이어지는 2음절 라임입니다. '수-록' , '부-록' 도 2음절 라임이고요, 'OK' , '족해' 는 글자 모양은 틀리지만 위에서도 설명했듯이 들리는 대로 발음해 보면 '오케' , '조케' 로 발음상 라임으로 작용되는 것이지요.

또 다른 경우로 그룹 '쿨' 의 2005년 앨범 수록곡 중 '섹시 섬머 레이디(Sexy Summer Lady)' 란 앞에서 말했듯이 힙합 프로젝트 3단계는 창조. 이 노래를 통해서 라임(rhyme)과 음절(syllable)을 공부해 볼까? 뭐니 뭐니 해도 직접 해 보는 것이 제일 좋은 공부다. 이 노래에다 자기 나름대로 가사를 한번 붙여 보자. 이 노래가 아닌 다른 노래에라도 가사를 영어로 직접 써 보는 것은 영어 공부하는 데 많은 도움이 된다. 음절과 라임의 개념이 익숙해지면 다른 영어 문장을 창조하거나 구조를 이해하기가 수월해진다. 미국에서는 유치원이나 1학년 때 단어 가족(word families)을 배운다. 이것이 바로 라임이다. 한 단어를 중심으로 소리가 비슷한 단어를 죽 배우는 거다. 예를 들면, lip의 단어 가족은 rip, hip, sip, tip, pit, sit, hit, lit 등등. 어린이를 위한 동요는 간단한 랩으로 볼 수 있다.

Twinkle, twinkle little star
How I wonder what you are!
Up above the world so high
Like a diamond in the sky
Twinkle, twinkle, little star
How I wonder what you are

곡에 삽입하였던 제가 메이킹한 랩 중에서 '일 년을 기다린 Summer vacation/ 아가씨들 많아 좋은 situation/' 처럼 아예 대놓고 한글 가사에 영어 라임을 도입시키는 경우도 있다는 걸 알아 주시고요. ( '케이션' , '에이션' 으로 이어지는 3음절 라임이 되겠습니다.) 계속해서 신은성 2집에 수록되었던 저의 작사곡 '오텀 리브즈(Autumn Leaves)' 의 가사로 라임을 좀 더 배워 보겠습니다.
(rappy hip-hop school 4와 rappy hip-hop school 5 파일을 들으면서 참고하세요.)

이제까지/ 그 어느 누구에게도 한 적 없었던 가슴 아픈 얘기/
그 이름만으로 가슴 설레게 만들었던 그대 앞에 난 언제나 새침떼기/
그 모습으로 다가가 사랑이란 두 글자를 품어 버린 풋내기/
구름 한 점/ 없는 조용하기만 한 허름한 섬/ 부두/ 가에 내리시던 그날
당신이 신고 있던 아직도 간직하고 있는 빛나는 구두/
한 켤레만이/ 그대란 존재를 다시 일깨워 기억나게 하니/
하염없이 흘러내리는 이 눈물의 이유는 그대의 빈 자리/
울고 있는 나를 더욱 슬프게 만드네 그 생일날 함께 였던 탁자 위에 놓인 빈 잔이/
이미/ 너무나도 희미/해져 버린 님의 기억이/ 다시 돌아간다 했던 기약이/
부질없음을/ 목 끝에 차오르는 숨을/ 견디며 돌아서야 했던 날
그대 얼마나 원망하며 울었을까 생각할수록 가슴이 아픈데/ 저 등대/만이
그녀 그림자를 하늘에 비추네/ 한 겹 그리고 두 겹/ 쌓여져만 가는 그리움 낙엽/
만을 바라보며 기다리는 그녈 두고/ 돌아서야 했던 나를 두고/ (이하 생략)

위 가사에서 특징적인 것은 우선 2음절, 3음절, 4음절의 한글 라임이 고루 분포한다는 사실입니다. 1절 랩에서 '얘기' 와 '떼기' , '부두' 와 '구두' , '만이' 와 '하니' 는 2음절로 작용하는 한글 라임입니다. 주목하실 것은 '구름 한 점' 과 '허름한 섬' 은 4음절의 한글 라임으로 작용하게 되는데 이처럼 4음절짜리 한글 라임을 찾기란 여간 어려운 것이 아님을 눈치 채실 수 있을 것입니다. ( '구름 한 점' 과 '허름한 섬' 을 눈을 감고 한번 읽어 보세요. 어감이 비슷하지요? 이것이 바로 라임으로 작용하게 되는 것입니다.) 또 1절 마지막 부분을 보시면 '빈 자리' 와 '빈 잔이' 가 3음절의 라임인 것을 알 수 있습니다. (2절에서의 '기억이' 와 '기약이' 처럼 말이지요.)

주의해서 살펴보실 것은 바로 '없음을' 과 '숨을' 인데요, '없음을' 에서의 발음에 우리는 주목하여야 합니다. 표기는 분명 '없음을' 이지만 발음은 '업스믈' 이므로 '숨을' 의 발음인 '수믈' 과 2음절의 라임으로 작용한다는 거 잊지 않으셨다면, '픈데' 와 '등대' 에서도 발음상 라임으로 작용한다는 것을 쉽게 아실 수 있을 것입니다. 어떤 사람들은 라임에 대해 "글자 모양이 비슷해야 라임이다" 혹은 "똑같은 글자로 끝나야 라임이다" 라는 잘못된 생각을 하고 있습니다. 분명히 이야기하지만 라임은 글자 모양이 아니라 '발음' 으로 따지는 것입니다. 아셨지요? 그럼, 이번에도 예를 들어 가며

Verse 2

4초/ 뒤에 힙합 강의 here we go/ 자, 공책 펴고/ 16 페이지로
The Hip-hop lesson will begin in 4 seconds/ now turn to page 16
포인트 1 Flocabulary는 미국에서 힙합-으로 영어 배우는 sorcery
Point 1 is Flocabbulary, sorcery for learning English through Hip-hop in America
English 지겹다 생각지 마 너도 이젠 이미 힙합 스타/ This style is off the hook- homie!
거울 앞에 노래 따라 해 봐/ Get amped and chill with Flocab dawg
Don't think English is boring, you're already a hip-hop star/ This style is off the hook- homie!/ Practise this in front of the mirror/ Get amped and chill with Flocab dawg
포인트 2 힙합 필수 슬랭/ 힙합은 길거리 thang/ 이 표현을 머릿속 사전에 저장해
Point 2 is street slang/ Hip-hop is a street thang/ save this in the dictionary in your brain
It's time to knuckle up and become an English playa/ 포인트 3
It's time to knuckle up and become an English playa/ Point 3
힙합 패션 힙합 4대 요소/ 래피 in da house/ 비보이 우성 in da house/ 디제이 민기 in da house/ 그래피티 태길 in da house
Hip-hop fashion, the four elements of hip-hop/ Rappy in da house/ B-boy Woosung in da house/ DJ Mingi in da house/ graffiti artist Tagil in da house
Respect the swagger/ It's like a dagger/ straight through the heart mo' better!

Chorus

Verse 3
이제 힙합을 세계 8대 불가사의로/ 국제 특허증에 등록 it's main title/
Hip-hop is the eigth wonder of the world/ registered as an international paton/ it's main title
The Hip-hop Project/ it's our logic/ Respect the knowledge/ 외국과는 달리/
The Hip-hop Project/ it's our logic/ Respect the knowledge/ unlike the scene in foriegn countries
한국 힙합의 영혼이 담긴/ 따라갈 수 없는 멋진/ The Korean Hip-hop scene/
This is about the Korean hip-hop scence/ infested with the soul of Korean hip-hop/ incomparable and fly
뉴욕에서 서울, 서울에서 대구, 부산/ It's like Captain Kirk screaming KAHN/
From New York to Seoul, Seoul to Daegu and Busan, it's like Captain Kirk screaming KAHN

TV시리즈 'Star Trek' 에는 캡턴 Kirk의 적인 KAHN이 등장한다.

설명하겠습니다.

어른들 쉽게 말하지, 여기 우리같이/ 노는 애들 모두 다 양아치/라고 못박아 놓고/ 자신들은 언제나 정말로 수준 높고/....(생략)
조금은 힘들었을지도 모를/ 오늘/ 그렇게 가만히 있지 말고 이제는 손을/ 머리 위로 올려/ 그리고 한 바퀴 돌려/ 이제 너의 머리 끝으로 거꾸로 피가 쏠려/...(생략) 남들이 아무리 우리를 흘겨/ 본대도 상관없어 즐겨/

위에서 볼 때 '같이' 와 '양아치' 는 분명 다른 단어들입니다만 발음상으로 볼 때 각각 '가치', '아치' 로 똑같은 'ㅏ+치' 의 구조로 된 라임입니다. ( '모를' 과 '오늘' 은 모음인 'ㅗ+를' 에서 'ㅗ+늘' 로 약간 변형된 경우입니다.) 그다음 부분에서도 나타나듯이 '오늘' 과 '손을' 은 생김새는 다르지만 발음은 '오늘' 과 '소늘' 로서 'ㅗ+늘' 의 형태인 라임입니다. 그 뒤에 나오는 '돌려', '쏠려' 도 마찬가지 경우이고 '흘겨', '즐겨' 는 설명 안 해도 이제 아시겠지요?
계속해서 한글 라임을 살펴보겠습니다.

매서운 공기의 6월/ 어느덧 한도를 추월/해 버린 저들의 권력...(생략) 잘나신 6.29선언/ 웃기구 있어 넌/ 역사적 결단이라 우기고 있어...(생략)

'6월' 과 '추월' 에서도 보면 발음이 각각 '유월', '추월' 이고 그다음에 나오는 '선언' 과 '있어넌' 에서 역시 발음이 '서넌' 으로 라임으로 작용합니다. ( '있어 넌' 이 '이써 넌' 으로 발음된다는 건 초등학생도 아는 사실이지요?)

## 라이밍 3
## 한영 혼용 라임

가수 BMK의 '원 투 쓰리 포(One Two Three Four)' 란 곡에서 필자가 메이킹을 맡았던 랩에서 또 한 가지를 배우고 넘어가도록 하겠습니다.
(rappy hip-hop school 6 파일을 들으면서 참고하세요.)

1 2 3 to the 4 아침에 눈을 뜨는 순간/ 아직 뭐가 뭔지도 분간/하기도 전에
나를 비추는 햇살이 사랑스러/ 지난 기억은 모두 잊고 이 노래를 들어/
I' ll make you happy/ You know my name is 래피/ ...
'순간' 과 '분간', '스러' 와 '들어' 는 이제 설명 안 해도 아시겠지만, 여기서 발견되는 또 하

## LOU SAYS GET YOUR SWAGGER ON

Verse 1

Double H, 한국 힙합/ Got turned into Hip-뻥/ (Bang Bang~!)
Double H, Hanguk Hip-Hop/ Got turned into Hip PPEONG!
소비자 불만 신고 늘어서/ 할 수 없어서/ KRAP'M 시작했어
There were so many complaints I had to start KRAP'M
Korean Rappers Against Phony MC's/ 회원 수가 너무 많지 (You heard??)
Korean Rappers Against Phonyy MC's/ We're flooded with members
니 땜에 서버 crash/ You need a good head bash
The server crashed because of you/ You need a good head bash
이제 우리 앞에 새로운 시대가 rush
A new era rushes toward us
니가 하고 있는 랩은 고전 과학/ 그리고 내 랩은 quantum science
The science you're droppin' is old school/ my rap is quantum science
또 스왜거 뭔가를 찾고 있죠/ 공부하세요/
나야말로 걸어 다니는 사전
I see you're looking up the word swagger/ Do some studying/
I'm a walking dictionary
Can't you see?/ 스왜거, 뽐내며 걷다, 맵시/
를 뜻해 you know what I mean?
Can't you see? Swagger means to walk with a swagger,
you know what I mean?
Respect the swagger... It's like a dagger...
Straight through the heart mo' better!

Chorus

Lou- says get your swagger on
Step off with the bunk/ bring the funk
WALK with a swagger/ TALK with a swagger/ RAP with a swagger
It's good to bang it in the club!

### STREET PHILOSOPHY #9
REMEMBER THE OLD SCHOOL

지민주 + David Spring
Remember the old school.
옛 것을 기억할 것
"I wish there was somethin made, or somethin designed where I could turn back the hands of time..." Biz Markie from *Turn Back the Hands of Time*

나의 흥미로운 점은 바로 영어와의 혼용입니다. 'happy' 와 '래피' 가 서로 발음상 '해피', '래피' 로 라임으로 작용한다는 점입니다. 물론 너무 남용한다면 지겨울 수도 있겠지만 한 번씩 이런 라임을 사용하는 것도 좋은 방법일 것입니다

아래에 소개하는 가수 조조의 '토요일 밤의 열기' 란 곡에서 필자가 만들었던 랩 중에서는 2음절, 4음절 등의 라임이 영어와 한글로 계속해서 번갈아 가며 등장하는 약간 복잡한 경우를 볼 수 있습니다. (rappy hip-hop school 7 파일을 들으면서 참고하세요.)

Groovy/ 리듬 속에 부비부비/ 플로어에서 코너까지 구비구비/ 누비/고 다녀 봐 like Action Movie/ …

위에서 'Groovy(그루비)' 는 뒤에 나오는 '부비', '구비', '누비', '무비' 등으로 연결되는 시발점의 역할을 하며 중간에 나오는 '부비부비' 와 '구비구비' 에서는 4 음절 라임으로 되었다가 다시 '누비', '무비' 로 이어지면서 2 음절 라임 연결로 바뀝니다. 'Groovy,' '부비부비', '구비구비', '누비', 'Action Movie' 라는 한글과 영어가 번갈아 가면서 등장하는 점이 흥미로운 가사입니다.

한글과 영어가 혼용으로 작용하는 라임 설정 중에서 가장 기본적으로 많이 볼 수 있는 것이 아래와 같은 라임이지요. 아래는 제가 조PD, 싸이 등과 함께 부른 곡 '캐롤링(Carollling)' 중에서 제 랩 부분을 발췌한 것입니다. (rappy hip-hop school 8 파일을 들으면서 참고하세요.)

all i wanna do is a makin' da money/ 돌아오는 크리스마스 난 이게 뭐니/ 해마다 맞는 지겨운 성탄절/ 왜 나는 땡전 한 푼 없어 대관절/ (중략) 남는 건 zero/ ghetto/에서 벗어나지 못한 채로/ (이하 생략)

위에서 'money' 와 '뭐니' 는 우리가 흔히 접할 수 있는 대표적인 영어와 한글의 혼용 라임입니다. '성탄절' 과 '대관절' 의 라임 연결 이후에 'zero(제로)', 'ghetto(게로)', '채로' 로 이어지는 영어와 한글 라임 연결도 눈여겨 보세요.

이주노의 '바운스(Bounce)' 란 곡을 제가 작사하면서 만들었던 라임 중에도 영어와 한글 혼용이면서 3음절 라임으로 연결되는 부분이 있습니다. (rappy hip-hop school 9 파일을 들으면서 참고하세요.)

B.I.G. B.U.G./ 그것이 나의 이유지/ 오로지/ 우리야말로 힙합의 포로지/ 창조하리라 우리들만의 전설의 mythology/ 온통 ideology/
싸움에 물들어 버린 가엾/기만 한 어린 중생들이 저질러 왔던 타협/
so funny/ 네가 일등이란 건 너무 irony /

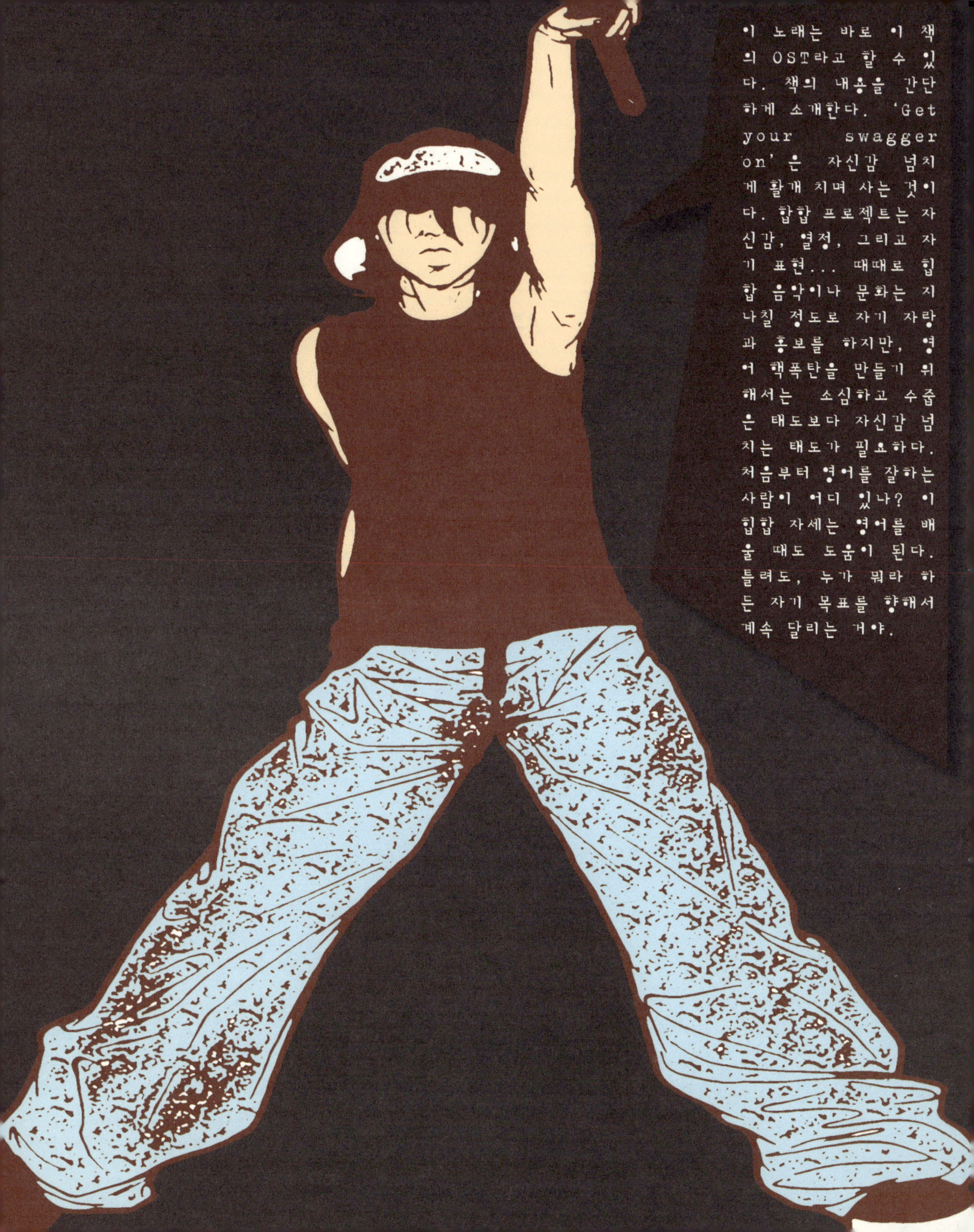

이 노래는 바로 이 책의 OST라고 할 수 있다. 책의 내용을 간단하게 소개한다. 'Get your swagger on'은 자신감 넘치게 활개 치며 사는 것이다. 힙합 프로젝트는 자신감, 열정, 그리고 자기 표현... 때때로 힙합 음악이나 문화는 지나칠 정도로 자기 자랑과 홍보를 하지만, 영어 핵폭탄을 만들기 위해서는 소심하고 수줍은 태도보다 자신감 넘치는 태도가 필요하다. 처음부터 영어를 잘하는 사람이 어디 있나? 이 힙합 자세는 영어를 배울 때도 도움이 된다. 틀려도, 누가 뭐라 하든 자기 목표를 향해서 계속 달리는 거야.

위 랩에서 'B.U.G(비.유.지)' 와 '이유지' 는 3음절로 이어지는 라임이면서 영어와 한글의 혼용 라임 기법이고 뒤이어 '오로지' 와 '포로지' 의 3음절 한글 라임으로 계속 연결됩니다. 'mythology(미쏠로지)' 와 'ideology(아이디올로지)' 에서는 4음절짜리 영어 라임이 등장하며 '가엾' 과 '타협' 은 계속해서 설명했듯이 발음상으로 이어지는 라임이고 마지막은 'funny(퍼니)' 와 'irony(아이러니)' 에서 '퍼니', '러니' 의 2음절 영어 라임으로 마무리하였습니다.

역시 제가 작사를 맡았던 MC몽의 '오 마이 보이(Oh My Boy)' 란 곡에서는 4음절과 5음절이 라임으로 이어지는 경우도 있습니다. 음절 수는 틀리지만 발음상의 느낌으로 라임으로 작용하는 경우입니다. (rappy hip-hop school 10 파일을 들으면서 참고하세요.)

ma Senorita/ 내 맘 속으로부터/ 진정 하고 싶은 말 "그대 울지 말아요" / 그래 이젠 알아요/…. (이하 생략)

언뜻 보면 이해하기가 좀 어려울 수도 있고 약간 억지인 듯 하나 발음을 해 보면 이해가 되는 경우도 있습니다. 'Senorita(세뇨리따)' 와 '속으로부터' 가 바로 그런 경우인데, 영어와 한글의 혼용이면서 4음절과 5음절이 이어져서 발음상 라임으로 작용하는 것입니다.

## 가사 분석

그럼, 이제부터 가사 분석을 해 보겠습니다. 먼저 자신의 인생을 뒤돌아보며 힘들었던 시절이나 어릴 적 친구들과의 의리 같은 것을 주제로 가사를 한번 만들어 볼까요?

Example 1
하늘이여 부디 내게 힘/-을 주소서, 키다리 미스터 김/
길었던 기다림/ 수많은 망설임/- 끝에 끝내 마지막 디딤/-돌이 될 만한 나의 님/-
과 함께 거침/-없이 험난한 이 세상을 아무런 미련 없이 살다 갈 수 있도록/
그토록/ 빌어 왔던 나의 꿈은 초록/-빛으로 물들어 피어나는 새싹으로 새록/

첫 부분에서는 1음절인 '힘' 으로부터 파생되는 여러 가지 라임들을 한번 연결시켜 보았습니다. '힘', '김', '림', '임', '딤', '님', '침' 등으로 같은 1음절이지만 각기 다른 단어를 사용해 단조로움을 해소하고자 했습니다. 그다음으로 '도록', '토록', '초록' 이 모음인 'ㅗ' 와 '록' 으로 구성된 'ㅗ+록' 으로 끝나는 라임으로 연결되다가 끝에서는 '새록' 으로 끝나면서 여운을 남깁니다. (새싹이 새록새록 돋아난다는 의미를 생략한 것이지요.)

# Lou Says Get Your Swagger On

**Written by Phinney Choe   Performed by Rappy**

Example 2

이제, 적지만은 않은 나이 스물/-일곱이란 또 다른 고비에서 스멀/-거리며 다시

떠오르는 옛 기억/ 수많은 추억/ 돌아만 가는 시계 바늘에 애태/-우며 후퇴/-와 전진을 반복했네 여태/

대체 몇 해/-를 더 이렇게 눈물을 곁에/-두고 살아야 하나 뙤약볕에/-내버려진...

위에서 '스물' 과 '스멀' 은 단어는 틀리지만 그 어감이 비슷하게 끝나므로 충분히 라임으로 작용할 수 있는 것입니다. 뒷부분 역시 '애태', '후퇴', '여태', '몇 해', '곁에', '볕에' 등이 모두 단어는 틀리지만 어감이 비슷하므로 라임으로 작용한다고 볼 수 있습니다. '몇 해' 는 '며태' 로, '곁에' 는 '겨태' 로 '볕에' 는 '벼태' 로 발음되는 원리를 아시겠지요?

Example 3

구겨진 다이어리/ 굽히기 힘든 허리/ 헝클어진 머리/ 그리고 넌더리 나는 거리/

그 속에 서 있는 내 모습 한없이 어리버리/

고향을 떠나온 지 어느덧 8년/ ……/-같은 나를 이용하려는 자/-와 나 자/-신과의

지겨운 싸움의 반복/ 결코 항복/할 순 없기에 난 이 길을 택해/ 보다 매캐/해져만

가는 검은 연기/ 나 슬피/ 노랠 불러 보려 해 구슬피/

도와주는 이/ 하나 없는 서울의 황량한 밤거리/-에서

위에서 '어리', '허리', '머리', '거리', '버리' 는 모두 'ㅓ+리' 로 끝나는 2음절 라임이고요, '택해' 와 '매캐' 는 모양은 틀리지만 '태캐' 와 '매캐' 로서 발음은 모두 'ㅐ+캐' 의 구조란 것을 알 수 있을 것입니다.

Example 4

어릴 땐 누구나가 주먹에 동경하기 마련/ 커서는 누구나가 돈에 동경하기 마련/

아련/-히 떠오르는 내 어릴 적 친구들, 가련/-하기만 했던 가난하지만 둘도 없던 친구들,

money!!/ 부지런히/ 살아가려던 그들을 천천히/-몰락시키더니/ 뭐가 모자란 거니?/ it' s so funny/

money is ya honey/

'마련', '아련', '가련' 은 'ㅏ+련' 의 구조인 2음절 라임이고 흥미로운 것은 그다음에 나오는 라임들입니다. 각각 'money', '런히', '천히', '더니', '거니', 'funny', 'honey' 로 모양은 가지각색이지만 잘 보면 발음이 모두 2음절 라임으로 작용한다는 걸 알 수가 있을 것입니다. '머니', '러니', '처니', '더니', '거니', '퍼니', '허니' 로 'ㅓ+니' 의 구조란 걸 아셨지요? 매우 흥미롭지 않습니까?

# 3.3 Detonation Device

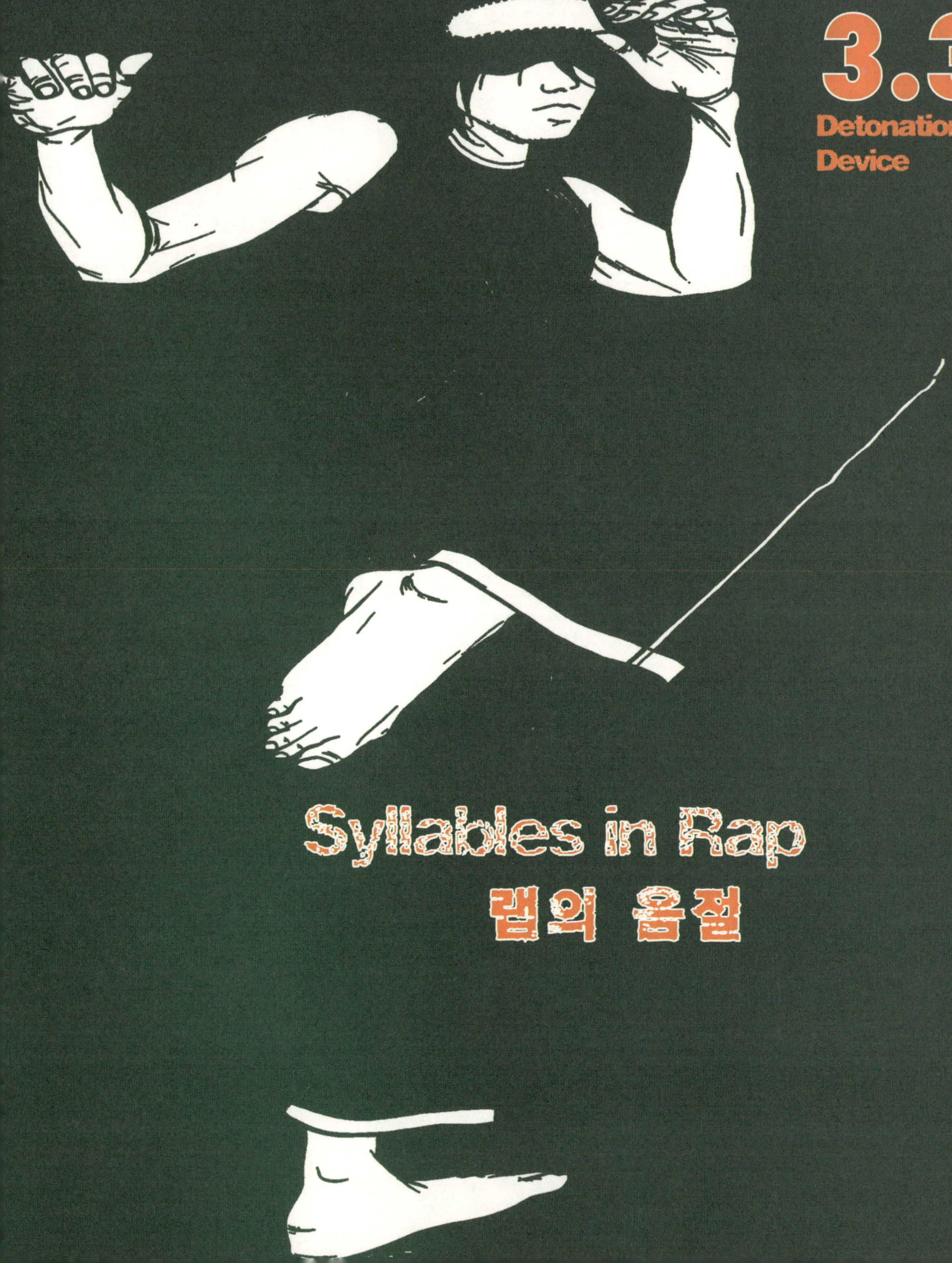

## Syllables in Rap
## 랩의 음절

## <실전 연습> 랩 만들기

이번에는 한 가지 주제를 두고 어떤 식으로 라이밍을 하는지에 대해 실례를 들어서 함께 연습해 봅시다.

우선 자기가 하고 싶은 얘기, 즉 주제를 한 가지 정해야겠죠? 오늘의 주제를 '세상살이' 라고 정해 봅시다. 이 주제에 대해 제가 하고 싶은 얘기는 "세상살이가 힘들다" 는 것입니다. (물론 여러분들은 각자 자신의 생각을 표현하면 되겠지요?)

"세상살이가 힘들다" 라는 메인 테마를 두고 하고 싶은 말들을 한번 열거해 봅시다. (사실은 이런 것들은 모두 머릿속으로 생각하는 과정이겠지요? 물론 편하다면 아래와 같이 적어 봐도 되겠습니다.)

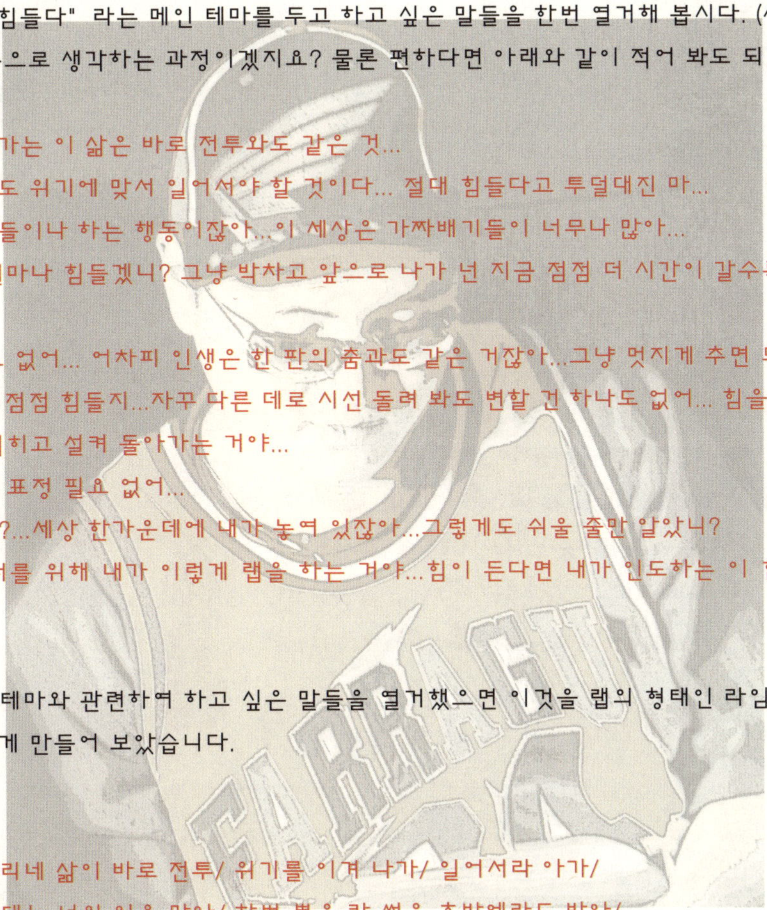


"우리가 살아가는 이 삶은 바로 전투와도 같은 것...
어려움이 닥쳐도 위기에 맞서 일어서야 할 것이다... 절대 힘들다고 투덜대진 마...
그건 가짜배기들이나 하는 행동이잖아... 이 세상은 가짜배기들이 너무나 많아...
힘들어 봤자 얼마나 힘들겠니? 그냥 박차고 앞으로 나가 넌 지금 점점 더 시간이 갈수록 꿈이 작아져만 가잖아...
한숨 따윈 필요 없어... 어차피 인생은 한 판의 춤과도 같은 거잖아...그냥 멋지게 추면 되는 거지, 뭐...멍하니 있다가는 점점 힘들지...자꾸 다른 데로 시선 돌려 봐도 변할 건 하나도 없어... 힘을 모아...어차피 세상은 이렇게 얽히고 설켜 돌아가는 거야...
그렇게 괴로운 표정 필요 없어...
여기가 어디야?...세상 한가운데에 내가 놓여 있잖아...그렇게도 쉬울 줄만 알았니?
그런 한심한 너를 위해 내가 이렇게 랩을 하는 거야...힘이 든다면 내가 인도하는 이 힙합 속으로 따라와..."

자, 이제 메인 테마와 관련하여 하고 싶은 말들을 열거했으면 이것을 랩의 형태인 라임으로 만들어야겠죠? 저는 이렇게 만들어 보았습니다.

*1절
Ayo 1,2,1,2/ 우리네 삶이 바로 전투/ 위기를 이겨 나가/ 일어서라 아가/
힘들다고 투덜대는 너의 입을 막아/ 한번 뽑은 칼 썩은 호박에라도 박아/
짜가/-가 판치는 빌어먹을 세상에서 우리가 살아가네/
힘들어 봤자/ 얼마나 힘들겠어 그래 박차/-고 앞으로 나가/
점점-더 시간이 갈수록 작아/-져만 가는 너의 꿈/

## 내 집

cheap 싼; 내 집~ it's very cheap

creep 바보; 내 집~ no room for creeps

deep 깊은; 내 집~ in the valley deep

leap 뛰어오르다; 내 집~ time to leap

sweep 쓸다; 내 집~ needs a good sweep

weep 울다; 내 집~ no one here so I weep

## 날 알아보겠지

bee 벌; 날 알아보겠지~ stung by a bee

flee 달아나다; 날 알아보겠지~ have to flee

flea 벼룩; 날 알아보겠지~ flick off a flea

knee 무릎; 날 알아보겠지~ I'm on my knees

free 자유; 날 알아보겠지~ need to be free

plea 간청; 날 알아보겠지~ hear my plea

## 눈물

cool 근사한; 눈물~ so cool

drool 침을 흘리는 것; 눈물~ falling like drool

fool 어리석음; 눈물~ crying like a fool

mule 노새; 눈물~ feel like I'm on a mule

pool 연합; 눈물~ gathering like a pool

tool 도구; 눈물~ grab a tool

*2절

한숨/-따위는 필요 없어 어차피 인생은 한 판의 춤/-

그냥 멋들어지게 추면 되는 거야 니 맘대로/

멍하니 있다가는 빡세져만 가 그 반대로/ 자꾸만 딴 데로/

시선 돌려 봐도 변하는 건 하나도 없어 힘을 모아라 한데로/

얽히고 설켜 이렇게 돌아만 가는 복잡한/-세상살이 속에 그렇게 착잡한/-표정 필요 없어 답답한/-놈아

*3절

여기가 오데-야?/ 세상 한가운데-야/

그렇게도 쉬울 줄만 알았더냐 얘야/

아이고 배-야/ 이건 한심한 너를 생각하며 만-든 노래-야/

노력 없이 빈둥거리길 반복한다면 넌 사람 아닌 개-야/ 그런 게야/

커다란 세숫대야/-속에 비친 세상을 바라봐/

힘이 든다면 따라와/ 우리가 인도하는 힙합의 길로/

위의 가사가 너무 길다면 아래와 같이 짧게 만들어 보는 것도 좋겠습니다. 아래는 '프로젝트 X' 앨범에 수록되었던 필자의 작사곡 '삶이 그대를 속일지라도' 에서 발췌한 것입니다.

(rappy hip-hop school 11 파일을 들으면서 참고하세요.)

from the planet bigbug/ it' s all about the hiphop/

맨 첨에 시작했던 음악은 brit pop/

thrash metal/ death metal/ and every heavy metal/

그것이 나의 운명의 출발점/ welcome/ to the 우리의 이 album/

우리 음악을 들으려 모두가 혀를 낼름/ tell' em/ that I be Rappy from Kill' em/ O double F

내용을 살펴보면 빅벅이란 힙합 레이블을 맨 첫 문장에서 소개하고 있고, 그 레이블은 힙합 음악을 전문으로 한다는 말, 그리고 내가 제일 먼저 시작했던 음악은 브릿 팝(brit pop)과 스래쉬 메틀(thrash metal), 데스 메틀(death metal) 등이며 모든 헤비 메틀(heavy metal)을 다 좋아했으나 락 음악 그것이 나의 운명의 첫 출발점이었으며 이 앨범에 온 것을 환영한다는 내용 등이 담겨 있습니다.

맨 마지막 줄에 'Kill' em/ O double F' 라는 것은 필자가 예전에 케이블 TV에서 맡아 진행하였던 랩 배틀 코너인 'Kill' em Off' 를 뜻하는 것입니다. 이런 내용들을 '빅벅(bigbug)' , '힙합' , '브릿 팝' 의 라임으로, '출발점' 에서의 '발점' 과 'welcome(웰컴)' 그리고 'album(앨범)' 의 라임으로 연결했으며 '낼름' , ' tell' em(텔름)' , ' Kill' em(킬름)' 의 한영 혼용 라임으로 엮은 것이지요.

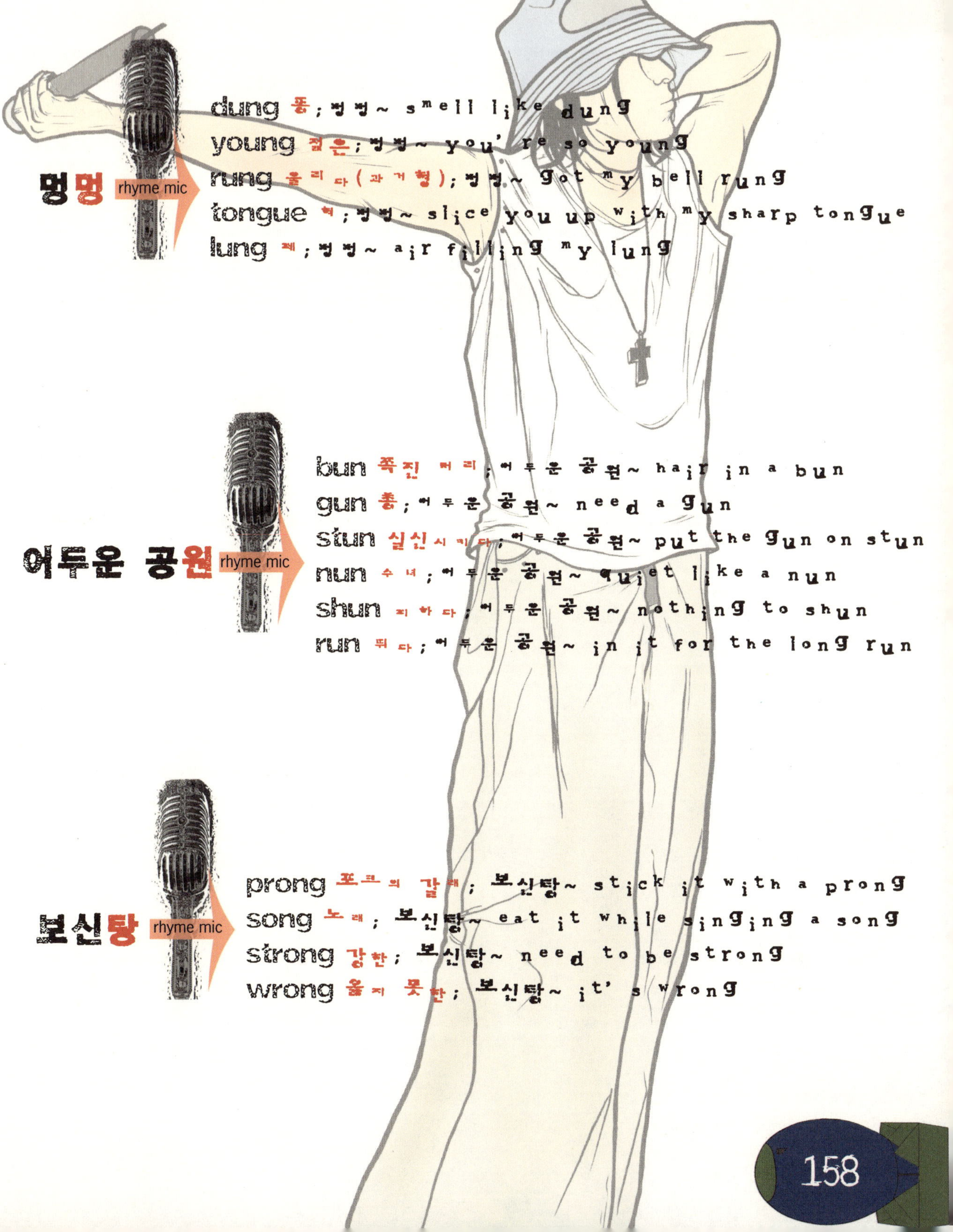

## 멍멍 rhyme mic

dung 똥; 멍멍~ smell like dung
young 젊은; 멍멍~ you're so young
rung 울리다(과거형); 멍멍~ got my bell rung
tongue 혀; 멍멍~ slice you up with my sharp tongue
lung 폐; 멍멍~ air filling my lung

## 어두운 공원 rhyme mic

bun 쪽진 머리; 어두운 공원~ hair in a bun
gun 총; 어두운 공원~ need a gun
stun 실신시키다; 어두운 공원~ put the gun on stun
nun 수녀; 어두운 공원~ quiet like a nun
shun 피하다; 어두운 공원~ nothing to shun
run 뛰다; 어두운 공원~ in it for the long run

## 보신탕 rhyme mic

prong 포크의 갈래; 보신탕~ stick it with a prong
song 노래; 보신탕~ eat it while singing a song
strong 강한; 보신탕~ need to be strong
wrong 옳지 못한; 보신탕~ it's wrong

어떻습니까? 이런 일련의 과정들이 반복되어 라이밍이 익숙해지고 음악도 많이 듣고 많이 불러 보고 하다 보면 랩이란 걸 제대로 한번 해 볼 수 있겠지요? 중요한 것은 끊임없는 반복과 연습이란 걸 항상 염두에 두세요.

## Chapter 4.
## 플로우(Flow)

이제 플로우에 대한 설명을 하겠습니다.

플로우란 앞에서도 얘기했듯이 랩에 있어 멜로디와 같은 역할을 하는 것이지요. 랩 톤의 높낮이, 랩의 길이 등 여러 가지 요소들이 복잡하게 연결되어 만들어 내는 랩의 독특한 그 흐름을 플로우라 표현하는데요, 이것은 라임이 문장의 어느 곳에 위치하느냐에 따라서 결정되기도 합니다.

그림을 보면서 설명해 보도록 하겠습니다.

여러분이 만약 드럼이란 악기를 다룰 줄 안다든가 드럼의 구조를 잘 안다면 랩을 하는 데 아주 큰 도움이 됩니다. (비트 박스도 물론이고요.) 랩이란 리듬과 아주 긴밀한 관계에 있는 음악 형태이기 때문이지요.

자, 그럼 드럼의 구조와 드럼 악보에 대해 먼저 간략하게 설명을 드리겠습니다. 드럼은 베이스 드럼(base drum: 발로 쿵쿵거리며 밟는 것), 스네어(snare), 하이햇(hi-hat), 톰톰(tom-tom), 심벌(cymbal) 등으로 이루어져 있으며 여러분이 쉽게 이해하도록 편의상 '쿵치딱' 으로 설명하겠습니다. '쿵' 이란 베이스 드럼이고요, '치' 는 하이햇, '딱' 은 스네어 드럼이 되겠습니다.

위 그림과 같이 드럼 악보를 그릴 때 하이햇과 심벌은 제일 위에, 스네어는 악보 중간에, 그리고 베이스 드럼은 악보 아랫 부분에 위치합니다. 그럼, 간단한 리듬 악보를 보면서 그 리듬에 맞춰 여러 가지 방법으로 랩을 해 보겠습니다.

## 와글와글 rhyme mic

(approximate rhyme)

curl 곱슬 ; 와글와글~ my hair in a curl
hurl 던지다 ; 와글와글~ give it a hurl
pearl 진주 ; 와글와글~ your eyes like pearl
swirl 빙빙 돌다 ; 와글와글~ my head in a swirl
twirl 휘두르다 ; 와글와글~ pen in a twirl
whirl 빙빙 돌다 ; 와글와글~ give it a whirl

## 내 코 rhyme mic

blow 코 풀기 ; 내 코~ needs a blow
crow 까마귀 ; 내 코~ sharp like a crow
flow 흐름 ; 내 코~ in the flow
grow 자라다 ; 내 코~ see it grow
snow 눈 ; 내 코~ white as snow
hoe 괭이 ; 내 코~ dig it like a hoe
sew 꿰매다 ; 내 코~ need something to sew?

## 나의 모습 rhyme mic

up 위로 ; 나의 모습~ dance and get up
pup 강아지 ; 나의 모습~ cute as a pup
schlump 게으름뱅이 ; 나의 모습~ think i' m a schlump
yup yes ; 나의 모습~ that' s me yup, yup

아래 그림은 쿵-쿵 딱 쿵 쿵 딱 따따/ 쿵쿵딱쿵 쿵 딱쿵/ 이란 비트를 악보로 표현한 것입니다. (rappy hip-hop school 12 파일을 참조하세요.)

그러면 이 비트에 랩을 한다고 생각하고 여러 가지 플로우를 만들어 보겠습니다. 말로서는 랩톤의 높낮이를 설명할 수 없으므로 여기서는 랩의 단어 위치 선정에 의해 발생되는 플로우만을 다루겠습니다. 편의상 '가나다라마바사아자차카타파하' 라는 가사로 랩을 한다고 가정하고 아래의 그림 <랩1>을 보시겠습니다.

<랩1>

가 나 다 라 마 바 사~ 아 자 차 카 타 파 하~

## 내 눈 rhyme mic

June 6월; 내 눈~ you always look like June
dune 모래 언덕; 내 눈~ feel like jumping off a dune
moon 달; 내 눈~ as big as the moon
prune 자두; 내 눈~ round like a prune
croon 흥얼거리다; 내 눈~ can't you hear me croon?
goon 건달패; 내 눈~ bruised by a goon

## 내 피부 rhyme mic

crew 작업단; 내 피부~ come into my crew
boo 우우; 내 피부~ ghost over there, boo!
brew 양조주; 내 피부~ come have a brew
chew 씹다; 내 피부~ give me something to chew
flu 독감; 내 피부~ blue with the flu
dew 이슬; 내 피부~ like morning dew
stew 스튜; 내 피부~ smelling like stew

Some of these rhymes are ridiculous and simple but start here and work your way up. It's not like you can become Eminem or Tupac or KRS One overnight. Just playing and thinking about how words connect and unite is a good thing. You'll end up looking through the dictionary and searching for words.

위 경우는 하이햇이 위치한 그 위치에 똑같이 랩 가사를 하나하나 올려놓고 랩을 한 경우입니다. (rappy hip-hop school 13 파일을 참조하세요.) 이런 것을 우리는 '정박' 랩이라고 부릅니다. 딱딱 정박자에 맞춰 랩을 한 것이지요. 물론 위의 것은 정박으로 표현할 수 있는 랩 중에서 가장 기초적이고 쉬운 랩 표현입니다. 랩을 처음으로 배우고자 하시는 분들이라면 음악 파일을 들으면서 이런 정박랩부터 차근차근 연습하시면 많은 도움이 되리라 믿습니다.

그럼 다음으로 <랩2>를 보시겠습니다.

<랩2>

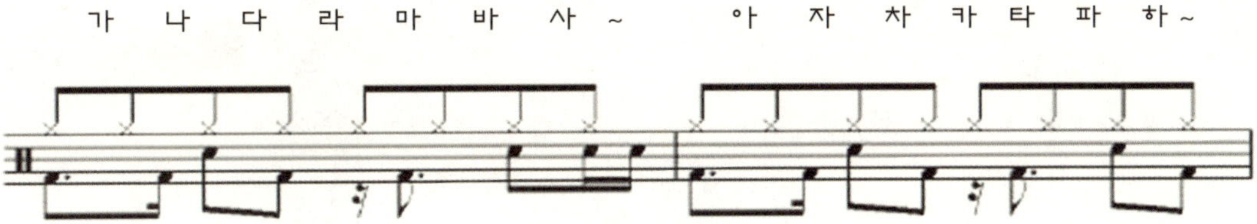


<랩2>의 경우는 하이햇이 위치하는 바로 윗부분이 아니고 하이햇과 하이햇 사이에 랩 단어가 들어간 경우입니다. (rappy hip-hop school 14 파일을 참조하세요.) 우리는 이런 것을 '엇박' 랩이라고 표현합니다. 정박랩의 연습이 끝났다면 이런 엇박랩으로 연습을 하면서 리듬감을 더 익히도록 하세요.

그럼 이제 <랩3>이나 <랩4>의 그림과 같이 정박과 엇박을 마구 섞어서 자기만의 플로우를 만드는 연습을 해 보세요. (rappy hip-hop school 15, 16 파일을 참조하세요.) 물론 여기서는 초보자들을 위하여 쉬운 조합들만을 예로 들었지만 여러분들은 자신의 스타일에 맞추어 좀 더 어려운 리듬과 플로우를 만들어 가면서 점점 실력도 늘리고 재미도 느껴 보시길 바랍니다.

<랩3>

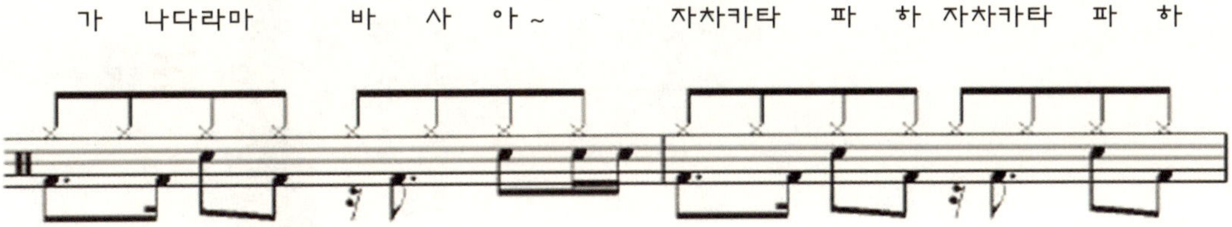

# THE RHYME MIC

## 대한민국 rhyme mic

duke 공작; 대한민국~land of dukes
fluke 요행수; 대한민국~we're no fluke
kook 미치광이; 대한민국~you must be a kook
nuke 핵무기; 대한민국~coming at you like a nuke

## 화창한 봄 rhyme mic

chrome 크롬; 화창한 봄~shining like chrome
comb 빗; 화창한 봄~going out, give me a comb
foam 거품; 화창한 봄~blowing foam
home 집; 화창한 봄~don't feel like going home
Rome 로마; 화창한 봄~feeling like Caesar in Rome

## 주인공처럼 rhyme mic

bum 거지; 주인공처럼~get lost, you bum
chum 친구; 주인공처럼~I'm your best chum
crumb 부스러기; 주인공처럼~stop dropping crumbs
glum 침울한; 주인공처럼~don't look so glum
numb 마비된; 주인공처럼~ feeling numb
scum 더러운 놈; 주인공처럼~total scum
yum 맛 좋은; 주인공처럼~your cooking is yum-yum

**TIME FOR YOU TO WRITE SOME DEFT RHYMES.**

<랩4>

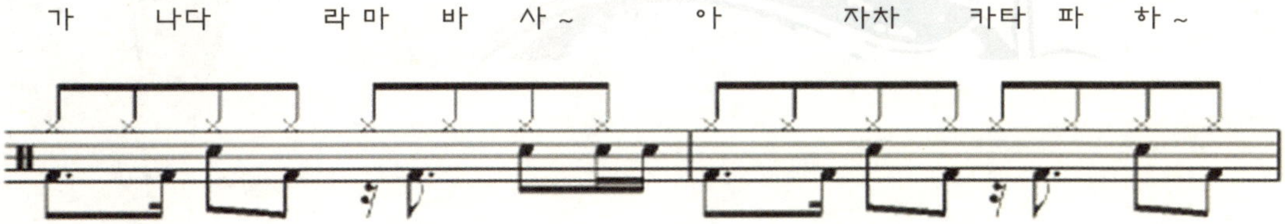


이런 식의 조합에다가 앞에서 언급하였던 랩 톤의 높낮이 변화와 랩을 내뱉음에 있어 길고 짧음의 차이, 그리고 강세(엑센트)의 차이 등을 더해서 최종적으로 만들어지는 것이 플로우가 되겠습니다.

<랩5>

위 악보는 펑크 리듬을 표현한 것인데요, 이번에는 조금 더 발전하여 펑크 리듬에 플로우를 만들어 보는 연습을 해 보겠습니다. 앞에서 잠깐 설명한 대로 위 악보를 보시면 악보 제일 위에 위치한 음표가 하이햇, 악보 가장 아래가 베이스 드럼, 악보 중간의 음표가 스네어 드럼을 뜻합니다. 처음부터 악보만 보고 이해하려면 어려우니 rappy hip-hop school 17 파일의 펑크 리듬 랩을 들어 보면 이해가 쉬울 겁니다. 특히 이번 랩에서는 '가나다' 가 3연음으로 발음되는 부분을 귀 기울여 들어 보세요. 랩에서 가장 흔히 접할 수 있는 3연음입니다. (rappy hip-hop school 17 펑크 리듬 랩 파일을 참조하세요.)

<랩6>

머릿속에 라임 마이크가 있다고 상상해 보자. 영어로 바로 라임을 하는 것보다 익숙한 한국말을 생각하면서 적절한 영어 라임을 떠올려 보면 한결 쉽다. 그리고 무엇보다 생각을 많이 하게 되어 좋다. 예를 들어 가사가 '힙합 프로젝트는 책...'이라면 한국말 '책'과 라임이 되는 영어 단어를 생각해 보는 식이지. 그리고 나서 그 단어를 이용해 문장을 구성해 본다. "힙합 프로젝트는 책...it's like a gold medal around my neck." 이런 식으로 말이다. 이렇게 계속하다 보면 영어로 생각하는 시간이 늘겠지? 그리고 비트에 맞춰서 라임을 만든다. 창조...

이번에는 <랩5>에서 연습한 펑크 리듬을 조금 더 변형시킨 펑크 응용 리듬으로 <랩5>와 같은 플로우로 연습한 것입니다. (rappy hip-hop school 18 펑크 응용 리듬 랩 파일을 참조하세요.)

<랩7>

이번에는 셔플(shuffle) 리듬입니다. 간혹 여러분들은 셔플 리듬 위에도 랩을 할 기회가 있을 것입니다. 하지만 그럴 때 많은 분들이 난감해 하시는 경우가 많은데요. 8비트나 16비트처럼 랩을 하기가 그다지 쉽지가 않기 때문에 셔플 리듬에는 이런 식으로 플로우를 만들어 보는 연습을 같이 해 보세요. 이번에도 마찬가지로 악보상으로 보면 악보 제일 위에 위치한 음표(x표시)가 하이햇, 악보 가장 아래가 베이스 드럼, 악보 중간의 음표가 스네어 드럼을 뜻합니다. (rappy hip-hop school 19 셔플 리듬 랩 파일을 참조하세요.)

<랩8>

마지막으로 라틴 리듬을 연습해 보겠습니다. 역시 악보상으로는 제일 위에 위치한 음표가 하이햇, 악보 가장 아래가 베이스 드럼, 악보 중간의 음표가 스네어 드럼을 뜻합니다. 이번에는 이제껏 배운 엇박, 정박랩에 3 연음까지 모두 한번에 연습하는 것입니다. (rappy hip-hop school 20 라틴 리듬 랩 파일을 참조하세요.)

이제 남은 건 여러분들이 얼마나 자기 스타일에 맞게 플로우를 만들어 가며 연습을 하느냐에 달렸습니다. 다양한 플로우로 충분한 연습을 거치신다면 만족할 만한 결과를 얻을 수 있을 것입니다.
Hip-hop Project의 Hip-hop School에서 다양한 샘플 비트 파일을 다운 받아 연습해 보시기 바랍니다.

하지만 엄만 나를 빗자루 들고 쫓아내

But mom grabbed a broom and shooed me away saying,

"이 미친 개가 어디 여기" 하며

"Who does this crazy dog think he is?"

Oh God, can you hear me?

VERSE 3

Who? What? Where? Why? When?

이제 내 삶에는 더 이상 어떤 질문도 없어

There are no more questions in my life

내 인생은 전부 눈물 바다/ 옛날 다니던 학교엘 가

My whole life is an ocean of tears/I go back to my old school

그리고 내 자릴 찾아/ 책상 밑에 자네

I find my old seat/ I fall asleep under the desk

Oh Lord/ I'm trippin'/ I'm buggin' out/

한 번 더 기회를 준다면 후회 없이 살게

If I'm given one more chance, I'd live without regrets

엄마, 친구야 미안해 끝까지 못 갔어

Mom, friends, sorry for not being with you until the end

선 넘어서 다시 보자 그땐 잘해 줄게

Let's meet on the other side, I'll be good to you then

STREET PHILOSOPHY #8
KEEP RUNNING
이은영
Keep running.
항상 달릴 것.
"Wherever there's competition...
you gonna find the race..."
Talib Kweli from *Where Do We Go*

# Chapter 5.
# 음색, 호흡, 박자

여러분!!
랩도 노래와 똑같습니다. 형식에 있어 차이가 날 뿐이지 랩에도 높낮이가 있고 강약이 있으며 랩 또한 발성을 통해 표현됩니다. 그리고 음색에 따라, 호흡을 잘하느냐 못하느냐에 따라 표현할 수 있는 랩핑 기술이 차이가 나는 것입니다.

이제 랩을 하려고 지금 도전하고 있는 여러 초보 뮤지션들을 위해 이런 음색이나 호흡, 박자에 관한 이야기를 좀 하려고 합니다. 랩에 필수 불가결한 라임이나 플로우 등을 배제하고 고려해야 할 것이 또 하나 있다면 이제는 실제로 랩을 내뱉을 때 요구되는 기술이나 호흡, 발성 등을 연구하는 것입니다. 아무리 랩을 잘 짜 놓아도 호흡이 달린다거나 발성이 제대로 안 된다면 듣는 사람으로 하여금 감동을 받게 하는 것이 아니라 엄청난 스트레스를 줄 수도 있는 것이죠. 또 발음이 정확하지 않거나 호흡이나 발성이 모자라면 그만큼 그 랩퍼의 표현력에 한계가 있을 수밖에 없습니다.

## 음색

발성을 통한 음악적 표현에 있어서 가장 중요한 기술로 요구되는 것은 '음색' 의 창조적인 제조에 있다고 해도 과언이 아닐 것입니다. 사람들에게 좋은 평가를 받는 가수일수록 여러 사람을 감동시키기에 충분한 훌륭한 음색을 지니고 있습니다. 랩을 하는 것 또한 발성을 통한 음악적 표현이므로 랩에 있어서도 훌륭한 음색이 필요합니다. 물론, 랩은 음색 하나에 의존하는 것은 아닙니다. 하지만 절대 무시할 수 없는 요소가 바로 음색입니다.

## 호흡

이제 호흡에 대해서 한번 살펴보겠습니다.
외국 뮤지션 중에 빅 퍼니셔(Big punisher)란 랩퍼가 있죠? (안타깝게도 수년 전에 사망했습니다.) 다른 곡들도 많지만, 예를 들어 팻 죠(Fat joe)와 함께 불렀던 노래 '트윈즈(Twinz)' 를 한번 볼 것 같으면, 그의 랩이 끊이지 않고 나옴을 알 수가 있을 것입니다. 과연 그가 숨을 쉬는 것인지 의문을 가질 정도지요. (물론 이것이 녹음할 때 끊어서 한 것이라면 할 말 없습니다. ^^)

이렇듯이 호흡이 좋으면 그만큼 랩퍼의 스킬에도 많은 가능성이 있는 것이지요. 보다 많은 호흡량을 유지하려면 우선, 보다 강력한 복근과 배근을 만들어야 합니다. 이러한 근육을 발달시키는 데에는 윗몸 일으키기나 팔굽혀펴기도 좋지만 무엇보다도 등산을 하는 것이 아주 큰 도움이 됩니다. 산에 오르면서 노래를 한다고 생각해 보십시오. 생각만 해도 힘드시죠? 특히 복근을 단련해 놓으면 힘 있는 소리가 나올

CHORUS

멍멍 ruff-ruff bow-wow
개 같은 인생 그렇게 나쁘진 않아
Life as a dog ain't so bad
If you see me on the streets be sure to bow
If you see me on the streets be sure to bow
멍멍 ruff-ruff bow-wow
개 같은 인생 그렇게 나쁘진 않아
Life as a dog ain't so bad
If you see me on the streets
I'll be singing la-la-la la la la-la-la

VERSE 2

한동안 아무 생각 없어/ 어느 어두운 공원 구석에서
For awhile my my mind was totally blank/ In some dark corner of a park
죽기를 기다렸어/ 보신탕이나 될까 해 봐도 줘도 안 먹는다
I wanted to die. I thought about becoming dog stew but the old
men  scoffed saying they wouldn't eat me even if I was a free meal
아저씨들 모두 빈정거렸어/ 죽는 것 또한 그렇게 쉬운 게 아냐
Dying is not an easy thing
Ra-ta-ta-ta/ 이렇게 끝나면 안 된다/ 난 살아야 되겠다
Ra-ta-ta-ta/I can't end this way/I have to live!
난 먹어야 되겠다/ 생각하고 옛날에 살던 집엘 다시 갔어
I need to eat/ So I went back to my old house where I used to live
엄만/ 날 알아보겠지 설마/
Mom it's me. I need to be free. Help me please!
나, 개가 됐어 mommy! 어떻게 돌아가지?
Mommy, I've become a dog! How can I go back?
골목길에 선 내 집을 보는 순간/ 눈물이 고여 미칠 것만 같아
The moment I laid eyes on my house standing in the alley/ My eyes
welled up with tears, I felt like I was going to go crazy
엄마 나 왔어, 이제 잘할게 믿어 주세요.
Mom, I'm here. I'll be good. Believe in me.

수 있으며 호흡을 강하게 할 수 있어 폭넓은 소리를 낼 수 있습니다. 그 외에 시간이 날 때마다 목 운동을 해서 목 주위 근육을 풀어 주는 것도 좋습니다.

공연을 할 때나 노래방에서 노래를 많이 부르면 성대와 그 부근 기관이 충혈되어 수분이 부족해지는 소위 '목이 건조하다' 는 증상을 일으키게 되는데, 이 증상이 노래하고 있는 중에 생긴다면 아주 위험하겠지요. 몸의 건강 상태가 나쁘거나 과도한 음주 후에도 목소리는 제대로 나오지 않게 됩니다. 여담이지만, 저는 술을 너무 좋아하는 관계로 공연하기 전날 술을 과음해서 다음 날 공연 시 피곤한 몸을 이끌고 공연장에 올랐을 때 목이 쉬거나 만족스럽지 못한 음색이 나오는 것을 많이 경험했습니다. 보다 더 좋은 음색과 발성으로 랩을 할 수 있는데도 몸을 제대로 관리하지 못해서 자기 능력 이하로밖에 표현할 수 없을 때는 참으로 안타깝지요.

그러므로 뮤지션들은 평소부터 꾸준히 몸 관리를 해야 합니다. 또한 입으로만 호흡을 할 경우 이런 상태를 유발시키는 원인이 되므로 가능한 한 코로도 호흡을 해야 합니다. 특히 감기에 걸렸을 때는 심한 충혈이 있어 점막이 부어오르게 되어 성대도 진동이 잘 안 되고 노래하기가 힘들어집니다. 호흡기에도 이상이 생겨 호흡의 조절이 어렵게 되어 점점 이상한 목소리가 됩니다. 감기에 걸렸을 때는 무리를 하지 말고 하루라도 빨리 낫게 한 후 연습을 해야 합니다. 고함같이 큰 소리는 절대로 내서는 안 됩니다.

제 경우에도 몇 년 전에 과도한 성대 사용으로 성대 수술을 한 적이 있습니다. 성대를 과도하게 사용하거나 말을 높은 톤으로 계속할 경우, 혹은 고함을 지를 경우에 성대에 무리를 주거나 상처를 유발시켜 성대 결절 혹은 성대에 혹이 생기게 되어 심한 경우 저처럼 성대 수술을 해야 할 수도 있으니 이 부분 꼭 유념하시기 바랍니다.

### 박자

랩을 하는 사람 중에 제일 듣기 싫은 게 바로 박자를 저는 것입니다. 박자를 전다는 것은 박자를 제대로 맞추지 못한다는 말입니다. 물론 엇박으로 묘하게 일부러 박자를 미는 랩을 하는 친구들도 있지만 그것은 박자감이 뛰어나 리듬을 갖고 논다는 표현이 맞습니다. 엇박의 묘미를 느끼게 해 줄 수 있는 것이 아닌 박자를 절고 있는 랩을 듣고 있노라면 듣는 사람들은 금방 싫증을 내게 됩니다. 하지만 박자는 아무리 소질이 없는 사람이라도 지속적인 연습을 통해 훈련하면 나아질 수 있습니다. (예를 들어 양손을 친다든가 또는 발걸음에 맞추어 연습을 하는 것이지요.) 또 음악을 들으면서 몸으로 비트를 타세요. 마치 파도타기를 하듯이 비트가 나오면 그 비트 위에 몸을 실었다고 생각하면서 리듬을 한번 타 보세요. 이런 건 절대 말로는 설명할 수 없는 것입니다. 오로지 자신의 노력 여하에 따라 실현 가능한 것이지요. 이런 이유에서도 음악을 많이 들어야 하는 것입니다. 많이 듣다 보면 거기에 익숙해지기 마련이니까요.

# 개 같은 인생

VERSE 1

대한민국, 어느 화창한 봄날
Republic of Korea, one fine spring day
난 마치 카프카 소설에 등장하는 주인공처럼
Like the main character in a Kafka novel
눈을 뜨자마자 세상은 확 달라져 있어
As soon as I opened my eyes, my whole world changed
My whole world looked yellow and blue
Everything looks so new
조그만 벌레들이 내 피부에 와글와글
Tiny bugs crawling all over my skin
이건 또 무슨 냄새?
What is this stink?
Oh my God! I'm trippin'! Phone in a 1-8-7
오, 이런 썩을!/ 내 손이 없어져
Oh this is sucks/ My hands have disappeared
모든 게 낮아져/ 내 코가 낮아져/ 저-저-저-저
Everything has gotten so low/ my nose has gotten flatter/t-t-t-that
저 개 같은 개가 돼 버린 나/ 세상 어떻게 살아 나갈까
That dog, I've become a dog/ How am I supposed to live?
The world looks so mean. I need to be seen
거울에 비친 내 모습/ 아무도 없어
Looking at myself in the mirror
I'm a dog. What's up?
이제 아무도 없어/ 친구 / 부모/ My boo
I have nobody/ My friends... my boo... my parents
순식간에 사라졌어
All gone in the blink of an eye
Dear God, can you hear me?

# Chapter 6.
# 프리스타일 랩(freestyle rap)

프리스타일은 어디에나 있습니다. 수영에도 프리스타일이 있고 비보잉(B-boyibg: 브레이크 댄스를 추는 행위)에도 프리스타일이 있고 암튼 어디에나 있습니다. 그럼, 당연히 랩에도 프리스타일이 있겠지요?

자기가 하고 싶은 대로 하는 것... 그것이 프리스타일의 언어적 풀이로서 가장 적합하지 않나 생각됩니다. 하지만 어찌 보면 모순이 될지 모르지만 언어적 풀이로서의 '자기가 하고 싶은 대로 지껄이는' 그 프리스타일에도 지켜야 할 어떤 형식이 있다는 사실을 간과해서는 안 됩니다. 왜냐하면 프리스타일 '랩' 이기 때문입니다. 그러므로 자기가 하고 싶은 대로 지껄이지만 그것이 '랩' 이란 형식을 벗어난다면 프리스타일 '지껄이기' 가 되고 말기 때문에 프리스타일 '랩' 을 하는 데 있어 당연히 내용 면에선 자유롭지만 형식면에서 지켜야 할 것은 꼭 지켜야 하는 것입니다. 하지만 즉석에서 주어진 주제에 대해 랩의 형식적인 면까지 지켜 가며 프리스타일을 하기란 여간 어려운 일이 아니겠지요? 그러므로 아무리 즉흥적으로 하는 것이라고는 하지만 평소에 훈련을 해 두지 않으면 하기가 힘든 것이 프리스타일 랩입니다.

즉흥적인 프리스타일 랩에서 나타나는 라임을 메이킹한 랩에서 나타나는 라임과 비교한다는 것은 아무래도 무리가 있습니다. 예를 들어 프리스타일의 주제가 '햄버거' 라고 주어졌을 때, 랩퍼들은 그 짧은 순간에도 햄버거에 대한 컨텐츠를 머릿속에 떠올려야 할 것이고 랩의 형식적 과제인 라임에도 신경을 써야 할 것입니다. 또 그 라임을 어떻게 흘러가게 만들 것인가, 즉 플로우에도 신경을 써야 하고 암튼 프리스타일 랩을 하는 사람으로서는 참으로 머리가 아픈 것이겠지요. 어떻습니까? 쉽지 않겠죠? 그러므로 프리스타일에서 나타나는 라임들은 대부분 1음절 라임 같은 간단한 것들이 주를 이루는 것이지요. 평소 라이밍에 대한 훈련이 많이 되어 있는 랩퍼라면 어떤 주제가 나오더라도 그 내용에 어긋나지 않게 훌륭한 라이밍까지도 소화해 가며 프리스타일을 할 수 있는 것입니다.

결국 여기에서도 나타나는 하나의 결론은 프리스타일이란 물론 즉석에서 하는 것이지만 그것이 평소의 훈련이 뒷받침되지 않으면 절대로 불가능하다는 것입니다. 그만큼 랩퍼라는 사람은 평소에 이것저것 많이 생각하고 모든 사물이나 사건에 대해 관심을 가지고 연구하는 자세가 필요한 것입니다. 랩퍼의 머릿속에는 늘 랩에 대한 생각이나 라이밍에 대한 생각으로 가득 차 있어야만 할 것입니다.

그러한 의미에서 우리나라에도 프리스타일 랩 배틀이 좀 더 활성화되어야 할 필요성이 있다고 봅니다. 요즘은 케이블 TV 등을 통해 '랩 배틀' 이 간혹 소개가 되고는 있지만 많은 뮤지션들이 참여를 하지 않는 게 사실입니다. 일반 대중들이 프리스타일 랩을 접할 수 있는 곳은 힙합 클럽을 제외하고는 거의 전무하다고 해도 과언이 아닐 정도입니다. 제가 엠넷에서 '힙합 더 바이브(HIPHOP THE VIBE)' 의 랩 배틀 코너를 진행할 때만 해도 방송에서도 랩 배틀을 접할 수 있었지만 지금은 폐지된 상태입니다. 그리고 예

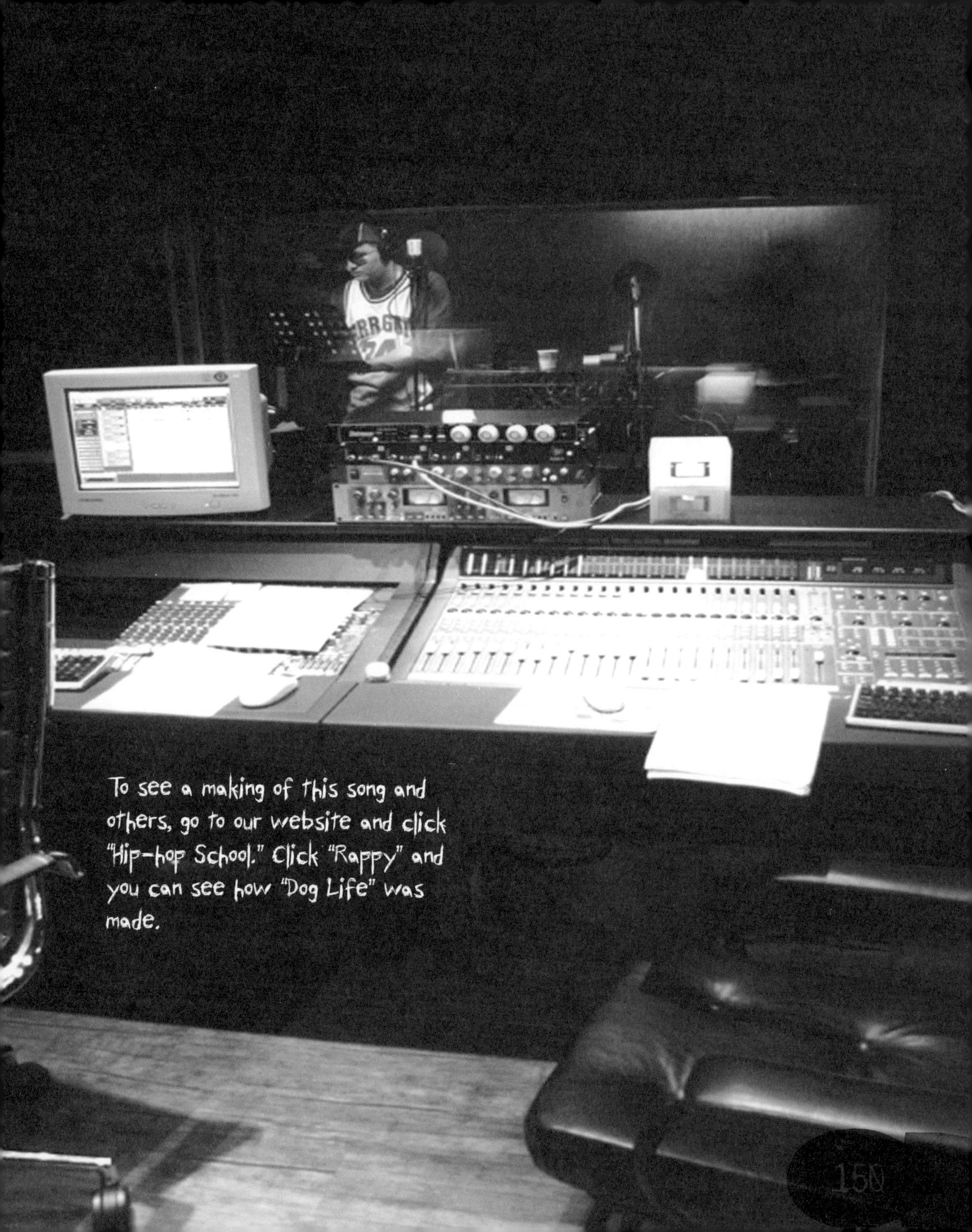

To see a making of this song and others, go to our website and click "Hip-hop School." Click "Rappy" and you can see how "Dog Life" was made.

전에는 랩퍼들이 항상 야외 공연 마지막 순서로 프리스타일 코너를 준비함으로써 프리스타일 랩 배틀을 활성화시키려는 노력들이 보였습니다만 요즘은 그런 공연들도 많이 없어진 상태입니다. 하지만 최근 공중파 방송에서 프리스타일 랩을 선보이는 시도를 함으로써 보다 많은 국민들에게 힙합과 랩에 대해 조금이나마 더 알릴 수 있는 계기가 점점 생겨나고 있다는 것은 고무적인 일입니다.

여기서 잠깐 스웨이 앤 킹 테크(Sway & King Tech)의 '웨이크 업 쇼(Wake Up Show)' 에 대해 잠깐 언급하겠습니다. 모두 잘 아시겠지만 프리스타일의 귀재인 에미넴(Eminem)이나 케이알에스-원(KRS-One), 테크 나인(Tech Nine), 슈퍼 내추럴(Supernatural) 같은 사람들이 모두 '웨이크 업 쇼' 에서 이름을 날려 왔습니다. '웨이크 업 쇼' 는 말하자면 예전에 제가 진행했던 케이블 TV의 '힙합 더 바이브' 의 '버서즈(Versus)' 처럼 랩퍼들이 나와 주어지는 주제에 대해 즉흥적으로 프리스타일 랩을 하는 것인데요, 차이점이 있다면 1대 1로 배틀을 붙거나 또는 주제가 계속 바뀌는 프리스타일 등 다양한 시도를 한다는 것입니다. 여기에 나오는 사람들의 프리스타일을 듣고 있노라면 참으로 랩(라임)에 대해 연구를 많이 하고 있다는 것과 여러 사물이나 사실들에 대한 인지력이 대단하다는 것을 알 수가 있습니다.

한 가지 예를 들어 보겠습니다. 슈퍼 내추럴이란 랩퍼가 나와서 프리스타일을 하는데 진행자인 스웨이(Sway)와 킹 테크(King Tech)가 계속해서 주제를 내줍니다.

"먼저, 비보이(First one is B-boy)."

그러면 슈퍼 내추럴은 주저 없이

"예, 나는 비보이를 말한다……(Yeah, I say B-boy)..." 하면서 술술술 랩을 늘어놓는데, 얼마 안 있어 진행자는 또 다시 주제를 바꿉니다.

"쿨 헉(Kool Herc)!"

(쿨 헉은 아시는 분은 아시겠지만 힙합이 지금의 단계까지 오게 하는 데 엄청난 영향을 끼친 분입니다.)

슈퍼 내추럴은 이번에도 "쿨 헉" 에 대해 자기가 아는 바와 생각하는 바를 즉흥 랩으로 늘어놓는데, 진행자는 또 주제를 바꾸죠.

"유명한 힙합 배틀(Famous hiphop battles)!"

슈퍼 내추럴은 이번에도 주저하지 않고 주제인 '배틀(battle)' 이 주어지자마자 '시애틀(seattle)' 이란 기가 막힌 라임을 곧바로 이끌어 냅니다. 대단하지 않나요? 이뿐만 아닙니다. 자기가 좋아하는 배틀에 대해 술술 늘어놓는데 케이알에스-원과 MC 샨(MC Shan)의 배틀 이야기도 나오고 자기가 참가했던 배틀 이야기도 나옵니다. 이후에도 주제는 계속 바뀌는데 이를테면, '물(H2O)' 이나 '네안데르탈인(Neanderthal man)' 과 같은 황당한 주제들도 나오고, '에미넴' 이 주제로 나오면 슈퍼 내추럴은 에미넴을 흉내내면서 랩을 합니다. 마지막에 가서는 진행자가 자기 마음대로 사전에도 없는 단어를 주제로 내줍니다. 그러면 슈퍼 내추럴은 재치있게 "난 그런 단어는 한 번도 들어 본 적 없다. 집에 가서 사전 찾아보고 다음 주에 나와서 말해 주겠다" 며 멋지게 프리스타일을 끝냅니다.

이렇듯이 랩을 할 수 있다는 것은 그만큼 평소에 라이밍 훈련이나 여러 가지 주제에 대한 연구 등 혼자 힙합 프로젝트 3단계는 창조하는 단계이다. '개 같은 인생'에서는 랩핑의 기본 라임을 통해서 영어 단어를 공부하고, 'Lou Says Get Your Swagger On'을 통해서는 음절(syllable)에 대해서 공부하고 가사를 쓰는 연습을 한다. 정식 에세이와 일기 형식이 아니라 음악에 맞춰 가사를 써 보는 단계이다. 평소 좋아하는 노래의 가사를 영어로 바꿔 보는 것도 좋다. 처음에는 여기에 나오는 노래들처럼 한국말로 쓰면서 중간 중간에 영어 단어를 넣는 것도 좋다. 이 두 노래는 피니 최가 작사하고 래피가 작곡과 보컬을 맡았다. 어느 날, 눈을 뜨니 당신은 개가 되어 있다. 어떻게 살아 나갈까? '개 같은 인생'은 인간의 삶과 존재 가치, 그리고 후회 없는 삶에 대한 노래이다. 이 노래는 느린데다 재즈 힙합에 속하므로 가사를 바꾸거나 자기만의 랩을 넣기가 쉽다. 이 '스토리' 형 랩의 또 다른 장점은 마치 하나의 에세이처럼 서론(introduction), 본론(body), 결론(conclusion)의 형식을 갖추고 있어 이러한 노래를 계속 접하다 보면 글을 구성하는 능력이 좋아진다는 것이다. 'Lou Says Get Your Swagger On'은 힙합 프로젝트의 테마 송(theme song)이다. 이 노래는 이 책에 나오는 내용과 인물들을 소개한다.

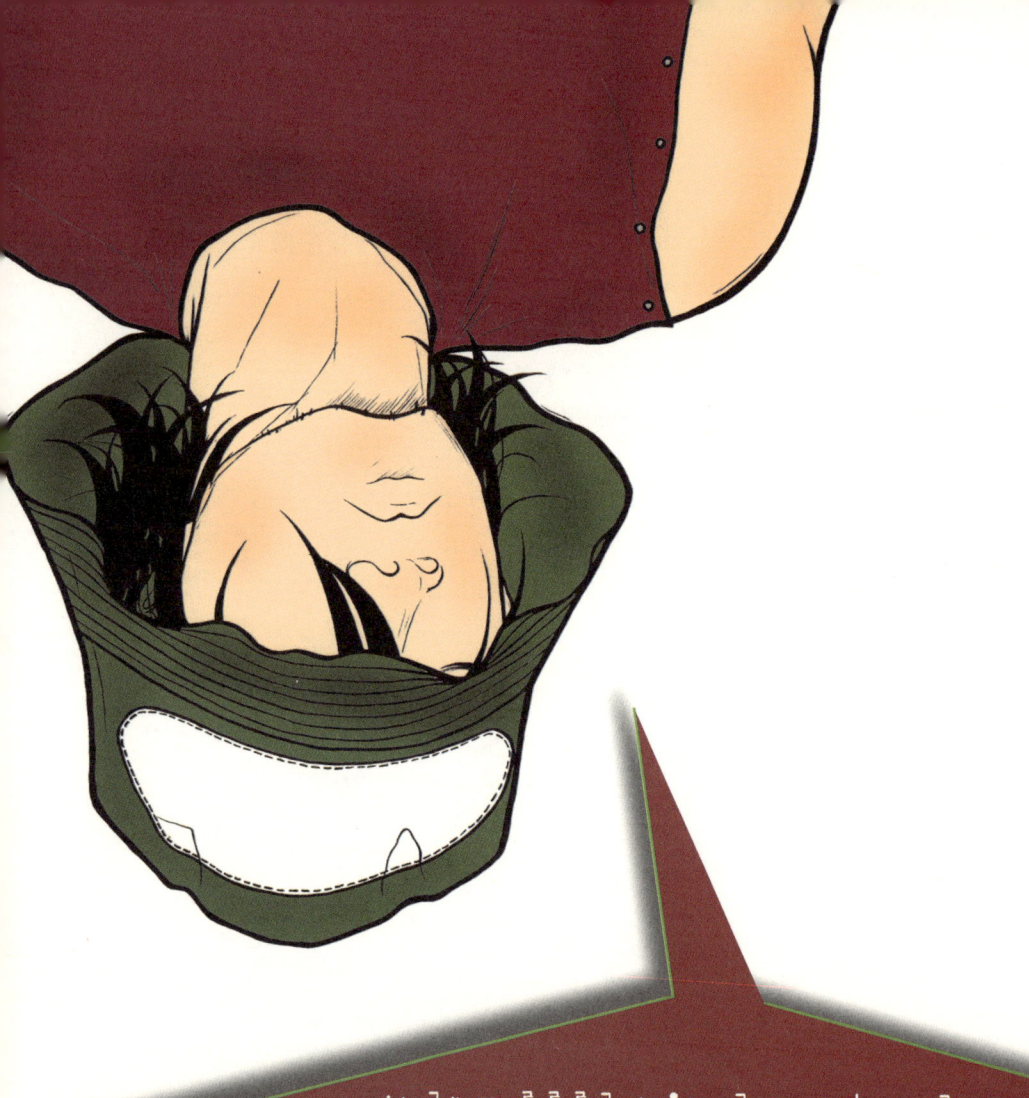

만의 노력을 엄청 쏟아 부었다는 증거입니다. 마이크로폰을 잡고 랩을 하는 MC라면 듣는 사람들을 감동시킬 수 있어야 합니다. 라임에 대한 부단한 연구와 더불어 자신만의 음색을 만들어 나가는 노력을 쉬지 않아야 할 것입니다.
또 늘 사고하는 습관을 길러야 합니다. 날카로운 판단력과 통찰력으로 주변에 일어나고 있는 여러 가지 사건들이나 일상을 꿰뚫고 있어야 이를 랩으로 훌륭하게 표현해 낼 수 있을 것입니다. 평소에 길을 걸으면서, 밥을 먹으면서, 또는 버스에 앉아 있을 때 눈에 보이는 여러 가지 사물이나 사실들에 대해 랩을 해 보는 습관을 길러 보세요. 큰 도움이 될 것입니다.

## Chapter 7.
## 랩 그리고 한국의 힙합씬

어느 거리를 가나 이제는 제법 화려한 힙합 패션에 치렁치렁한 목걸이를 하고 다니는 사람들이 예전보다 훨씬 쉽게 눈에 띕니다. 제가 힙합 음악을 하는 뮤지션이라서 그런지 몰라도 그런 사람들을 보면 일단 반가운 생각부터 듭니다. 하지만 힙합이라는 것이 하나의 패션의 개념만은 아니라는 것을 유념해야 합니다. 요즘은 많은 사람들이 힙합을 문화적 개념으로 이해하고 있습니다만, 힙합 음악을 하는 뮤지션들에게 힙합이란 문화적 개념을 넘어 삶의 방식과도 같은 것입니다.

많은 사람들이 '힙합' 하면 '자유' 라는 단어를 연상합니다. 제 소견에는 힙합에서 말하는 자유란 표현의 자유라고 생각합니다. 두 대의 턴테이블과 마이크로폰만 있다면, 아니 턴테이블도 없고 마이크조차 없다 해도 비트 박스와 프리스타일 랩으로도 얼마든지 자신을 표현할 수 있습니다. 힙합 음악의 가사를 한번 살펴볼까요? 폭력, 연애, 마약, 사회 비판, 자기 자랑, 사랑 등 그 어떤 내용이라도 자기가 말하고 싶은 바를 표현할 수 있고 여기에 아무런 제약도 없습니다. 이는 비단 랩에서뿐만 아니라 춤에 있어서도 마찬가지입니다. 춤에도 프리스타일이 있어 형식에 구애 받지 않고 자신이 표현하고 싶은 대로 춤을 출 수 있습니다. 또한 그래피티를 그릴 때도 스프레이와 벽만 있으면 자기가 원하는 바를 얼마든지 그림으로 표현할 수 있지요.

우리나라 가요계에는 랩 피쳐링(rap featuring)도 있고 랩 세션(rap session)이라는 것도 있습니다. 랩 피쳐링이란 어떤 가수의 음반에 랩퍼로 참여해 랩을 녹음하는 것을 말하는데 활동까지 같이 하는 경우도 있습니다. 제가 신은성 음반에 랩퍼로 참여해 같이 활동했던 것처럼 말이지요. 또 랩 세션이라는 것은 우리나라에만 존재하는 형태로 한 가수가 음반을 녹음할 때 그 가수의 랩을 다른 랩퍼가 대신 만들어 가사만 제공하는 경우를 말합니다.

그런데 또 한 가지 우리나라에만 존재하는 현상이 있는데요, 예컨대 어떤 이들은 이런 말들을 합니다.

# 3.2
## Detonation Device

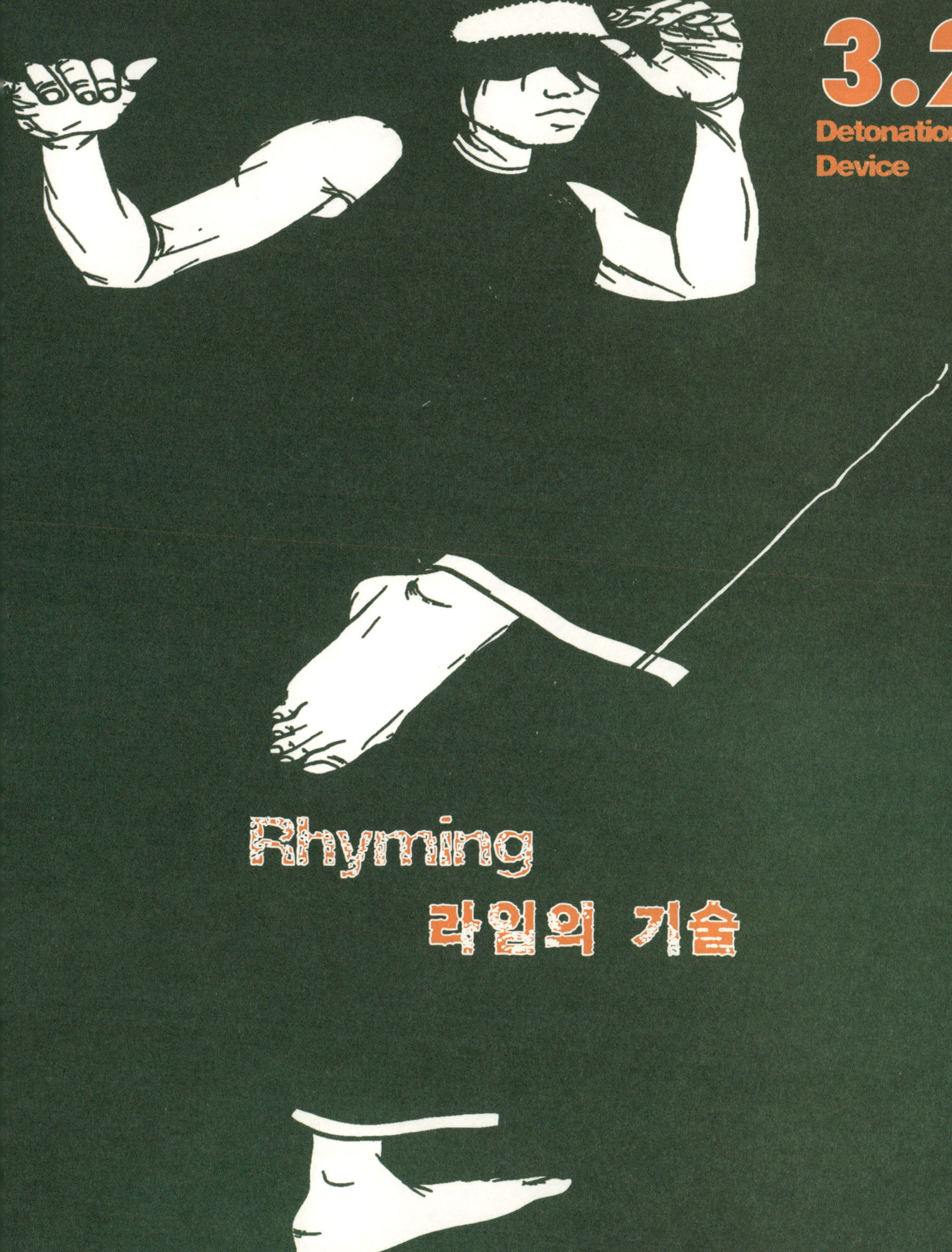

# Rhyming
# 라임의 기술

"저는 랩을 만들 때 라임에 신경 쓰기보다는 내용에 신경을 쓰는 편이에요…."

제법 그럴 듯 해 보이는 이 말은 라임에 대한 이해 부족에서 비롯된 커다란 모순을 내포하고 있습니다. 힙합과 랩을 논하기 전에 랩을 만들 때는 당연히 내용에 신경을 써야 하고 또 그보다 더 당연하게 신경을 써야 하는 게 라임입니다. 랩이란 건 바로 '라임' 그 자체입니다. '랩=라임' 이란 말이지요.

믿기지 않는다고요? 전 세계에 힙합 뮤지션이 있고 전 세계적으로 계속 그 인기가 늘어만 가고 있는 상황입니다. 미국은 물론, 영국에도 힙합 뮤지션이 있고 프랑스에도 랩퍼가 있고 독일에도 당연히 있을 것이고 중국, 일본, 심지어는 동남아시아에도 랩퍼들이 있습니다. 그들의 랩에 라임이 없을 것 같은가요? 그들의 음악을 아직 들어 보지 않은 사람도 있겠지만 기회가 있다면 한번 들어 보세요. 프랑스 랩에는 프랑스어 라임이 있고 독일 랩에는 독일어 라임이 있고 일본 랩에도 일본어 라임이 있고 중국 랩에도 중국어 라임이 있습니다. 여기서 주목!!!!

전 세계에서 유일한 나라가 있습니다. 전 세계에서 유일하게 '라임' 이 뭔지를 모르고 또 '라임' 을 이해한다 해도 그것을 표현하지 않으면서 그것이 '랩' 이라고 여겨지는 나라가 바로 우리나라입니다. 물론 음지에서 힙합 발전을 위해 부단히 노력하시는 여러 훌륭한 랩퍼들도 많고 요즘은 방송 매체에서도 힙합 음악이 인기를 얻어 감에 따라 라임에 대한 인식이 많이 바뀌고 있긴 하지만요.

결국 랩이란 건 얼마나 기가 막힌 '라임' 들을 연결시키며 노래 전체의 컨텐츠에도 어긋나지 않게 그 라임을 잘 전개시켜 나가는가 하는 데 매력이 있는 것입니다. '라임' 을 어떻게 나열하느냐 어디에 배치시키느냐에 따라 플로우도 결정되고요. 물론, 꼭 라임이 있어야 되고 라임으로만 연결되어야 한다는 것은 아닙니다. 그것 또한 랩을 만드는 사람 마음이지요. 다만 '랩=라임' 이라는 그 기본적인 의미는 알고 있어야 하지 않을까요?

현재 한국 음반 시장이나 연예계에는 힙합을 표방하는 그룹이나 뮤지션들이 많이 늘어나고 있는 추세입니다. 그렇지만 가수들이 힙합에 대해 잘 알고 진지하게 힙합을 하고 싶어도 금전적 수익을 노리는 기획사들이나 이러한 공식이 정형화된 우리나라 음반 시장 구조에 좌절을 겪는 뮤지션도 물론 많습니다.

언더그라운드라는 말을 들어 보셨겠죠? 원래 '언더그라운드(underground)' 란 영국에서 생겨난 말로 알고 있습니다. 영국에선 지하철을 '서브웨이(subway)' 라 하지 않고 '언더그라운드' 라고 부르는데 여기에 가면 연주를 하고 있는 뮤지션들을 만나게 됩니다. 그들이 원하는 것은 아무것도 없죠. 단지 음악이 좋을 뿐입니다. 음악이 좋아 여러 사람과 함께 나누고 싶어 연주를 하고 있을 뿐입니다. 또, 그들이 밥 먹고 하는 짓이라곤 연주뿐입니다. 돈? 그저 앞에 벗어 놓은 모자에 몇 푼만 모이면 그걸로 만족하는 그들의 삶 자체가 언더그라운드식 '마인드' 입니다.

# Yo mama is so...

## Top 10 "Yo Mamma Jokes"

1. Yo mamma is so ugly, she made a blind man cry.
니 엄마 얼마나 못생겼는지, 봉사도 운다.

2. Yo mamma is so fat, when she walks in front of the T.V. you miss 3 commercials.
니 엄마 얼마나 뚱뚱한지, 티비 앞에 지나가면 광고 3편 지나간다.

3. Yo mamma is so fat, it took 25 minutes to download a picture of her from the Internet.
니 엄마 얼마나 뚱뚱한지, 인터넷에서 사진 다운받는 데 25분 걸린다.

4. Yo mamma is so stupid, she asked for a refund on a jigsaw puzzle complaining it was broken.
니 엄마 얼마나 바보인지, 조각 퍼즐 조각났다고 환불 요청했다.

5. Yo mamma is so ugly, the government moved Halloween to her birthday.
니 엄마 얼마나 못생겼는지, 정부에서 할로윈 날짜를 니 엄마 생일로 옮겼다.

6. Yo mamma is so old, when she went to school, there was no history class.
니 엄마 얼마나 늙었는지, 니 엄마 학교 다닐 때는 역사 과목이 없었다.

7. Yo mamma is so fat, people jog around her for exercise.
니 엄마 얼마나 뚱뚱한지, 사람들이 운동할 때 니 엄마 주위로 조깅한다.

8. Yo mamma is so hairy, she makes King Kong jealous.
니 엄마 얼마나 털이 많은지, 킹콩이 질투 났다.

9. Yo mamma is so stupid, she took a fish out of water because she thought it was drowning.
니 엄마 얼마나 바보인지, 물고기 익사한다고 물에서 건져 냈다.

10. Yo mamma is so stupid, she sold her car to pay for gasoline.
니 엄마 얼마나 바보인지, 휘발유 값 내려고 차를 팔았다.

오해하지 마. 'Yo mamma' 농담은 'the dozens'라는 전통적인 말 대결이다. 두 사람이 서로 주고받고 말싸움을 하는 가운데 관객들이 이기는 사람을 선택한다. 이런 말싸움에 'Yo mamma' 농담이 주로 쓰였는데 상대방의 진짜 어머니에 대한 공격은 아니다. 가수 파시드(Pharcyde)는 이런 농담이 들어 있는 'Yo Momma'란 노래를 내었으며, 책이나 시트콤, 영화 등의 대중 문화에서 쉽게 접할 수 있다. 여기에서는 몇 가지만 소개한다.

이런 언더그라운드 뮤지션이란 말이 우리나라에서는 잘못 인식되고 있는 경우가 많습니다. 홍대나 신촌의 클럽 공연을 통해 활동하는 사람이면 누구나 언더그라운드 뮤지션으로 생각하는 사람들이 있는데 그건 틀린 생각입니다. 클럽 공연만 하면 언더그라운드인가? 그렇다면 텔레비젼에 나오는 사람들은 언더그라운드가 아닌가? 그것은 절대 아니라고 봅니다. 클럽에서 공연을 하든, 길거리에서 공연을 하든, 텔레비전에 나오든 말든 그런 것은 상관이 없는 것입니다. 앞서 말한 것처럼 '마인드' 가 중요합니다. 언더그라운드 뮤지션이라면 그들은 분명 남다른 마인드를 갖고 있을 것입니다. 그리고 가장 중요한 것은 자신을 진정 언더그라운드 뮤지션이라고 생각하는 이들은 '실력' 에 대한 자부심과 누가 뭐라든 꾸준히 추구해 나가는 자기만의 '음악' 에 대한 자부심, 그리고 '음악' 그 자체에 대한 무한한 사랑을 가지고 있다는 것입니다.

외국 뮤지션들이 뭐 때문에 '웨이크 업 쇼' 같은 데 나가 프리스타일을 뽐내고 실력을 인정받으려 하겠습니까? 그들은 '자부심(confidence)' 즉, 그들이 가진 실력에 대한 자부심이 있는 것입니다. 언제 어디서 마주쳐도, 언제 어디다 내놓아도, 언제 어떤 방송에 나가도 그들은 그들이 가진 실력을 뽐낼 수 있는 뮤지션들이기 때문에 진정한 뮤지션이라 불리울 수 있는 것입니다.

우리나라에도 유일하게 프리스타일 랩 대결을 펼치는 방송 프로그램이 있었습니다. 제가 그 프로그램을 몇 년간 진행하는 동안 몇몇 가수들은 출연을 꺼렸습니다. 왜 그랬겠습니까? 나와 봤자 본전이라는, 자신의 음악인으로서의 실력을 발휘한다는 자부심보다 잘못하면 이미지만 망친다는, 뮤지션으로서는 가져서는 안 될 생각을 갖고 있었기 때문이겠지요. 자신감, 자부심이 있다면 나오지 말라고 해도 나와서 랩을 하지 않았을까요.

뮤지션도 바뀌어야 하지만, 힙합 음악을 듣고 느낄 줄 아는 사람들, 공연을 관람할 줄 아는 사람들이 많아져야 합니다. 지금은 힙합 음악을 접할 수 있는 기회가 예전보다 많아졌습니다. 힙합에 관심이 있는 대중들이 힙합을 똑바로 듣고 그 음악에 대한 바른 인식을 가져야 합니다. 프리스타일 랩이 어떤 것인지 진정 알고 싶다면 스웨이 앤 킹 테크 앨범 시리즈를 구해서 한번 들어 보세요. 쉼 없이 주어지는 주제들에 대해 끝도 없이, 한 치의 망설임도 없이 즉흥적으로 랩을 하는 진정한 '자부심' 을 가진 그 뮤지션들의 랩을 듣고 있노라면 여러분들이 이제까지 가졌던 프리스타일 랩에 대한 환상이 무참히 깨어질 것입니다. 대중이 바뀌어야 합니다. 음악을 듣는 사람들이 많이 알아야 하는 것이지요. 듣는 사람이 바뀌어야 비판을 할 수 있을 것 아닙니까? 또 음악을 듣는 사람들이 바뀌어야만 가수 및 기획사들이 자신들의 음악적 수준, 퀄리티를 높이게 될 것임은 당연한 이치고요.

사실, 우리나라 음악계에서는 아직 실력으로 평가 받기보다는 그 노래를 부른 가수의 인기에 힘입어 앨범이 높은 판매고를 기록하고 가수들이 쇼 프로그램에 나와 개그맨 뺨치는 화려한 말솜씨로 팬들을 늘려 나가고 있는 것이 현실입니다. 그래도 낭중지추라고 하였지요. 언젠가는 참된 사람이 인정받는 법. 자신

**You're a dead man!**
넌 이미 시체다.

## 한 방 맞으며 뭐라고 대꾸해야 될 상황...

**That was the most idiotic thing I have ever heard!** 그런 바보 같은 소리는 처음 듣는다!
**Are you serious?!** 말도 안돼!
**DUH!** (별 의미 없는 단어~ 그래서??라는 느낌)
**You are a couple blocks behind the parade!** 니, 참 둔하다.
**You have a face designed for radio!** 니 얼굴은 라디오에 합당하다!
**What's your point?!** 그래서 포이트가 뭔데?!
**So WHAT!** 그래서 뭐?!
**Yeah...and?** 그래서?
**I never forget a face but in your case I'll make an exception!** 난 한 번 본 얼굴은 절대 잊지 않지만 네 경우엔 예외야!

**I see the elevator doesn't go to the top floor!** 엘리베이터가 머리까지 안 올라가는가 보군! (머리가 잘 안 돌아간다는 뜻)
**You are wacked!** 미쳤구나!
**You're not the sharpest knife in the drawer!** 니가 제일 똑똑한 사람 아니야!
**I can tell when you're lying- your lips are moving!** 니가 언제 거짓말하는지 알지 – 바로, 니 입술이 움직일 때지!
**If you look up the word "stupid" in the dictionary, your picture would be right there.** 사전에서 '멍청하다' 라는 단어를 찾아보면 거기에 네 사진이 있을걸.
**Do you have a brain?!** 니 머리에 뇌가 있긴 있나?!
**You are a waste of skin!** 니 피부가 아깝다!
**You can't dial 119 because you can't find the "11" on the phone!** 119에 전화 못 할걸. 왜냐면 너는 전화기에서 11을 못 찾을 테니까!
**You were dropped on your head as a child, right?!** 어렸을 때 땅에 머리 박았지, 어?
**You've lost your marbles!** 정신 나갔구만!
**If your IQ was 2 points higher, you would be a ROCK!** 니 아이큐 수치가 2점만 더 높았어도 돌인데!
**Bite me!** 배 째라!

의 실력을 점점 더 날카롭게 갈고 닦으면 언젠가는 노력으로 인한 대가를 받게 되는 것이 인지상정일 것입니다. 저 또한 실력으로 평가 받는 음악 풍토가 우리나라에도 언젠가 찾아오리란 기대를 갖고 있으며 그것을 위해 지금도 부단히 노력하고 정진 중입니다.

대중의 입장에서도 아티스트에 못지 않게 음악을 많이 듣고 비단 힙합만을 말하는 것이 아니라 전반적 음악에 관한 지식을 쌓아 올바른 판단과 평가를 할 수 있어야 합니다. 실력이 없는 아티스트는 가차 없이 비판하여 부끄러움을 느끼게 만들 수 있는 대중. 우리는 그런 대중이 필요합니다.

또한 평론가들도 문제입니다. 우리는 힙합 문외한들이 쓰는 힙합 평론들을 보며 쓰디쓴 미소를 지어야 했습니다. 이런 잘못된 평론들이 우리나라에서의 힙합의 그릇된 수용을 야기하지 않았나 싶기도 합니다. 실례로 모 평론가는 영화 '벌워쓰(Bulworth)' 의 사운드 트랙에 나오는 프로디지(Prodigy) -알다시피 이 사람은 미국 동부의 대표적 힙합 팀인 맙 딥(Mobb Deep)의 일원이지요- 를 테크노 뮤지션 프로디지(Prodigy)로 오인한, 음악 평론가로서는 있을 수 없는 해프닝을 벌이기도 했습니다.

얼마 전까지만 해도 뭔지 알아듣지도 못할 만큼 빠르게 내뱉는 말을 랩이라고 여기던 우리나라. 이제는 랩을 알아듣고 흥얼거리며 따라 부르는 사람들이 제법 많아진 것을 보면 랩에 대한 사람들의 인식이 많이 바뀌었다는 것이 피부에 와 닿습니다. 하지만 아직도 랩이란 것이 무엇인지 그 본질을 이해하지 못하는 대중들이 많고 심지어는 소위 '가수' 라는 사람들 중에도 '랩' 이 무엇인지, 어떻게 하는 것인지조차도 이해하지 못하고 있는 경우도 있습니다. 지금 우리에게 진정으로 필요한 것은 진정으로 힙합을 알고 관심이 있는 사람들이 힙합 음악을 자유로이 할 수 있고 즐길 수 있는 여건이 조성되는 것이 아닐까 생각합니다.

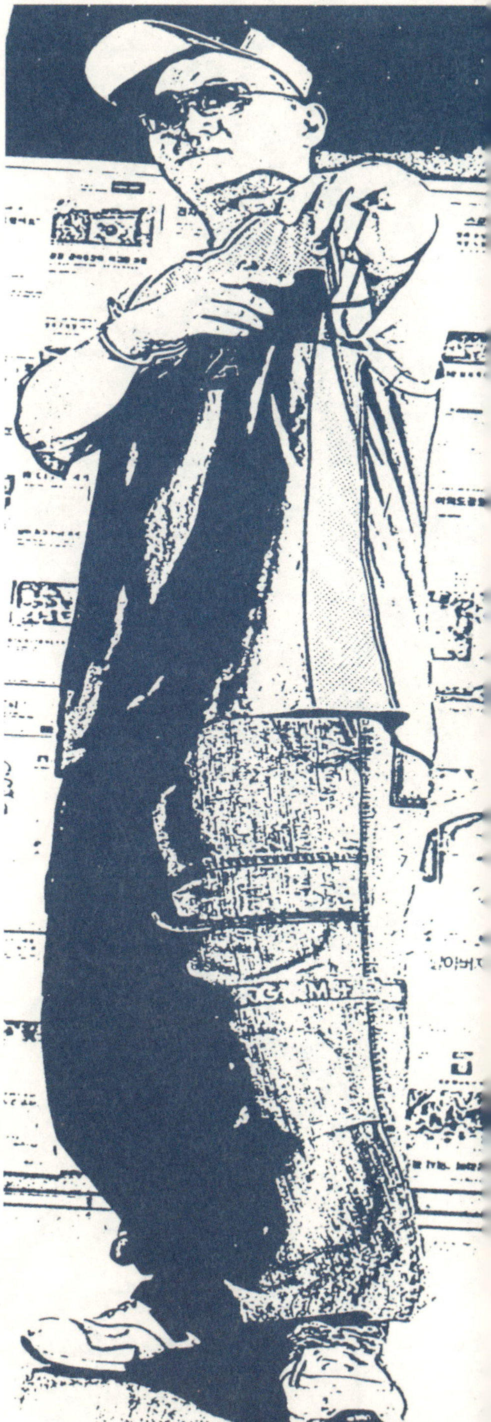

# 살다 보면 큰소리칠 때도 있다...

## 협박 한마디로 마무리하고 싶다면...

**My brother's in the mob.**
우리 형이 깡패거든.

**One phone call and I'll have this place crawling with thugs!**
전화 한 통이면 여기에 깡패들이 득실거릴걸.

**I have a black belt in Karate and Judo.**
나 검은띠야.

**I warn you: my hands have been declared lethal weapons.**
경고한다, 내 손은 치명적인 무기다.

**Two sounds: me hitting you, you hitting the ground.**
소리가 두번 나겠지. 하나는 내가 때리는 소리, 그리고 니가 바닥에 나뒹구는 소리.

**You're going to the hospital after this. Prepare insurance.**
병원에 가야 될 테니까 의료보험증 준비해라.

**I'll give you one more chance to beg for your life.**
빌 수 있는 기회를 한 번만 더 줄게.

**Good... I needed to work out anyway. You can be my punching bag.**
잘됐다, 어차피 운동해야 되거든. 니가 내 펀칭백 좀 해라.

**I know where you live.**
네가 어디 사는지 알거든.

**Sleep with your eyes open.**
밤에 눈 뜨고 자야 될 걸.

**You're gonna be hurtin' tomorrow.**
(오늘 맞으니까) 니 내일 되게 아플걸.

**I eat people like you up for breakfast!**
난 니 같은 사람은 아침 식사로 먹는다.

**Do you know who I am??**
내가 누군지 알아??

**Get lost before you get into something you can't handle.**
감당하지 못할 일 당하기 전에 꺼져.

# 비보이 핵폭탄

**Let's schedule this for another time.** 다음 번에 스케줄 잡자!

**I'll... I'll worship you like a king.** 살려 주면 왕같이 모실게!

**겁짱 방법:**

**LOOK! (diversion + run)** 저것 봐! (주의를 딴 데 돌리게 하고 도망 간다.)

**Mommie! Mommie!** 무조건 "엄마! 엄마!" 하고 부른다.

**해당되는 단어들:**

**brown-nose** 아부쟁이
**kiss-ass** 아부쟁이
**coward** 겁쟁이
**wimp** 겁 많고 나약한 사람
**chicken** 겁쟁이
**gutless wonder** 창자도 없는 (용기 없는) 사람
**spineless** 배짱 없는 사람
**mama's boy** 마마 보이
**push-over** 호의적인
**sissy** 여자 같은 남자
**softie** 물렁한 사람
**sucker** 잘 속는 사람
**nerd** 범생이, 공부 벌레
**weasel** 못된, 야비한 사람
**wuss** 겁쟁이
**crybaby** 울보
**scaredy-cat** 겁쟁이
**yellow-belly** 겁쟁이
**sycophant** 아부쟁이
**dweeb (someone who is bookish, nerd, geek)** 공부벌레

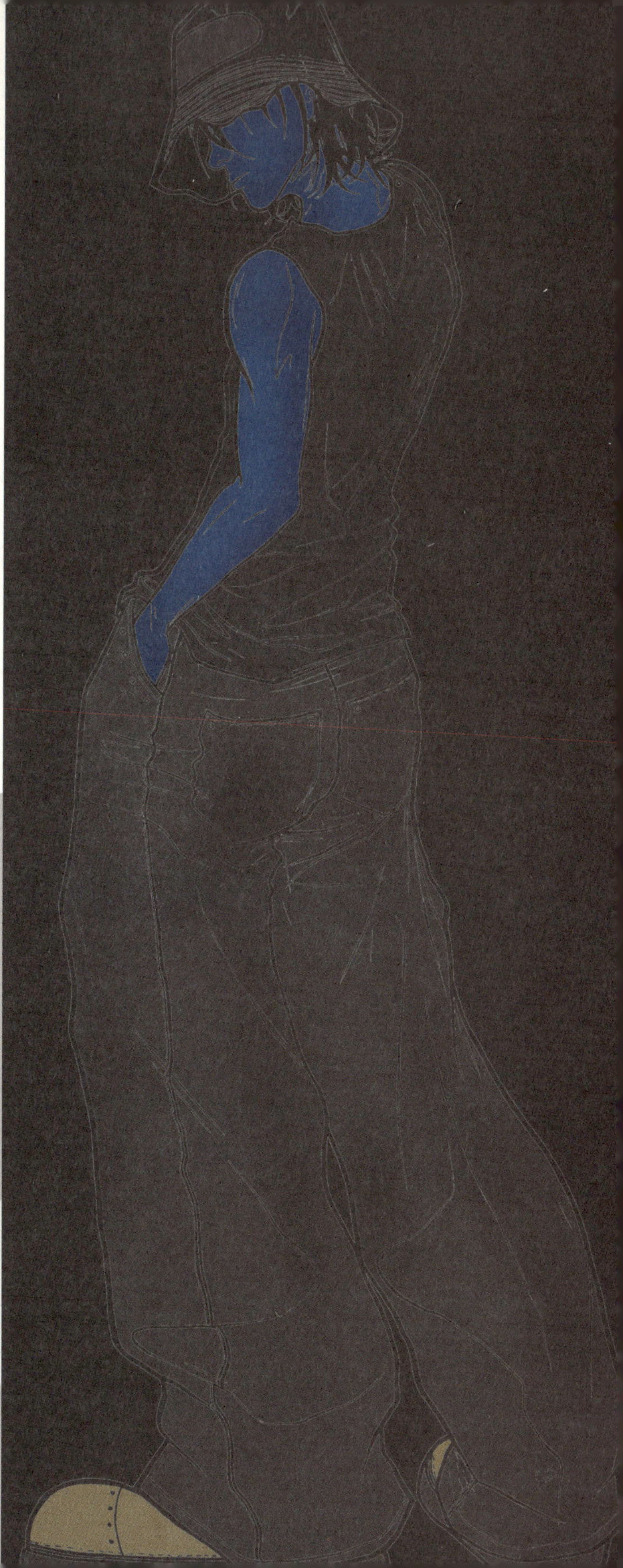

이제, 힙합 핵폭탄에서 아주 중요
한 비보잉에 대해서 배워 보자. 비보잉
하면 역시 한국이 최고지. Expression
Crew가 세계 대회에서 1등도 했고 마
리오네트 공연 역시 세계적이야. 몸
을 풀고 한번 시작해 볼까?

# 살다 보면 힘으로 안 될 때가 있다...

## 어두운 골목길, 17대 1 상황...

### 무조건 빈다:

**Please... Please... PRETTY PLEASE!** 제발!
**Don't hurt me!** 나 해치지 마!
**I'm begging you with everything that is sacred in this world!** 이 세상의 모든 선한 존재들도 나와 함께 사정하고 있어요!
**I give in!** 항복한다!
**Please don't kill me!** 죽이지 마!
**I'm too young to die!** 죽기에는 나는 너무 젊다!
**Give me a break!** 제발 좀 봐줘!
**Not in the face!** 얼굴은 때리지 마!
**Let me live!** 살려 줘!
**Don't freak out!** 흥분하지 마!

### 설득시킨다:

**I'm an only child!** 저 외아들이거든요!
**Violence never solves anything!** 폭력으로 뭐가 해결되겠어요?
**I have a deadly contagious disease!** 저 불치병에 걸렸거든요!
**This is a new shirt.** 이 셔츠 새로 샀는데!
**Let's talk about this like human beings.** 우리 인간답게 대화해 보자!
**Calm down!** 진정해!
**Relax!** 진정해!
**Easy... easy....** 워워!
**Take a chill pill.** 진정해!
**Hitting my face will hurt your hands.** 내 얼굴 때리면 당신 손만 아파요!
**Don't freak out!** 이성을 잃지 마!
**Let's be friends...** 우리 친구하자!
**If you let me live, I'll be your slave for a year.** 살려 주면 1년 동안 종 노릇 할게!
**Let me shine your shoes while I'm down here.** 바닥에 구부리고 있는 김에 신발 닦아 줄게.

Umm...There are times in life when well... you have no choice but to grovel. Although you never want to be in that situation... one never knows.

# THE LIFE OF A B-BOY

힙합 프로젝트 3단계에 진입했다. 지금까지 배운 내용을 계속 복습해서 잊어버리지 않도록 하자. 처음에 말했듯이 영어는 일시적인 계획으로 하는 게 아니고 길게 보고, 생활 자체를 바꾸는 거다. 영어 핵폭탄의 세 번째 요건은 상대방을 제압할 수 있는 능력. 물론 싸움은 좋은 것은 아니지만, 힙합 문화를 보면 "배틀(battle)"이라는 말을 많이 쓴다. 비보이 배틀, MC(랩핑) 배틀, DJ 배틀... 총과 패싸움 대신 이런 배틀로 갈등을 해결했던 때도 있었다. 미국 동부, 서부의 랩퍼들은 음악, 가사를 통해 서로를 공격하기도 했다. 투팍(2Pac)과 비기 스몰스(Biggie Smalls)는 이 싸움에 희생된 유명한 가수들이지. 특정 인물을 공격하는 경우도 있다. 에미넴(Eminem)은 브리트니 스피어스을 비난하면서 화제가 됐다. 말싸움할 때 써먹을 수 있는 영어와 농담들을 배워 보자. 2단계가 기존에 있는 지식을 배우는 단계라면 3단계는 창조하는 단계이다.

The word "battle" is particularly prevalent in hip-hop culture. Of course, violence, mental or physical, should be avoided at all cost. Hip-hop is about respect. There are times, however, when a good one-liner or comeback is necessary. "Yo mama!" Regretfully, mothers are often used in those verbal attacks. Just keep in mind the "mama" used here is for a generic mother.

오늘은 힙합 패션으로 그냥 관람만 해야지...
M 클럽
아니! 이럴 수가!
이러다 우리 팀이 지겠는걸...
에이, 할 수 없다! 내가 나서는 수밖에...
짠!
와!
와!
오빠!
우성이 형!
와!
으흐흐흐... 내 맨발 맛을 좀 보여 주지!
어때? 이 정도면... 후후후... 아, 근데 저건...
분. 명. 히. 내 신발인데...
집에 어떻게 가라고...?! 내 신발 돌리도...흑흑흑...

# 3.1 Detonation Device

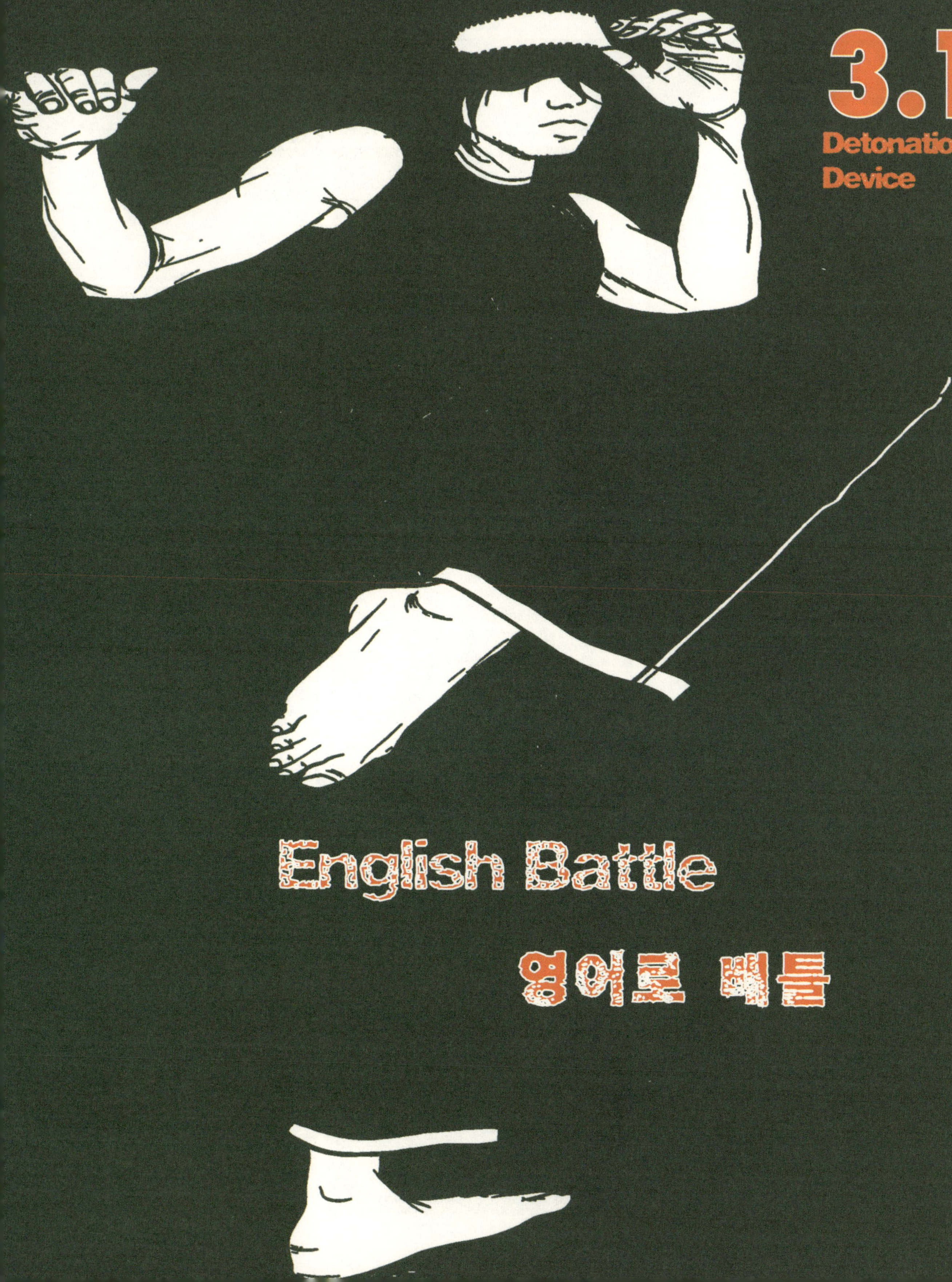

## English Battle

## 영어로 배틀

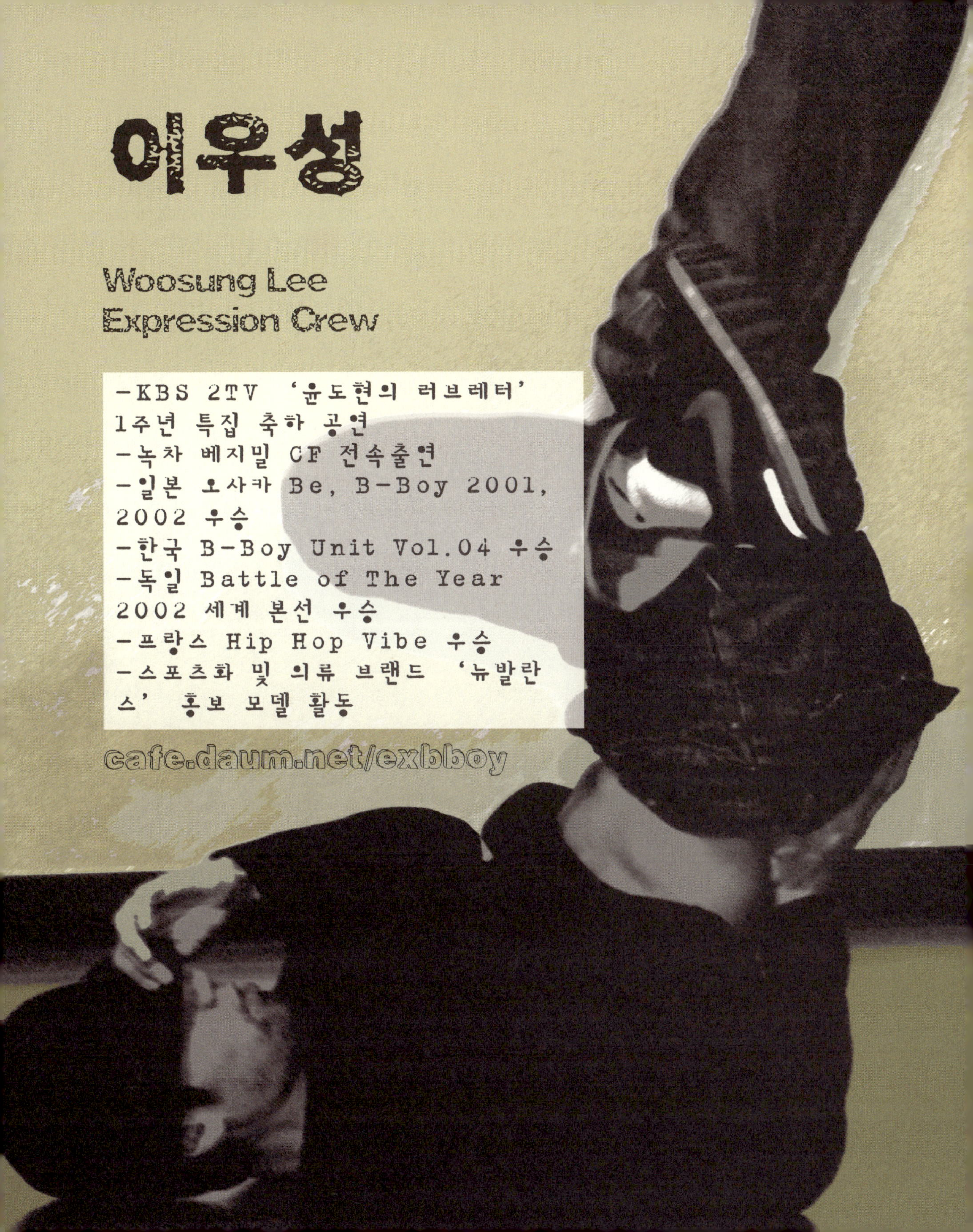

이우성
Woosung Lee
Expression Crew
-KBS 2TV '윤도현의 러브레터' 1주년 특집 축하 공연
-녹차 베지밀 CF 전속출연
-일본 오사카 Be, B-Boy 2001, 2002 우승
-한국 B-Boy Unit Vol.04 우승
-독일 Battle of The Year 2002 세계 본선 우승
-프랑스 Hip Hop Vibe 우승
-스포츠화 및 의류 브랜드 '뉴발란스' 홍보 모델 활동
cafe.daum.net/exbboy

**논픽션**
fiction (명사) 허구, 소설

**오리지널 사운드 트랙**
original (형용사) 원작의, 본래의

**패키지 상품**
package (명사) 짐 꾸러미, 다발

**비치 파라솔**
beach (형용사) 해변의

**스펙터클 액션 서사극**
spectacle (명사) 장관, (인상적인) 광경

**로열 젤리**
royal (형용사) 여왕의, 황실의

**휘핑 크림**
whipping/whip (동사) 휘저어 거품을 일게 하다

**지그재그**
zigzag (명사) Z자형의 것, 번개형

**오토리버스**
reverse (형용사) 반대의, 거꾸로의

**바코드**
bar (명사) 막대, 막대 모양의 것

**애드벌룬**
ad/advertisement (명사) 광고

**번지점프**
bunjee (명사) 번지(고무줄 다발을 면으로 덮어씌운 밧줄)

**블록버스터 영화**
blockbuster (명사) 초대작

**와이어 공예**
wire (명사) 철사, 선, 줄

**피크 타임**
peak (형용사) 최고의, 절정의

**플레인 요구르트**
plain (형용사) 담백한, 평이한, 단순한

**포터블 카세트**
portable (형용사) 휴대용의, 간편한

**이니셜 목걸이**
initial (형용사) 첫머리의, 머리 글자의

**스턴트 맨**
stunt (명사) 묘기, 곡예

**콤비네이션 피자**
combination (명사) 결합, 연합, 배합

**샌드백**
sand (명사) 모래

이렇게 영어이지만 일상생활에서 우리말처럼 쓰이는 말들은 아주 많단다. 이미 알고 있는 말 속에 숨어 있는 영어 단어를 찾아서 공부해 보도록 해. 그러면 바코드를 왜 바코드라고 부르는지, 컨버터블 자동차가 어떤 것인지 저절로 알게 되지.

T-Love
salle
MAJAHFLAVAH

# KOREAN AND ENGLISH ARE THE SAME!

시리얼
cereal (명사) 곡물, 곡류 가공 식품

츄잉껌
chewing/chew (동사) 씹다

컨버터블 자동차
convertible (형용사) 개조할 수 있는, 지붕을 접을 수 있는

쿠킹 호일
foil (명사) 박, 포일

데스크탑 컴퓨터
desktop (형용사) 탁상용의

도핑 테스트
doping (명사) 약물 사용

덤프 트럭
dump (명사) 털썩 떨어뜨리기, (쓰레기 따위) 쏟아 놓은 것

아이새도
shadow (명사) 그림자

패스트 푸드
fast (형용사) 빠른

퍼스트 레이디
first (형용사) 가장 중요한, 첫째의

가스 보일러
boiler/boil (동사) 끓이다

골드 러시
rush (명사) 사람들이 쇄도하기, 돌진

그랜드 피아노
grand (형용사) 웅대한, 장중한

하프 타임
half (형용사) 반의, 2분의 1의

행거
hanger/hang (동사) 매달다, 걸다

히트 송
hit (명사) 흥행 성공

핫 이슈
issue (명사) 쟁점, 논란, 논쟁

인스턴트 커피
instant (형용사) 즉시의, 즉각적인

녹다운
knockdown (명사) 때려눕히기

립 싱크
sync/synchronization (명사) 동시에 하기, 화면과 음향의 일치

메이저 리그
major (형용사) 중요한, 주요한

밀크셰이크
shake (명사) 흔들기, 진동

머그 컵
mug (명사) (손잡이가 달린) 원통형 컵

엔지
NG/no good 쓸모없는, (영화 필름 편집에서) 불가

요즘 세상엔 모든 것이 극단적이다. 춤뿐만 아니라 스포츠, 일, 오락까지…. 심지어 텔레비전 리얼리티 쇼에서는 벌레를 먹질 않나 번지 점프를 하질 않나 난리가 났다. 그래서 그런지 요즘엔 비보이(b-boy)들의 브레이크 댄스가 사회적으로 인기가 있고 여기저기서 환영을 받는 추세다. 내가 춤을 시작할 때만 해도 한국에서 브레이크 댄싱을 하는 사람은 몇 명 없었고 사회적으로도 그렇게 인정을 받지 못했다. 그런데 모든 예술이 그렇듯 이제 브레이크 댄싱도 길거리 문화에서 발전하여 인간 본연의 모습을 표현할 수 있는 하나의 예술로 인정받고 있다. 요즘 우리 팀(익스프레션)에서 공연하고 있는 '마리오네트(Marionette)' 만 하더라도 기존의 단순한 배틀을 넘어 브레이크 댄스를 기반으로 마리오네트와 인형사 간의 기쁨, 행복, 갈등의 에피소드를 옴니버스 형식으로 보여 준다. 온몸으로 음악을 연주하며 나의 감정, 생각, 꿈을 표현할 수 있기에 나는 춤을 사랑한다.

중1 때만 해도 나는 정말 얌전한 아이였다. 당시에는 박남정, 소방차의 인기가 하늘을 찌르고 춤이 대단히 유행했다. 지극히 평범한 학창 시절을 보내던 내게 체육 대회 날, 뜻밖의 사건이 벌어진다. 당시 내 친구들 중에는 춤 좀 춘다 하는 애들이 있었는데 그 애들이 응원하며 춤추는 게 너무 부러웠던 나는 옆에서 덩달아 몸을 마구 흔들어 댔다. 그런데 그 중 한 명이 내게 던진 비수 같은 말, "야, 넌 춤도 못 추는 게 빠져!" 라는 그 한마디에 나는 앞으로는 절대로 춤을 못 춰 무시 같은 걸 당하지 않겠다고 맹세했다. 당시 멍청할 정도로 순진했던 나는 집에 돌아오자마자 친구 사진을 벽에 붙여 놓고 뼈를 깎는 각오로 연습에 돌입했다. 박자를 전혀 개의치 않는 어설픈 독학 연습! 그러다 중학교 수학여행 때 우연히 무대로 불려 나가 박자를 무시하며 열나게 춤춘 게 나의 인생을 완전히 뒤바꿔 놓았다. 공부도, 운동도 못하고 친구들과도 잘 어울리지 못하던 내가 난생 처음 사람들에게 박수와 환호를 받는 느낌이란! 당시 남녀 공학인 학교에 다니고 있던 나는 여자 아이들의 인기를 한몸에 독차지하게 된다.

이렇게 나의 춤 인생은 막이 올라 나는 고등학교 1학년 때 SBS 꾸러기 콘테스트에 나가 연말 대상을 받는 기염을 토한다. 이를 계기로 행사 출연, 방송 활동을 하기 시작했다. 당시 나는 소울(soul)만을 고집하고 있었는데 어느날 이태원 문나이트 클럽에서 처음 본 터보 정남 형의 *각기는 충격 그 자체였다. 정해진 레파토리를 보여 주는 게 아닌 음악이 몸에 비트를 주는 느낌, 애드립에 의한 즉흥 개인기, 흑인과의 펌핑 쇼다운(showdown: 배틀), 정남 형의 파트너인 종환 형과의 맞춤 각기까지! 집에 돌아오면서 나는 중대한 결정을 내렸다. '이제부터는 각기다!'

*각기: 뼈를 꺾거나 관절을 움직이는 몸동작이 특징인 흑인 댄스의 일종으로 정식 명칭은 팝핀 댄스(poppin dance)이다.

하지만 연습 방법이 문제였다. 들리는 소문에 의하면 정남 형은 피를 토할 정도로 연습한다고 했다. 일단 나는 손목부터 팔, 몸통 순으로 끊는 연습을 시작했다. 자기 전에 누워서도 손목과 팔을 300번씩

끊고, 학교 수업 시간에도 팔목을 끊고, 점심 시간에는 문워킹으로 반찬을 뺏으러 다녔다. 방법을 모르니 일단 아는 것만 최대한 열심히 할 수밖에 없었다. 학교 친구들의 갖은 놀림에도 불구하고 라이벌 친구들에게 복수를 꿈꾸며 지독하게 끊어 댔던 것이었다. 그 옛날 힙합 음악과 춤을 좋아했던 갱들이 서로 춤을 겨뤄 땅을 뺏고 차지했듯이 나도 복수의 집념을 불태우며 나의 춤 실력을 다졌던 것이었다.

그러던 중, 나의 가슴에 브레이크의 불을 지핀 사건이 발생했다. 내가 소울을 할 당시 아버지께서 일본에 다녀오시면서 하라주쿠 락 스테이디의 길거리 브레이크 댄스를 촬영해 오셨다. 그때는 아직 브레이크에 관심을 갖지 않았을 때라 그냥 보고 감춰 두었다. 그런데 어느날 문나이트에 가서 난생 처음 실제로 브레이크를 추는 모습을 보고 놀라고 있는데… '아니, 이럴 수가! 전부 하라주쿠에 나오는 기술들을 하는 게 아닌가!' 알고 보니 친구에게 하나 복사해 준 테이프가 전국으로 퍼진 것이었다. 우리만 그 기술을 알고 있는 줄 알았는데, 우리도 살짝살짝 써먹었던 자료였는데! 너무 분했던 나는 집에 오자마자 브레이크를 파기 시작했다.

지금은 하는 사람도 많고 방법도 널리 알려져 연습만 하면 됐지만 가르쳐 주는 곳도 없고 자료 구하기도 만만치 않았던 그 시절엔 방법을 알아내는 게 문제였다. 매일 밤 6~7시간 이상 몸을 다쳐 가며 방법을 터득하기 시작했다. 운 좋게 형들에게 한 수 배우러 가는 날이면 아무리 감기 몸살로 몸이 아파도 형들에게 배운다는 영광스러운 생각에 쌍화탕과 약을 먹어 가며 버텼다. 연습 벌레 소리를 들으며 젊음을 불사르는 연습을 했던 그 시절! 지금은 맛볼 수 없는 그때 그 시절이 그립다.

그 옛날 댄서들의 보금자리는 이태원의 문나이트 클럽이었다. 댄서들의 일상은 이태원 오락실에서 막이 올라 문나이트에서 절정에 이르고, 그리고 아침이 되면 맨하탄 레스토랑에서 아침을 먹으며 막이 내렸다. 항상 배고팠던 그 시절에 맨하탄의 라면 맛은 꿀맛이었다. 당시에는 맨하탄에서 숙식을 해결하는 춤꾼들이 정말 많았다. 새벽 4시부터 브레이크 타임이어서 브레이커들은 3시가 넘어서야 문나이트에 입장했다. 당시만 해도 문나이트에는 평일에도 발 디딜 틈이 없을 정도로 사람들이 붐볐다. 정문 앞에 있던 최주봉을 닮은 뻔 사장님(소문에 의하면 정문에서 뻔데기를 팔았는데 사지 않는 사람은 들여보내지 않았다고 한다.), 회원 카드 받으러 데모했던 일, 물도 안 나오고 잠금 장치마저 없었던 화장실에서 줄을 꼬~옥 붙잡고 불안에 떨며 용변을 봤던 일은 지금도 잊을 수가 없다. 나중에 다시 문나이트에 가서 물도 나오고 잠금 장치까지 달린 화장실을 보고 얼마나 감격스러웠던지! 뿐만 아니라 비보이 음악 하나는 끝내주게 틀어 주었던 DJ 아저씨, 힙합 댄서와 비보이들의 눈싸움, 시간이 흘러 4시가 되면 선배님이 자리에서 일어나 하시던 말씀, "얘들아, 리듬 타자!" 이제는 전설이 되어 버린 추억의 문 나이트... 그 후 많은 클럽들이 생겨났어도 문나이트만한 곳은 없는 것 같다. 지금 생각해 보면 그 시절이 너무 그립고 그 시기야말로 춤의 황금기라고 생각된다.

구석에 쭈그려 앉아 구경만 하던 내가 문나이트에서 처음 선보였던 기술은 하일라이즈였다. 그리고 한

# ANNYEONGHASAM/KOREAN LYRICS

어이, 안녕? Yo, what's up?

뭐? 힙합 하러 왔다고? Huh? You're  here to do some hip-hop?

한국 사람들을 위한 힙합이라고? Hip-hop for the Korean people?

그래, 일단 한번 해 봐라. All right. Go ahead/ Give it a shot/ Let me hear what you got/

얼마나 좋은지 한번 들어 보자. Let's see how good you guys really are.

이래 봬도 내가 한 힙합 하거든. I might look like this but I know a little something about hip-hop/

힙합 클럽에서 나 모르면 간첩이라고. You're from another planet if you don't know me in the hip-hop clubs,

한번 해 봐. 해 봐. 해 봐, 해 봐, 해 봐. Let me see what you got/ Show me! Come on!

뭐야~ Man!/What in the~ / No way!/

아~ 얘네들 진짜 뭐래는 거야? What are these guys saying anyway?

아~ 뭔가 헷갈리네 This is unexpected/ I don't know what to make of these guys/

어~ 리듬 좀 타는데 Beginning to feel the beat/

어, 뭔가 필이 꽂히는데? I'm getting the feel/

왜 자꾸 춤이 추고 싶어지지? Why do I have this urge to dance/

앗싸, 신난다! Oh yea! This is dope/Having fun!/

야, 이리 와 봐. Come here for a sec/

얘네들 진짜 장난이 아니야. These guys are for real/

누구냐고? 플로캡하고 스왜거루. Who are they you ask? Flocab and Swagger Lou.

오빠, 너무 멋있어요! 알라뷰~! Oppa! You're so cool! I love you!

좋아, 좋아, 좋아./ 좋아, 좋아, 좋아.

Great, cool, uh-huh, it's all good/ Yea/Good/

안녕히.

Later/Peace out/

제 이름은 수남이에요. 저는 뉴욕에 있는 American Musical and Dramatic Academy (AMDA)에서 공부하고 있어요. 뉴욕에서 "I Do I Do", "You're a Good Man Charlie Brown", "Anything Goes" 등의 뮤지컬과 "Kokoro"와 같은 연극에 출연했답니다.
제 목소리 괜찮아요?
"안녕하삼" 많이 사랑해 주세요!

국을 강타했던 충격의 헤드 스핀! 헤드 스핀 연습은 하루에 헤드 스핀 로빈만 쉬지 않고 4시간씩 해야 해서 고문에 가까웠다. 도저히 헤드 스핀을 따라갈 수 없었던 나는 헤일로우를 파기 시작했다. 그러던 어느날, 형들과 함께 문나이트에 갔는데 누가 나를 꺾으러 왔다는 이상한 소문이 들리는 것이었다. '에이, 또 누구야?' 나는 속으로 비웃었다. 아, 근데 이놈이 나인틴을 2바퀴 반(당시엔 굉장한 바퀴 수)을 하네! 그러더니 헤일로우까지! 뭔가 어설픈 듯하면서도 잘하는 듯한 묘한 느낌…. 당시 그 후배의 등장은 내겐 충격적이었다. 아, 내가 모르는 곳에 저런 놈이 있었구나! 첫 쇼다운에서 그 후배에게 밀린 나는 그날 이후 매주 문나이트에서 그 후배를 기다렸지만 한동안 그의 모습을 볼 수 없었다.

그리고 문나이트 최고 사건이 일어났으니 바로 A 크루(가명)의 등장이었다. 당시 나는 잠깐 힙합에 빠져 브레이크 연습을 약간 게을리하고 있었다. 그날은 '그냥 관람만 해야지' 하고 힙합 패션으로 문나이트에 갔다. 우리 팀이랑 새로 보는 아이들이 편을 나누어 쇼다운을 하고 있었다. 근데 처음 보는 신인들의 실력이 장난이 아니었다. 우리 팀이 좀 밀린다 싶어 도와주기로 결정하고 나는 힙합 바지를 접어 올렸다. 하필 그렇게 입고 간 날 쇼다운이라니! 나는 환호성과 함께 영웅처럼 등장해 가볍게 윈드밀, 토마스, 헤일로우를 몇 바퀴 해 주었다. 하지만 상대팀도 토마스, 윈드밀, 하일라이즈, 헤일로우에 어설프게 헤드 스핀까지 해 가며 반격을 해 오는 게 아닌가. 그쪽에서 워낙 독을 품고 덤볐던 터라 우리 팀은 벌써 분위기에 눌리고 있었다. 그날 나는 연습 안 하고 폼만 잡고 있다가 스타일 뭉개지고 큰 망신을 당했다. 집에 돌아오자마자 못난 자신을 책망하며 바리깡으로 삭발을 하고 특훈을 시작했다.

그리고 2주가 지난 후 문역사에 길이 남을 살벌한 대결이 시작되었다. 지난번 패배의 수치를 깨끗이 씻을 각오로 동생들로 드림팀을 만들었다. 우리 팀은 처음부터 분위기를 주도해 나가며 집중 공세를 퍼부었다. 분위기에 눌린 A 크루의 아이들은 저번만큼 실력을 발휘하지 못했다. 점점 분위기는 무르익고 선배팀까지 가세하여 그날의 배틀 현장은 말 그대로 열광의 도가니였다. 무엇보다도 그날의 최고 하일라이트는 나의 헤드 스핀 나인틴이었다. 나의 신기술에 사람들은 입을 쩍 벌리고, 어디선가 "우성이 연습 좀 했는데!" 하는 소리가 들려왔다. 나는 어깨가 으쓱해졌지만 사실 그 헤드 스핀 나인틴은 우연히 꽂힌 것이었다. 그래서 나중에 들통날까 봐 한동안 그것만 무진장 열심히 연습했던 기억이 아직도 선하다.

한번은 당시에 가수로 활동하고 있던 후배의 안무와 뮤직 비디오를 도와주게 되었다. 뮤직 비디오에 브레이크가 나온다는 사실에 적은 보수에도 불구하고 출연을 결정했다. 가수 촬영이 끝나고 저녁 때쯤 브레이크 촬영에 들어가게 되었다. 인천에 있는 어느 공장의 창고에서 촬영을 하게 되었는데, 그렇게 바닥의 중요성을 얘기했건만 그냥 맨 시멘트 바닥이었다. '와…저기서 윈드밀 하면 난 죽는다! 게다가 난 헤일로가 주특기인데…!' 감독님에게 항의했지만 "땅바닥에 대지 않고 하면 되잖아…!" 라는 어처구니없는 대답만 돌아왔다. 그런데 갑자기 감독님이 하시는 말씀, "자~바닥에 시멘트 가루 뿌려라…! 어때? 멋지지? 화면 제대로 나오겠지?" 나는 정말 열받았다. 그래도 브레이크가 나온다는 희망으로 목이 부러져라 열심히 했다. 그런데 정작 그렇게 고생했건만 완성된 뮤직 비디오에선 브레이크가 거의 나

Flocab how my flow be, we hotter than tteokbokki (떡볶이). 플로캡, 내 플로우가 어떤지, 우리는 떡볶이보다 더 맵다구.

I wandered through Seoul, wasn't blending in, 나는 한데 어울리지 못하고 서울을 방황하네,

'cause all these people know I'm American. 내가 미국 사람이란 걸 모두 알기 때문이지.

Some judge me 'cause I'm oegugin (외국인), 어떤 사람들은 내가 외국인이라고 나를 얕보지만,

but we get you on your feet like the football team. 우리는 축구팀처럼 당신들이 자리에서 일어나게 만들 테야.

From the stoups, the homemade soups, the juk (죽), 대접에는 손수 만든 죽

we kick it each day in Daehanminguk (대한민국). 우린 대한민국에서 하루하루를 즐기고 있지.

See me eating gimchi and sippin' coca-cola, 김치를 먹고 콜라를 홀짝이는 나를 보라고,

we brining America and Korea closer. 우리는 미국과 한국을 더 가깝게 연결해.

오지 않는 것이 것이었다. 정말 울 뻔했다. 아직 브레이크가 널리 알려지지 않았던 그 시절, 우리는 매번 카메라에 부딪히면서 적은 보수와 브레이크에 대한 사람들의 무지(도저히 춤추기에는 불가능한 바닥이며 코디가 준비한 이상한 옷)에도 불구하고 브레이크를 유행시킨다는 사명감에 고생을 하면서도 키득키득 대며 즐거워했었다.

1999년 1월 나는 없는 돈에 빚을 내서 사무실을 마련했다. 벽에 직접 그래피티를 하고 도배도 동생들과 직접 했다. 우리들만의 연습실이 생긴다는 생각에 정말 행복했다. 사무실을 정리해 일단 댄스 스쿨을 시작했다. 처음에는 광고를 낼 데가 없어서 웹사이트에 여기저기 광고를 냈다. 그러다 우연히 잡지사에서 연락이 와서 광고를 내게 되고 그 덕에 많은 사람들이 찾아왔다. 하지만 언제나 수입이 있었던 게 아니어서 스쿨만으로 유지하기에는 역부족이었다. 나를 믿고 따르는 후배들에게 미안했다. 정말 배고프고 후배들 볼 면목도 없었다. 연습 끝나고 동생들 차비도 챙겨주지 못하고 그냥 보낼 때는 정말 미안했다. 연습실비를 마련하기 위해 댄스 대회에도 나가고 어떤 때는 전화번호부를 뒤져서 이벤트 회사를 알아보고 다니기도 했다.

2002년 우리 익스프레션 크루는 세계에서 제일 큰 브레이크 댄싱 대회인 배틀 오브 더 이어(Battle of the Year)에 출전한다. 매년 각 국의 지역 예선을 거쳐 독일에서 결승전이 열리는 배틀 오브 더 이어는 브레이크 댄싱 세계에서는 월드컵이나 다름없다. 우리 익스프레션 크루는 피나는 연습 끝에 아시아 최초로 세계 대회에서 우승을 할 수 있었다. 세계 유수의 춤꾼들을 물리치고 한국 팀이 당당히 1등을 차지했다고 생각하니 자랑스럽고 과거에 고생했던 시절이 떠올라 눈물이 났다. 역시 고난 끝에 영광이 오는 것이었다.

그리고 2006년에 롯데 월드에서 마리오네트를 처음으로 선보였다. 이 작품은 9분짜리 브레이크 댄싱 퍼포먼스로 국제적으로 주목을 받았다. 한국 스트리트 댄스 팀 최초로 뉴욕에서 공연을 가졌으며 미국의 동영상 공유 사이트인 유투브에도 게재되었다. 국내에서는 2006년 상반기 UCC 동영상 검색 순위에서 1위를 차지하기도 했다. 백 댄서, 반항아 집단으로 홀대 받던 거리의 춤꾼들은 이제 어엿히 입장료를 받고 무대에서 멋진 공연을 선보이며 관객들의 감성을 자극하고 있다. 나는 이런 수준 높은 공연을 계속 만들며 브레이크 댄싱을 계속 발전시키고 싶다.

내가 살아가면서 절실히 느낀 것은 앉아서 남이 주는 밥을 기다리는 자가 되지 말고 자기 밥을 찾아다니는 자가 되어야 한다는 것이다. 누구도 다른 사람을 그냥 알아서 도와주지는 않으며 또 남의 도움만 바라고 앉아 있어도 안 된다는 것이다. 길이 없어 보여도 열심히 하다 보면 사람들을 알게 되고 그 사람들이 곧 자신의 비즈니스와 미래를 열어 줄 키워드가 될 수도 있는 것이다. 우리 팀은 우연하게 실력이나 능력에 비해 고마운 분들을 많이 만났다. 하지만 언제나 깨닫는 건 배부를 때 자만하면 다시 굶게 된다는 것이다. 나는 항상 새벽 기도에 나가 기도를 했다. 내가 깨달은 귀중한 교훈을 꼽는다면 첫째로 중요한 것은 기도, 그리고 계획만 하고 가만히 앉아 있으면 안 되고 발로 뛰어야 한다는 것이다. 나는 한국 비보이로서 항상 과거를 생각하면서 미래로 힘차게 전진하며 후회 없이 살고 싶다.

## ANNYEONGHASAM

Ping-ni was the first white guy in Joseon (조선) 핑니는 조선에 온 최초의 백인
soaking up that Korean sun like it was lotion. 로션 같은 대한민국 태양 빛 듬뿍 받으며
Kicked off Jeju-do (제주도) from the top of Halla-san (한라산), 제주도, 한라산 꼭대기에서 쫓겨난
so from the top of the dome, lyrical phenomenon. 머리끝에서부터, 음악성이 타고난 천재
We're mixing races like Tiger Woods, 타이거 우즈처럼 우리도 서로 다른 인종들을 한데 섞지,
plus I'm picking better clubs than Tiger would. 또 나는 타이거보다도 골프 클럽을 더 잘 고르지.
Here am I, not your average American Joe. 나 여기 있어, 그냥 평범한 미국인 아냐.
I flew to Seoul to soothe my soul. 내 영혼을 달래러 서울로 날아왔네.
I'm in like a spring roll, drum roll please... 춘권처럼 들어왔네, 드럼롤 부탁해
Seventy taxis practically attacked me. 70 대의 택시가 나를 덮친 거나 진배없어.
Korean, Land of the Morning Calm 대한민국, 조용한 아침의 나라
colors at dawn, Seoul city is the bomb. 새벽녘의 빛깔, 서울은 정말 멋진 도시야.
So what's up, bang-ga bang-ga (방가 방가)
Takes two to tango, but three to samba. 탱고를 추는 데는 두 명, 쌈바는 세 명
We're no Apollo Ohno, bihogam (비호감) is a no-no! 우리는 아폴로 오노 아님, 비호감 노노
(HULL 헐~) That's right, they're too slow 헐~ 그래 맞아, 걔들은 너무 둔해.

Annyeong-hasam (안녕하삼), y'all want some?
Annyeong-hasam (안녕하삼), y'all want some?
Annyeong-hasam (안녕하삼), y'all want some?
Annyeong-hasam (안녕하삼), y'all want some?

Flocab and Swagger Lou, what you plan to do? 플로캡과 스왜거루, 도대체 니들 무슨 계획이야?
Rock Seoul, I just need a hand or two. 서울을 떠들썩하게 만드려고, 도움이 좀 필요해.
Two kojaengis (코쟁이), we never quit, flow in Korean, can you handle it? 두 명의 코쟁이,
우린 절대 포기하지 않아, 한국말로 플로우를 하지, 감당할 수 있겠어?
Gangnam (강남), Hongdae (홍대), Insadong (인사동),
like bad farmers we drop beats in the song. 서투른 농부들처럼 우린 노래에 비트를 넣지.
I just want you to know me, 그냥 우리를 알아주기만을 바래.

# 안녕하삼

Performed
by
FLOCAB
for
SWAGGER LOU

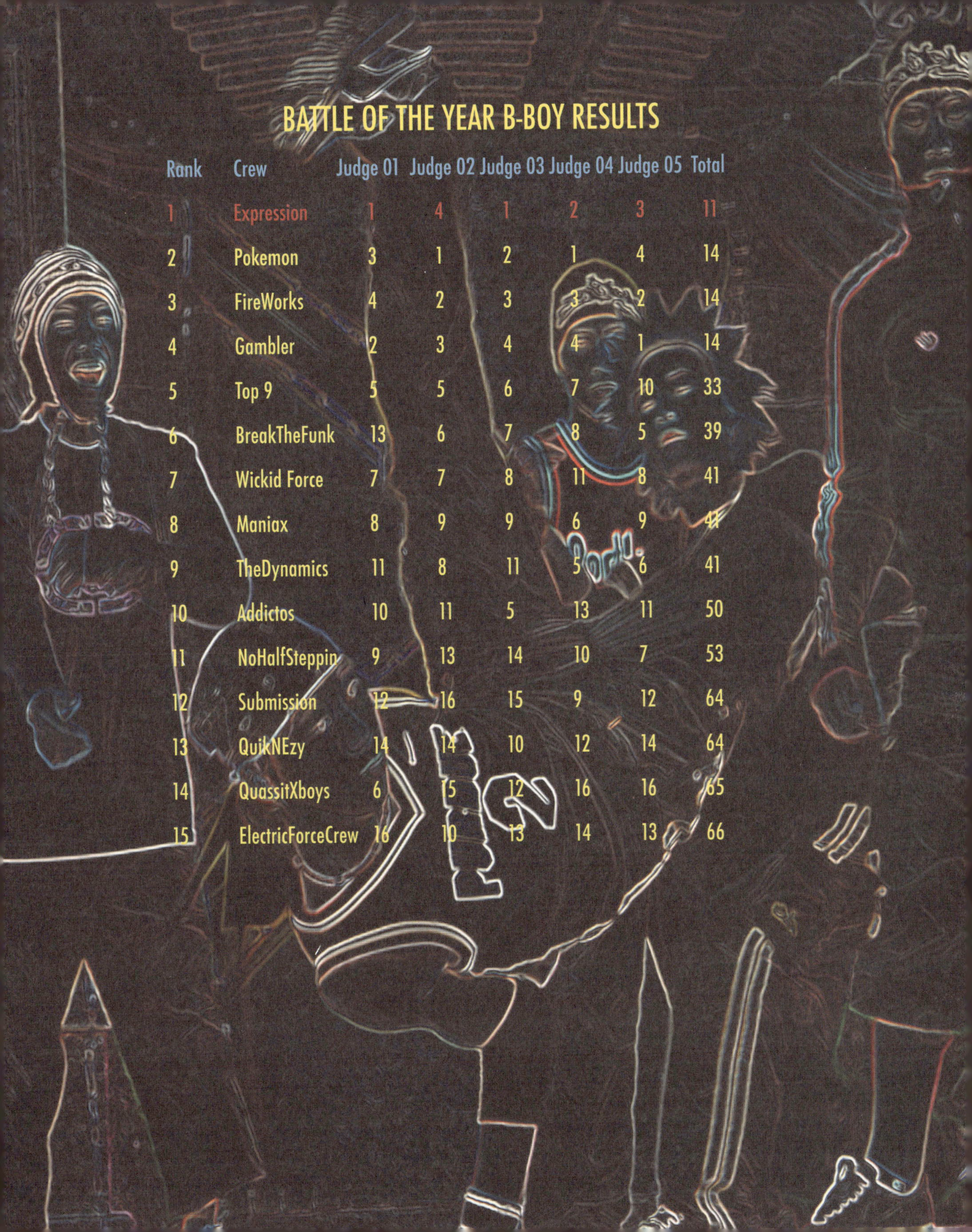

## BATTLE OF THE YEAR B-BOY RESULTS

| Rank | Crew | Judge 01 | Judge 02 | Judge 03 | Judge 04 | Judge 05 | Total |
|---|---|---|---|---|---|---|---|
| 1 | Expression | 1 | 4 | 1 | 2 | 3 | 11 |
| 2 | Pokemon | 3 | 1 | 2 | 1 | 4 | 14 |
| 3 | FireWorks | 4 | 2 | 3 | 3 | 2 | 14 |
| 4 | Gambler | 2 | 3 | 4 | 4 | 1 | 14 |
| 5 | Top 9 | 5 | 5 | 6 | 7 | 10 | 33 |
| 6 | BreakTheFunk | 13 | 6 | 7 | 8 | 5 | 39 |
| 7 | Wickid Force | 7 | 7 | 8 | 11 | 8 | 41 |
| 8 | Maniax | 8 | 9 | 9 | 6 | 9 | 41 |
| 9 | TheDynamics | 11 | 8 | 11 | 5 | 6 | 41 |
| 10 | Addictos | 10 | 11 | 5 | 13 | 11 | 50 |
| 11 | NoHalfSteppin | 9 | 13 | 14 | 10 | 7 | 53 |
| 12 | Submission | 12 | 16 | 15 | 9 | 12 | 64 |
| 13 | QuikNEzy | 14 | 14 | 10 | 12 | 14 | 64 |
| 14 | QuassitXboys | 6 | 15 | 12 | 16 | 16 | 65 |
| 15 | ElectricForceCrew | 16 | 10 | 13 | 14 | 13 | 66 |

플로캡과 처음 손을 잡았을 때에는 기존에 있는 곡을 쓰려고 했다. 그런데, 그런 곡에는 미국 사람이어야 알 수 있는 내용들이나 유머가 들어 있어서 한국 사람들은 별로 공감할 것 같지 않았다. 그래서 미국에 직접 가서 플로캡과 함께 한국 사람들을 위한 노래를 만들었다. 원래 '안녕하삼' 이라는 노래 가사는 '강남, 홍대, 압구정동...' 이었는데, Blake가 '압구정동' 을 발음하지 못해서 인사동으로 바꿨다. 우리나라 말이 나오니까 반갑지? Blake는 이 노래 녹음하면서 우리말 특훈을 받았다. 특히 '방가 방가' 를 무진장 좋아했다. 한국인 여자 목소리는 현재 미국에서 연극 배우로 활동하는 수남 씨이다. 녹음할 때 너무 재미있었다. 정말 녹음하는 날에 웃고 또 웃고, 팀워크가 정말 좋았다. (비디오 참고) 이 노래는 미국과 한국이 좀 더 친해지고 서로에 대해 잘 알기 위한 노력이라고 볼 수 있다. 그런데 한국말에는 우리가 알게 모르게 영어이면서 우리말처럼 쓰는 말들이 많다. "안녕하삼"을 살펴보기 전에 이런 단어들도 몇 가지 짚어 보자. 한 가지를 통해서 또 다른 것을 배우는, 그야말로 일석이조이지!

## STREET PHILOSOPHY #7
### REFLECTION

**손온유**
**Reflection.**
**반성할 것**
**"Father, forgive me for I have sinned..." J-Kwon from *Morning Light***

**VIEW THE VIDEO AT:**

www.swaggerlou.com ---->
PROJECTS ---->
Hip-hop Project ---->
Video ---->
Making of Annyeonghasam

All the world is a stage...

# 2.4
## Chain Reaction

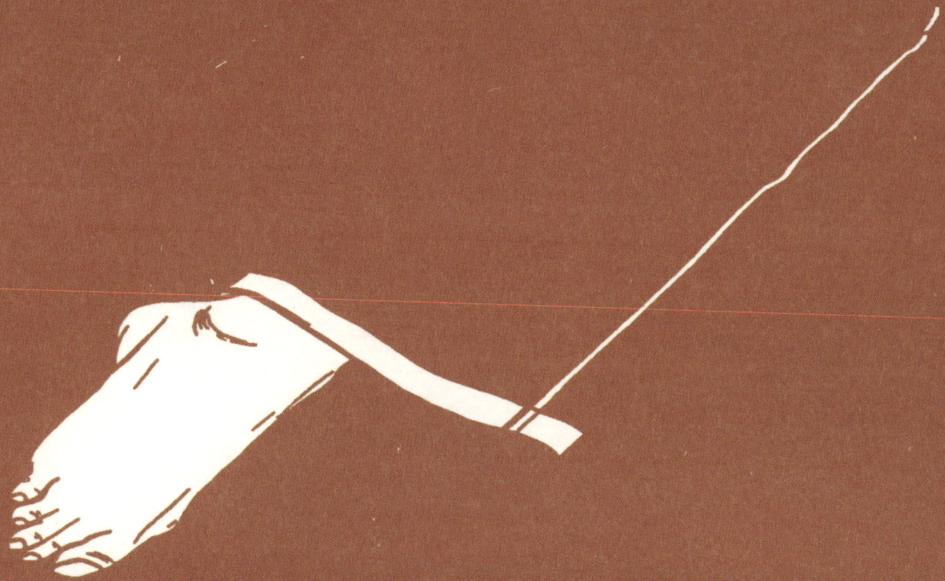

# English You Already Know
## 너가 벌써 아는 영어

And we are puppets...
MARIONETTE/ EXPRESSION CREW 2006-2007

운 누군가에 대한 신뢰의 상실을 암시한다.

**Skin** (피부)
감수성과 관련. 중대한 결정을 내리기 전에 차분히, 주의 깊게 생각해 보라.

**Stomach** (위)
정보의 흡수, 이해력과 관련. 게으른 성향을 나타낸다. 건강을 세밀히 점검해 보아야 한다.

**Teeth** (치아)
보통 불길한 징조이다. 불쾌감을 나타낸다. 또한 아끼는 사람을 잃을까 봐 두려워하는 심리를 반영한다.

**Thigh** (허벅지)
이동력과 관련. 악의에 찬 소문을 조심해야 한다. 또한 당신의 행동이 불합리함을 나타낸다.

**Throat** (목구멍)
무한한 상상력을 나타낸다. 모험에 성공한다.

**Tongue** (혀)
기쁨과 새로운 경험과 관련. 장래에 직업에서 성공을 거둔다.

지금부터 이우성 과 expression crew와 함께 b-boying 동작들을 좀 배워 볼까? 어디 가서 이렇게 춤출 수 있다면 인기 대박이지! 잘 따라 해 봐.
B-BOYING...

**Knee** (무릎)
융통성, 겸손과 관련. 무릎에 대한 꿈은 병과 모욕을 상징한다. 또한 집안 사람들의 불만과 불평, 연인 간의 이별을 나타낸다.

**Leg** (다리)
지지, 활동과 관련. 기쁨과 행복을 상징한다. 하지만 다친 다리는 이익이 없는 일을 뜻한다.

**Lips** (입술)
메세지, 소통과 관련. 많은 이점을 누리고 여러 가지 일에 지배력을 행사하게 된다.

**Lungs** (폐)
이제까지 소망하던 일에 항상 실망만 있었으므로 평범한 일상에서 벗어날 수 있는 방법을 모색해야 한다.

**Mouth** (입)
양육, 새로운 태도와 관련. 곧 동업자에게서 갈망하던 소식을 듣게 된다.

**Musle** (근육)
힘과 관련. 슬픔의 감정을 극복하는 힘을 갖게 된다. 그러나 새로운 친구를 사귀는 것을 조심해라.

**Neck** (목)
목에 대한 꿈은 무슨 꿈이든 자신이 현재 질투와 원한을 품고 있음을 나타낸다. 친구, 친척과 연관된 감정 문제를 수반한다.

**Nose** (코)
본능적인 지식과 관련. 뛰어난 상상력, 창의성을 발휘한다. 그러나 배우자 또는 동료와 마찰을 겪는다.

**Shoulders** (어깨)
힘 또는 짐과 관련. 당장은 즐겁지만 곧 근심, 걱정거리가 생긴다. 다행히 저절로 해결된다.

**Skeleton** (해골)
내부 구조, 지지와 관련. 인생의 일부분과 단절되는 또는 떨어져 나가는 느낌을 받는다. 가까

## 비보잉의 유래

1969년, 제임스 브라운(James Brown)의 'Get on the Good Foot' 이 히트 치면서 이 노래의 춤 동작 또한 젊은이들에게 큰 인기를 끌었다. 너나 할 것 없이 그의 춤 동작을 모방하기 시작했다. 이 춤 열풍이 '비보이' 란 이름을 가지고 여기까지 오게 된 것이다. 더 흥미진진한 사실은 브레이크 댄싱의 기초적인 동작들은 당시 중국 무술 영화(특히, 이소룡 영화)를 즐겨 봤던 젊은이들에 의해 창조되었다는 것이다. 그래서인지 싸움을 연상시키는 동작들이 많다. 어쩌면 이러한 동양적인 영향 때문에 한국 사람들이 비보잉을 잘하는 건지도 모른다.

'B-boy' 라는 명칭에서 'b' 는 노래에서 비트만 진행되는 부분인 브레이크(break)를 뜻한다. 이러한 브레이크에 춤을 추는 사람을 '비보이(b-boy)' 또는 '비걸(b-girl)' 로 불렀다. 1977년에 최초의 전문 브레이크 댄스팀 락 스테이디 크루(Rock Steady Crew)가 탄생한 데 이어 1980년대에 '와일드 스타일(Wildstyle)' (1982년), '브레이킨(Breakin)' (1984년), '비트 스트리트(Beat Street)' (1984년) 등과 같은 브레이크 댄스 전문 영화까지 제작되어 미국은 물론 전 세계로 그 인기의 범위를 넓혀 나갔다.

**Fingernails** (손톱)
활동력, 기능성과 관련. 탐탁치 않은 상황에 대처할 준비가 되다. 달성하기에 힘에 부치는 야심적인 계획을 면할 준비가 되다.

**Foot** (발)
기본적인 믿음, 인생의 방향과 관련. 인생의 궤도를 수정해야 한다. 그렇지 않으면 당신의 어리석음으로 인해 고생할 것이다.

**Hair** (머리카락)
매력, 관능과 관련. 꿈에 머리카락을 보게 되면 개인적인 일에 부주의하게 되고 마음의 준비를 소홀히 해 일에 진전이 없게 된다.

**Hand** (손)
능력, 역량과 관련. 큰 일이 닥쳐올 것으로 예상되니 자신의 일에 더 주의를 기울여야 한다.

**Head** (머리)
지성, 이해력과 관련. 임박한 불행과 손실을 현명한 행동으로 피할 것이다.

**Heart** (심장)
사랑, 안심과 관련. 사랑의 성공, 명예와 명성을 뜻한다.

**Hips** (엉덩이)
엉덩이에 대한 꿈은 기분 좋은 일이나 좋은 소식을 상징한다. 엉덩이에 상처를 입는 것은 배우자에 대한 오신과 가족 구성원의 막대한 손실을 의미한다.

**Intestines** (장)
자신에게 탐탁치 않은 손실이나 가족 간의 불화 같은 안 좋은 결과가 있을 것을 나타낸다.

**Jaw** (턱)
맹렬한 화, 의지력과 관련. 처음의 어려움은 극복하지만 연인과 불화하게 된다.

**Joint** (관절)
연결을 상징. 관절은 좋은 것과 연관되어 있다. 행복, 가정의 기쁨, 상태의 호전, 금전운을 뜻한다.

**Blood** (피)
본질, 생명력과 관련. 불행한 사랑, 커다란 실망을 뜻한다.

**Bones** (뼈)
구조, 증거, 후원과 관련. 가난과 죽음을 뜻한다.

**Brain** (뇌)
지성, 마음과 이성과 관련. 해박한 지식으로 좋은 결과를 맺을 것이다.

**Buttocks** (엉덩이)
겸손, 어리석음, 힘과 관련. 누군가를 용서해야 한다.

**Cheeks** (볼)
장수하며 건강하고 사랑을 많이 받는다.

**Chest** (가슴)
생명의 충만, 관대와 관련. 태평하며 번영을 누린다.

**Ear** (귀)
감수성과 관련. 예기치 않은 문제로 어려움을 겪지만 친한 친구와 함께 큰 성공을 거둔다.

**Eye** (눈)
시력, 의식, 명료성과 관련. 자신이 좋아하며 수익성 있는 사업을 하게 되고 마음에 맞는 동료를 얻게 된다.

**Eyelashes** (속눈썹)
시력의 보호, 미혹과 관련. 친구에게 사기를 당한다. 성공이 더디다.

**Face** (얼굴)
신원, 자아, 셀프 이미지와 관련. 자신에 대한 불만 또는 누군가 은밀히 당신을 경계하고 있다는 경고이다.

**Finger** (손가락)
감수성, 의식성과 관련. 영적 탐구와 야망의 정점에 도달하기 위한 끊임없는 노력을 뜻한다.

## 비보잉은...

비보잉은 주로 서서 하는 탑락(toprock)에서 시작해 다운락(downrock), 파워 무브(power moves)의 과정을 거쳐 프리즈(freeze)로 대미를 장식한다. 먼저, 탑락은 본격적인 동작에 들어가기 전 자리를 확보하는 워밍업 동작이라 할 수 있으며 특히 업락은 공격 위주의 탑락 동작을 말한다. '하나둘' 에서 공격을 하고 '셋넷' 에서는 방어를 하는데 다양한 동작으로 자신만의 개성을 표현할 수 있다. 다운락은 손과 발을 바닥에 대고 행하는 모든 종류의 풋워크(footwork)를 지칭한다. 여기에 속도와 기교가 더 발달된 동작이 파워 무브. 말뜻 그대로 매우 스피드하면서 테크닉적인 기술들을 말한다. 몸과 발끝의 원심력을 이용해서 회전하는 기술로 플레어(flair), 윈드밀(windmill), 헤드 스핀(head spin), 에어 트랙(air track) 등의 기술이 여기에 포함된다. 프리즈(freeze)는 다운락 이후에 행하는 마무리 정지 자세를 말한다.

## EXPRESSION CREW
## 최진호(JINO)가 말한다...

일단 탑락과 업락을 이야기하자면 기본적인 탑락과 업락 동작을 충분히 연습한 후 여러 가지 동작을 추가하는 것입니다. 예를 들면, 꼭 비보잉 탑락 동작만이 아니라 스텝은 하우스 스텝을 응용하면서 상체 동작은 비보잉 동작을 한다든지, 전체적인 동작은 탑락과 업락인데 느낌은 팝을 춘다든지 하며 여러 가지 장르의 춤을 응용하는 것이지요. 비보이 음악도 빠른 비트가 있는가 하면 느린 템포의 음악도 있기에 항상 베이직 탑락만 하면 춤에 재미도 없고 음악을 표현하는 데 있어 한계가 있기 때문에 이렇게 여러 가지 춤을 섞는 것입니다. 물론 비보잉의 기본기를 완전히 마스터 한 다음에 해당되는 이야기입니다. 무엇을 해도 기본기는 가장 중요한 부분이기에 기본을 갖추지 않고 위에서 말한 여러 장르의 춤을 적용시키는 건 걸음마도 못하는데 달리기를 하는 것과도 같은 이치입니다. 기본기를 충분히 연습한 다음에 하나하나 응용하면서 탑락과 업락을 변형시켜 보시길 바랍니다.

### Footwork

그다음으로 풋워크에 대해 설명해 보겠습니다. 일단 글을 쓰는 제 개인적인 생각으로는 풋워크는 여러 비보잉 동작들 가운데서 가장 매력 있고, 앞으로 무궁무진한 동작이 나올 수 있는 무브입니다. 일단 올바른 기본 동작을 몸에 충분히 익히고 반복 연습을 거듭합니다. 그리고 나서 기본 동작들(식스 스텝, 쓰리 스텝, 크로스, 킥 등등)을 연결하는 연습을 합니다. 순서를 바꿔 가며 반복하는 이런 동작들이 처음에는 재미없고 지겨울 수가 있는데, 가장 중요한 것은 아무래도 기본기이므로 이것 역시 소홀하게 지나칠 수 없는 연습입니다. 일단 기본 비트에 풋워크 연결 동작을 맞춰 가면서 연습을 하고, 점점 비트를 나누면서 동작 역시 나누는 연습을 하다 보면 동작에 각이 잡히고 풋워크에 스피드가 붙는 것을 느낄 수 있습니다.

## 꿈에서 이런 색깔 보면...

### Colors

**Black** (검은색) 고립, 이동

**Blue** (파란색) 만족, 내면의 평화

**Brown** (갈색) 자유, 성공, 돈, 행복

**Green** (녹색) 성장, 평온

**Orange** (오렌지색) 열정

**Pink** (분홍색) 부드러움, 사랑

**Purple** (자주색) 창의성

**Red** (빨간색) 정열

**Yellow** (노란색) 자신감

## 꿈에서 이런 신체 부위 보면...

### Body Parts

**Arm** (팔)
힘과 관련. 꿈에서 팔을 보면 원수에게 승리하게 된다. 하지만 가족 간에 불화가 생긴다.

**Back** (등)
무의식과 관련. 시기 많은 사람들이 당신을 반대하고 사랑에 방해물이 생긴다.

여기서 중요한 것은 풋워크를 할 때 마지막 엔딩 동작에서 다리를 조금 더 벌려 주면서 엔딩을 잡는 습관을 들이는 것입니다. 풋워크라는 동작을 위에서 본다면 스케일이 굉장히 작아 보입니다. 그런데 평소 자기가 하던 동작에서 조금 더 크게 다리를 벌리면서 엔딩을 잡아 주면 그것만으로도 풋워크 스케일이 커집니다.

다음으로 손이 중요한데 발 움직임보다 손이 느려지면 전체적인 풋워크 느낌이 둔해지고 느려지는 문제점이 생깁니다. 저 역시 풋워크를 할 때 몸과 발보다 손을 한 템포 더 빠르게 움직이려고 노력합니다. 풋워크의 스피드를 올리는 데는 이러한 연습이 중요한 역할을 합니다.

그리고 풋워크는 말 그대로 발로 하는 무브이기에 발 동작도 중요한데 저 같은 경우에는 처음부터 끝까지 발에다 힘을 주는 게 아니라 처음 자세와 마지막 자세에 포인트를 주고 힘을 더 주는 편입니다. 즉, 전체적으로 풋워크 속도를 일정하게 유지하기보다는 한 바퀴를 도는 동안 강약을 조절하며, 강에는 좀 더 포인트를 살려 주는 것입니다. 풋워크 속도와 손 동작 등이 일정하면 남들과 다를 게 없으므로 강약 조절로 차별을 두는 것입니다. 또한 풋워크를 할 때, 꼭 손을 땅에 짚고 할 필요는 없습니다. 예를 들면 양손을 바닥에 안 대고 풋워크를 할 수도 있으며, 팔꿈치를 대고 식스 스텝을 할 수도 있습니다. 정해진 기본 동작은 있지만 정해진 공식은 없습니다. 그래서 풋워크는 앞으로도 나올 동작이 많다는 것입니다.

기본기를 완벽히 소화하고 난 뒤에 다른 동작을 응용할 수 있는 것이므로 무엇보다 기본기에 중점을 두고 연습할 것을 권하고 싶습니다. 그리고 얼마만큼 생각의 틀을 깨느냐 하는 것도 역시 중요합니다. 그러나 무엇보다 100번 생각하는 것보다 1번 몸을 직접 움직이는 게 더 좋은 방법이라는 것을 명심하시기 바랍니다. 부상에 유의하시면서 열심히 연습하시기 바랍니다.

**Elephant** (코끼리)
위엄을 가지게 되고 모든 사람들이 부러워하는 대상이 된다.

**Flies** (파리)
짜증 나는 친구에게 괴로움을 당하고 어리석은 일을 저지른다. 성공이 요원해진다.

**Fox** (여우)
가장 친한 친구가 원수가 되고 라이벌이 된다. 꿈에서 이 여우를 죽이면 어려움을 극복하게 된다.

**Frog** (개구리)
본인 또는 가족들이 건강 문제로 고생한다.

**Lice** (이)
새로운 일에 도전하는 것에 신중해라. 실망할 가능성이 높다.

**Lion** (사자)
상대방을 잘 다루는 데 승패가 걸렸다. 그리고 평생 함께 할 친구를 만나게 된다.

**Mice** (쥐)
집안 문제로 고생한다. 그리고 사업에도 문제가 생긴다.

**mosquito** (모기)
꿈에서 모기를 죽이면 어려움을 극복하고 부와 가정 행복을 얻게 된다. 죽이지 못하면 원수들의 공격을 당한다.

**shark** (상어)
무시무시한 적이 당신을 노리고 있으니 조심해라.

**squirrel** (다람쥐)
새로운 친구를 몇 명 사귀게 된다. 집안이 행복해진다.

**whale** (고래)
아주 좋은 시기가 온다. 권세, 권력을 다 취하고 진정한 자신을 발견하게 된다.

ANIMAL

## EXPRESSION CREW
## 이호성이 말한다!!!

지금 현재 익스프레션에서 스타일 무브를 하고 있으며, 경력은 10년이 좀 넘었네요.

우선 제가 비보잉에 대해서 아는 지식들이나 경험들이 독자 여러분께 많은 도움이 되었으면 하는 바람입니다. 제가 여러분께 알려 드리고자 하는 부분은 어느 정도 기본기가 갖춰진 이후에 할 수 있는 동작들과 그 느낌을 살리는 방법, 슬럼프를 겪었을 때 극복하는 방법 등입니다.

우선 어느 정도 기본기가 갖추어졌다고 생각이 드시면 자신의 모습을 비디오 카메라나 폰 카메라로 찍은 후 자신의 눈으로 직접 살펴봅니다. 혹은 자신의 친구나 멤버들에게 그 무브를 보여 줍니다. 그렇게 함으로써 자신이 보았을 때의 문제점과 다른 사람들의 시선에서 보이는 문제점을 찾아서 고쳐 나갈 수 있습니다. 그리고 연습을 함에 있어 생각도 중요하지만 무작정 음악에 맞추어서 탑락과 업락, 스텝과 플로워, 프리즈 등을 계속해 보는 것도 좋습니다. 그런 식으로 천천히 자신만의 스타일, 자신만의 느낌, 자신만의 기술을 만들어 나가야 합니다.

연습을 할 때는 보통 천천히 자신만의 무브를 연습합니다. 이때 거울을 보며 시선의 방향, 팔의 위치, 다리의 각도를 살피면서 각 동작마다 어떤 느낌을 줄 것인지 하나하나 정확히 자세를 잡으며 연습하는 게 중요합니다. 어느 정도 숙달된 이후에 빠르게 무브를 진행해 보고 위에서 말한 것과 같이 어색한 부분이 있으면 처음에 했던 것처

# 꿈에서 이런 동물 보면...

## Animal

**alligator** (악어)
조심해라. 뭔가 안 좋은 일이 생길 것이다.

**ants** (개미)
사업이 잘되고 모든 일이 형통하며 만족스럽게 풀린다.

**bat** (박쥐)
원수들이 모여서 당신을 해하려고 한다. 싸움이 일어날 것이니 조심해라.

**Bear** (곰)
원수에게 승리한다. 모든 적들을 항복시키고 결국 승리를 차지할 것이다.

**Bees** (벌)
활동성과 높은 생산성을 상징. 행복한 삶을 영위하며 사랑에 성공하고 사업이 번창한다.

**Bull** (황소)
풍부함과 강함을 상징. 사랑에는 큰 성공을 하지만 사업이나 금전면에 큰 손해를 볼 수도 있다.

**Camel** (낙타)
인내해라. 어려운 고비가 많으나 힘든 일을 잘 견뎌내야 한다.

**Cricket** (귀뚜라미)
금전적 곤란에 빠진다. 굶주림이나 어려움이 온다.

**Crow** (까마귀)
까마귀를 보면 모든 면에 실패한다. 꿈에서 절대 봐서는 안 되는 동물!

**Eagle** (독수리)
꿈에 독수리를 보면 자신의 꿈이나 갈망하고 있던 것들이 조금 먼 장래에 이루어지게 된다. 또 유명해진다.

Dreams are a great way to srudy English. In this stage of the Hip-Hop Project, we get a little cerebral. Having a good connection with your dream life, not only helps in English, but also it keeps you in tune with your inner self. Rapping is about telling a story. Get in touch with yourself and learn to spit wicked rhymes.

럼 천천히 다시 거울을 보시면서 자신이 원하는 동작이 나올 때까지 연습을 하셔야 합니다. 어느 정도 무브가 완성되었다고 판단되면 음악에 맞추어 반복 연습을 하는 것이 중요합니다.

무브가 완성되고 나면 음악에 맞춰 그 무브에 여러 가지 느낌을 줄 수 있어야 합니다. 처음에 자신이 정한 느낌이 아니더라도 음악에 맞추어 춤을 추며 같은 동작이라도 다른 느낌을 줄 수 있어야 합니다. 이것은 스타일 무브를 함에 있어 굉장히 중요한 부분입니다. 예를 들어, 음악이 느리면 원래는 빠른 동작임에도 불구하고 음악 비트에 맞추어 천천히 움직인다든지 혹은 약한 동작임에도 순간적으로 나오는 '쿵' 하는 비트에 맞추어 동작을 멈춰 준다거나 강한 느낌의 기술을 보여 준다거나 하는 것입니다.

자신의 무브를 몇 십 번, 몇 백 번이라도 반복 연습해야 합니다. 자신의 무브을 완전히 소화하고 자신의 몸을 능수능란하게 가지고 놀 수 있어야 음악에 맞추어 순간순간 능동적인 기술이나 센스를 발휘할 수 있습니다. 또 이를 위해선 여러 가지 음악을 들으면서 음악의 흐름을 이해해야 합니다. 음악에는 어느 정도 정해진 반복 구간이 있습니다. 하지만 이 사실을 안다고 해도 실전에서 자신의 무브와 일치를 시키지 못하면 아무런 소용이 없는 것입니다.

또한 처음엔 어색하더라도 여러 가지 음악에 맞추어 탑락과 업락을 연습하시길 권합니다. 음악에 맞추어서 같은 동작이라도 다른 느낌을 주는 방법을 스스로 연구하셔야 합니다. 나 또한 즐겁고 다른 사람들도 즐거워 할 수 있는 자기만의 동작을 창조합니다. 자기만 만족해서는 절대 발전이 없다고 생각합니다. 비보잉이란 건 자신만의 스타일, 기술, 느낌을 다른 사람에게 보여 주고 전달하는 데서 의의가 있기 때문입니다.

어느 정도 자신만의 스타일이 잡혔다면 금방 실력이 늘게 마련입니다. 하지만 누구나 마찬가지로 슬럼프라는 것이 찾아오기 마련이지요. 저는 그런 시기가 찾아오면 다시 동작을 잡아 간다는 생각으로 아주 천천히 기본기를 하나하나씩 연습합니다. 초조한 마음에 무리하게 연습을 하다가 다치거나 혹은 느낌을 잃어버릴 수도 있습니다. 물론 그렇다고 아예 연습을 안 하면 더더욱 슬럼프에 빠지게 되지요. 약간의 휴식은 약이 될 수 있지만 너무 오래 쉬면 독이 될 수도 있다는 건 여러 비보이들이 잘 아는 사실입니다. 그럴 때는 마음을 급하게 먹지 마시고 천천히 하나하나 다시 해 나간다는 기분으로 지금까지 해 온 레파토리를 연습하거나 새로운 기술이나 무브를 고안하면서 연습을 해 보시는 것도 좋을 것입니다.

가장 중요한 건 자신만의 기술, 자신만의 느낌, 자신만의 스타일입니다. 남들이 못 하는 기술을 가지고 있거나 같은 동작을 해도 더 화려하고 멋지게 할 수 있는 능력, 혹은 음악에 대한 표현력을 길러야 합니다. 하나하나 주의를 기울이며 꾸준히 연습하시면 언젠가는 목표에 도달하리라 생각합니다.

How to Keep a Dream Diary

## 꿈 일기 쓰기 10가지 테크닉

1. 노트를 한 권 사서 "Dream Diary" 라고 제목을 붙인다.

2. 꿈 꾼 날짜를 정확하게 적는다.

3. 일기장을 침대 옆 가까운 곳에 두고 일어나서 바로 적는 습관을 키운다.

4. 과거형으로 쓰지 말고 현재형으로 쓴다. 꿈이 더 잘 기억나고 더 생생하다. I am sitting in class and I am taking a test.

5. 아주 자세히 쓴다. 꿈의 장소, 색깔, 냄새, 사람, 기분... 그리고 꿈이 현실과 비슷한 점들도 적는다.

6. 문법에 맞는 완벽한 문장을 적으려고 하지 말고 일단 꿈의 내용을 알아볼 수 있게 문장, 반문장을 쓴다. 처음에는 키워드만 적는 것도 괜찮다.

7. 말로 표현이 안 되는 부분은 간단하게 스케치로 표현하는 것도 괜찮다.

8. 밤에 자기 전, 아침에 대충 적어 놓은 것을 다시 정리하고 문장을 만들어 다시 쓴다. 그리고 꿈에 제목을 붙인다.

9. 꿈과 일상생활이 연관성이 있는지 살펴본다.

10. 습관적으로 계속한다.

Z... Z... Z... Z... Z... Z... Z...

# THE BASIC MOVES OF B-BOYING

이제 비보잉의 주요 동작들을 살펴보자. 전문 비보이가 되고 싶은 사람은 물론이고 그냥 춤을 즐기고 싶은 사람들에게도 도움이 될 것이다. 시작하기 전에 스트레칭을 충분히 해야 부상을 줄일 수 있다. 그리고 팔꿈치 보호대(elbow pad), 무릎 보호대(knee pad), 글러브(glove)를 착용하는 것이 좋다. 기본기를 다진 후에는 평소 좋아하는 춤 동작을 비보잉에 결합시켜 다양한 변화를 유도한다. 다른 것과 마찬가지로 시간을 두고 끈기있게 도전하다 보면 눈으로만 보던 비보잉을 몸소 체험할 수 있게 될 것이다.

영어 핵폭탄을 만들기 위해 꿈나라까지 점령! 평범한 일상생활에 대해 영어 일기를 쓰는 것보다, 꿈 일기(Dream Diary)를 쓰면 더 재미있다. 하루에 일어나는 일들은 대체로 반복적이므로 영어 일기를 쓰는 사람들은 "똑같아요. 쓸 게 없어요"라고 하소연을 늘어놓기 마련이다. 꿈을 기억하지 못하는 사람들도 있으니, 꿈 일기를 쓸 때에는 꿈에서 일어난 일들과 현실 세계에서 이루고 싶은 꿈들을 같이 쓰면 좋다. 꿈에서는 현실 세계에서 불가능한 일들도 일어나잖아? 뭐, 날아다니는 꿈이나 벌거벗고 길거리를 헤매는 꿈... 이런 꿈들을 영어로 묘사하려는 노력 자체가 많은 도움이 된다. 영어를 사용할 때면 예상치 못한 돌발 상황도 닥치니 이런 연습을 해 보는 것이 좋다. 대부분의 영어 회화 책들은 뭐 전화 받을 때, 식당에 갔을 때, 영화 보러 갔을 때 등등 주어진 상황에서 쓰는 영어를 가르치는데, 그렇다고 모든 현실 상황을 대비하기엔 역부족이지. 상황이 어떻게 바뀔지 모르니까. 처음부터 틀에 맞추어 제한적인 실력을 기르기보다 자기 생각, 자기 꿈을 자유자재로 표현할 수 있는 능력을 기르는 것이 힙합 프로젝트의 핵심이다. 꿈이라는 주제로 다양한 내용들을 살펴보자. 이러한 지식들은 꿈 일기를 쓰는 데에도 도움이 될 것이다.

ROCK YA' BODY BODY...
LIVING LIFE AT THE EXTREME.
B-BOY STYLING WITH
EXPRESSION CREW.

# POE' S 4 CONDITIONS OF HAPPINESS
# 포의 행복의 4가지 조건

1. Life in the open air.
   바깥 공기를 마시며 사는 것

2. Love of another being.
   다른 존재에게 사랑 받는 것

3. Freedom from all ambition.
   모든 야망에서 해방

4. Creation.
   창조

What are your conditions of happiness?

비보잉에 있어 가장 기초가
되는 동작 두 가지를
익스프레션 크루의 비보이 깐돌
(Kandol)이 가르쳐 줄 거야.
www.swaggerlou.com의
비디오 파일을 참고하기 바란다.
6-Steps
Toprock
www.swaggerlou.com
–>Projects
–>Hip-hop Project
–> Hip-hop School
–>이우성

## "이게 바로 온전한 인간의 상태 Just like Beatrice & Dante..."
## WHO WERE BEATRICE AND DANTE?

단테는 1265년 출생한 이탈리아 시인으로 그의 작품 <신곡>은 중세 시대의 걸작으로 꼽힌다. 베아트리체는 1266년에 태어났으며 <신생>을 포함해 단테의 여러 작품에 영향을 끼쳤다. 그들은 일생 동안 단 두 번 만났다. 단테는 9살 때 8살의 베아트리체를 처음 만나 사랑에 빠진다. 그는 베아트리체와 마주치기를 바라며 온 플로렌스를 헤매고 다녔다. 그들은 9년 후 플로렌스의 거리에서 다시 만났다. 그녀는 그를 향해 돌아서서 인사를 했고 단테는 지극한 행복감을 맛보게 된다. 자신의 방에 돌아온 단테는 베아트리체에 관한 꿈을 꾸게 되고 여기서 영감을 받아 소네트를 지었다. 베아트리체를 향한 단테의 사랑은 은밀했고 일방적이었으며 매우 숭고했다. 단테는 베아트리체를 자신에게 있는 모든 악을 제거하고 보다 훌륭한 사람으로 만드는 구원자로 보았다. 베아트리체가 은행가와 결혼하고 3년 후 24살의 나이로 죽은 뒤에도 단테의 사랑은 지속되었다. 비록 다른 여자와 결혼하기는 했지만 단테는 베아트리체의 사후에 그녀를 그리며 시를 쓰기 시작했다.

STREET PHILOSOPHY #6
NEVER BACKSTAB
우경윤 + 정수영
Never backstab.
배신하지말 것
"Backstab you in the back and act like he never knew you..."
Eastsidaz from Another Day

# 6 STEP

식스 스텝의 첫 번째 자세로 양손 과 발을 어깨 너비보다 조금 넓게 벌리고 골반을 세운다.

Many of the original B-boy moves were based on cheesy Karate flicks. B-boying is in our blood...Kung-fu fighting and Bruce Lee forever!

왼쪽 다리를 대각선으로 뻗는다. 이때 상체와 하체의 선이 일자가 되도록 펴 주는 것이 중요하다.

오른쪽 발목으로 왼쪽 무릎 뒷쪽을 미는 듯한 자세로 앞으로 이동한다.

# 노래에 얽힌 비하인드 스토리

## SONG TIDBITS

### "루이 16세, 단두대로 가며..." WHO WAS LOUIS XVI?

루이16세는 1774년에서 1791년까지 프랑스 왕으로 재위하였다. 그는 우울증을 앓았고 우유부단함과 보수적인 기질로 민중의 미움을 받았다. 15세에 마리 앙투와네트와 결혼해 네 명의 자녀를 두었다. 시민들의 봉기로 1792년 8월 체포되어 결국 환호하는 관중들이 지켜보는 가운데 단두대의 이슬로 사라졌다. 처형을 당하기 전에 루이 16세는 가족과 마지막 저녁 식사를 하도록 허가 받았다. 마리 앙투와네트는 남편을 부여잡고 울며 그날 밤을 보냈다. 다음 날 가족들이 얼싸안고 우는 가운데 루이 16세는 단두대로 끌려갔다. 그는 자신을 단두대로 압송하는 병사에게 자신의 아내에게 편지를 전해 줄 것을 부탁했다. 하지만 병사는 "나는 당신의 심부름을 하기 위해 여기 있는 것이 아니라 당신을 단두대로 데려가기 위해 있는 것이오" 라고 매몰차게 대답했다. 남편의 죽음에 사람들이 환호하는 소리를 들은 마리 앙투와네트는 졸도했다. 그리고 거의 1년 후, 마리 앙투와네트의 집에 병사들이 당도했다. 그들은 앙투와네트의 머리를 자르고 손을 등 뒤로 묶었다. 마리 앙투와네트를 압송하는 마차는 단두대에 도착하기까지 거의 1시간 동안 파리의 거리를 천천히 지나쳤다. 신부가 속삭였다. "마담, 지금이 바로 용기로 무장할 때요." 마리 앙투와네트는 미소를 지으며 대답했다. "용기라고요? 내 고통이 끝나려고 하는데 용기가 방해하게 할 순 없죠."

### "Poe(포)는 행복의 조건 of 4를 말했어..." WHO WAS POE?

에드거 앨런 포우는 시인, 소설가, 비평가였다. "어셔가의 몰락" , "윌리엄 윌슨" 과 같은 유명한 이야기는 물론이고 "갈까마귀" 와 같은 시도 썼다. 그의 아내는 피아노를 치며 노래를 부르는 동안 각혈을 했다. 결핵을 앓던 아내는 결국 죽었고 포는 아내의 죽음을 극복하지 못하고 술독에 빠지기 시작했다. 포는 1849년 40세의 젊은 나이에 세상을 뜨는데 정확한 사인은 밝혀지지 않았다. 고통 속에서 헛소리를 하며 거리를 방황하는 그의 모습이 목격되었는데 그는 다음 날 죽었다. 이상한 점은 남의 옷을 입고 있었고 죽기 전날 밤에 계속 "레이놀즈" 라는 이름을 불렀다는 것이다. 어떤 사람들은 그가 알코올 중독으로 죽었다고 하는 반면 어떤 사람들은 콜레라나 광견병에 걸려 죽었다고도 한다. 포는 고된 삶을 살면서 인생에 대한 통찰력을 얻게 된다. 그는 행복의 4가지 조건으로 1) 바깥 공기를 마시며 사는 것, 2) 다른 존재에게 사랑받는 것, 3) 모든 야망에서 해방, 4) 창조를 꼽았다.

왼쪽 다리로 크게 반원을 그리며 왼쪽 골반 밑으로 신속히 이동한다. 이때 골반은 무릎 높이로 들어 주며 오른쪽 손도 왼쪽 다리와 같은 위치로 이동한다.

오른쪽 다리로 반원을 그리며 왼쪽 다리로 이동한다. 이때 오른쪽 다리를 확실하게 접어 준다.

왼쪽 다리를 뒤쪽으로 이동시키면서 접혀 있던 오른쪽 다리를 쭉 펴 준다.

마지막으로 오른쪽 다리를 왼쪽 다리와 대칭으로 옮기고 왼손을 땅에 짚으면서 1번과 같은 동작을 만들어 식스 스텝을 완성한다.

# TOP ROCK

양손을 좌우로 벌리면서 오른쪽 다리를 왼쪽 대각선 쪽으로 내민다.

다시 오른쪽 다리를 옮기면서 양팔을 모아 준다.

반대로 양손을 좌우로 벌리면서 왼쪽 다리를 오른쪽 대각선 쪽으로 내민다.

왼쪽 다리는 제자리로 옮기면서 구부리고 다시 양팔을 모아 준다.

That's it, come to the teacher

Props to the leader/ 9번째 꿈은 이 상태에서 사는 거/

Props to the leader/ the 9th Dream is living in this state

이게 바로 온전한 인간의 상태/ Just like Beatrice & Dante/

This is the perfect state, just like Beatrice and Dante

the state before the fall/ I want it all/ 젊어도 늙어도 마지막으로/

The state before the fall, I want it all/ Whether young or old

원하는 게 대체 뭔지 말해 줘/ 돈?/ 권리?/

Tell me what you want? Money? Power?

All you want is the Benjamin and the bling bling/

No, no, no there's a new sun arising

CHORUS

Verse 3

Too many/ 너무 많은 사람들이/ 고독 속에 살다가/ 그렇게 살다가/

Too many people live in solitude and they live like that...

아무 말 없-이/ 초월한 듯-이/ 그림자처럼 마구 사라지지/

... in silence- transcendental- and they fade away like shadows

영혼의 불멸에 대해선 궁금해 하지도 않아/ why, why, why 왜, 죽기 전에/

They are not curious about the immortality of the soul/why, why, why/ they're already dead

벌써 죽어서/ 잊혀지려 해/ 자신이 누군지 제발 잊지 마/

They forget about it- Don't forget who you are

9번째 꿈 절대로 잊지 마/ 후회 없이 꿈을 꿔/ 마지막 꿈이라고 생각해/ grab da life and kick it with the hommies/ 헛되게 살지 마 마치/ 손만 대면 가볍게 부-서지는 쿠키/ 같이 살지 마/ 넌 할 수 있어/ you can do that/ 떠오르는 태양보다 cool sunset/ 으로 밤을 준비해/

Don't forget about the 9th Dream. Dream without regrets. Think that this is your last dream and grab da' life and kick it with the homies. Don't live in vain and crumble like a cookie when touched. You can do it. Instead of a rising sun, prepare for night like the cool sunset

CHORUS

Peace~ One love~ Swagger Lou~

왼쪽 다리는 펴고 오른쪽 다리는 구부리는 동작을 동시에 하면서 손등을 허리에 댄다.

5번의 동작에서 오른쪽 다리를 왼쪽 대각선으로 내민다.

오른쪽 다리를 제자리로 옮기면서 마무리 포즈를 취하면 탑락이 완성된다.

# THE 9TH DREAM

Verse 1

루이 16세/ 단두대/로 가며 호위 군인에게/ 말했네/

Louis XVI said to the guard on the way to the guillotine

"부탁이니 내/ 마지막 편질 아내에게/ 제발 배달해다우." /

"Please deliver my final letter to my wife."

I need some help right now/ 당신 아니면 내 마지막 고-백 묻힌다우

I need some help right now... If you don't do this for me, my final confession will follow me to the grave

군인이 편-질 밟으며 하는 말 "내가 니 시다바리가?" / (Huh~?)

The soldier replied while trouncing on the letter, "What am I? Your runt!"

오 루이!/ 당신의 9번째 꿈을 결국 이루지/ 못했구려 yeah yeah

Oh Louis ! You failed to realize your 9th dream! Yeah, yeah!

우린 살면서 많은 꿈을 꾸지/ You know what I mean bro/ Ayo/

We dream a lot of dreams during our lifetime/ You know what I mean bro (Ayo!)

래피 그리고 스왜거 루/가 전하는 말을 잘 들어 봐, What'cha gon' do?

Listen to what Rappy and Swagger Lou is tryin' to tell to you/ What'cha gonna do?

마지막 꿈/ 그 9번째 꿈/을 잘 쏴/ 왜, 10번째 꿈은 없으니까/ Come on!

Your final dream, the ninth dream, dream well/ Why? Because there is no tenth dream!/ Come on!

CHORUS

Jump, jump out of your skin/ B-boys just do your head spin/

Jump, jump out of your skin/ 후회 없이 ride the rainbow/

Jump, jump out of your skin/ live life with a big grin/

Jump, jump out of your skin/ go back to the ghetto/

(9번째 꿈)

(The Ninth Dream!)

Verse 2

Poe(포)/는 행복의 조건 of 4/를 말했어/ I'll tell ya what, no.1/

Poe said there were four conditions of happiness/ I'll tell ya' what, number one/

신선하고 시원-/한 공기 속에 사는 거 and no.2/ 사랑을 주/-고받는 거 and no.3 to da 4/

욕심에서 자유 그리고 창조/ that's it, Come to the teacher/

Life in the open air/ Number two: love of another being/Number three and four: freedom from ambition and creation/

이우성

BBOY Woosung

## 프리즈

이번 단계에서는 남다른 영어 공부 방법을 하나 소개해 볼까 한다. 보이는 현실 세계가 아닌 꿈의 세계를 영어로 표현해 보는 거야. 실제로 자면서 꾼 꿈을 영어로 표현해도 좋고, 또는 상징적인 꿈이나 인생의 목표가 뭔지 영어로 생각하는 것도 좋다. 희망 없고 미래가 불투명했던 길거리의 아이들은 음악에 자신들의 꿈을 담아 노래했지. 힙합...꿈...

인생을 살아가면서 우리는 많은 꿈을 꾸지. 욕심도 많고 이루고 싶은 것도 많지. 이 9번째 꿈은 한마디로 유토피아, 즉 이상적인 인간의 삶에 대한 노래이다. 매일매일을 이 세상에서의 마지막 날처럼 살아라는 것이 이 9번째 꿈이 전달하고자 하는 메세지이다. DJ 민기 작곡, 피니 최 작사, 그리고 래피가 보컬을 맡았다. 노래를 다운 받아 재미있게 듣고 나서 어느 정도 노래에 익숙해지면 가사를 좀더 깊이 분석해 보자.

What are your dreams? In this stage of the Hip-hop Project, we're going to look at dreams. The 9th Dream is about the "last" dream you'll ever have; that is, in what state do you want to leave this world? Do you want your last moments on Earth to be spent engrossed in desire and money? This stage of the project allows for self-reflection and a chance to express this "dream world" in English. Hip-hop is about keeping it real. WHat nakes you tick? What are you looking to gain? Where are you headed?

# 프리즈

# 9번째 꿈

For the B-boy in all of us.

# 김경배

B BOY KAYBEE

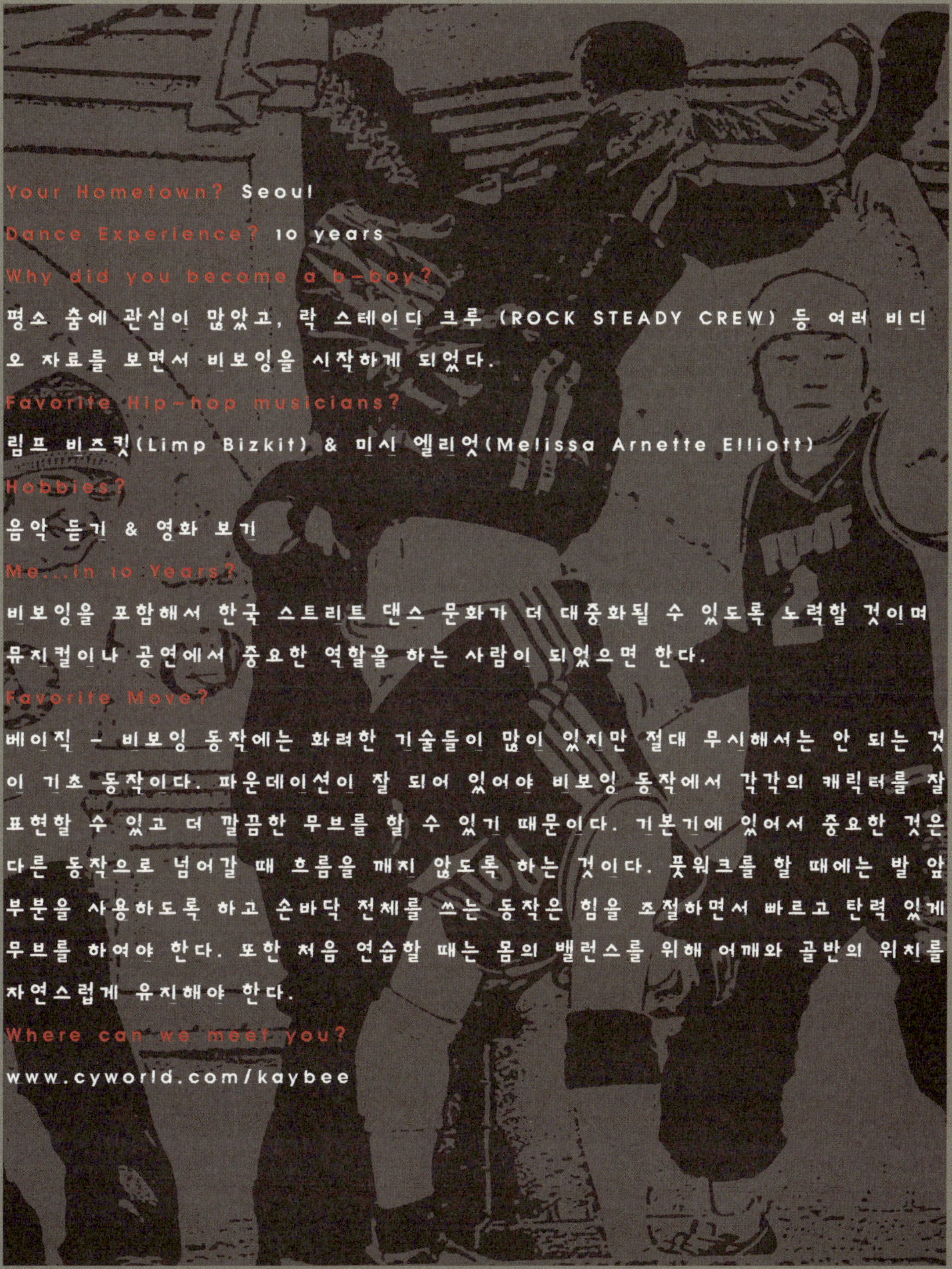

Your Hometown? Seoul

Dance Experience? 10 years

Why did you become a b-boy?

평소 춤에 관심이 많았고, 락 스테이디 크루 (ROCK STEADY CREW) 등 여러 비디오 자료를 보면서 비보잉을 시작하게 되었다.

Favorite Hip-hop musicians?

림프 비즈킷(Limp Bizkit) & 미시 엘리엇(Melissa Arnette Elliott)

Hobbies?

음악 듣기 & 영화 보기

Me...in 10 Years?

비보잉을 포함해서 한국 스트리트 댄스 문화가 더 대중화될 수 있도록 노력할 것이며 뮤지컬이나 공연에서 중요한 역할을 하는 사람이 되었으면 한다.

Favorite Move?

베이직 - 비보잉 동작에는 화려한 기술들이 많이 있지만 절대 무시해서는 안 되는 것이 기초 동작이다. 파운데이션이 잘 되어 있어야 비보잉 동작에서 각각의 캐릭터를 잘 표현할 수 있고 더 깔끔한 무브를 할 수 있기 때문이다. 기본기에 있어서 중요한 것은 다른 동작으로 넘어갈 때 흐름을 깨지 않도록 하는 것이다. 풋워크를 할 때에는 발 앞부분을 사용하도록 하고 손바닥 전체를 쓰는 동작은 힘을 조절하면서 빠르고 탄력 있게 무브를 하여야 한다. 또한 처음 연습할 때는 몸의 밸런스를 위해 어깨와 골반의 위치를 자연스럽게 유지해야 한다.

Where can we meet you?

www.cyworld.com/kaybee

# 2.3
## Chain Reaction

# English through Dreams
# 꿈 속의 영어

베이직

## Word up
### That's right

맞아(동의)

HOMIE 1: This country's a mess!
HOMIE 2: Word up
호미1: 이 나라는 정말 지저분해!
호미2: 맞아.

## yo!
### spoken to get someone's attention

다른 사람의 주의를
끌 때 하는 말

HOMIE 1: Yo, come here!
HOMIE 2: Why?
호미1: 어이, 이리 와 봐!
호미2: 왜?

# 조정규

B-boy J

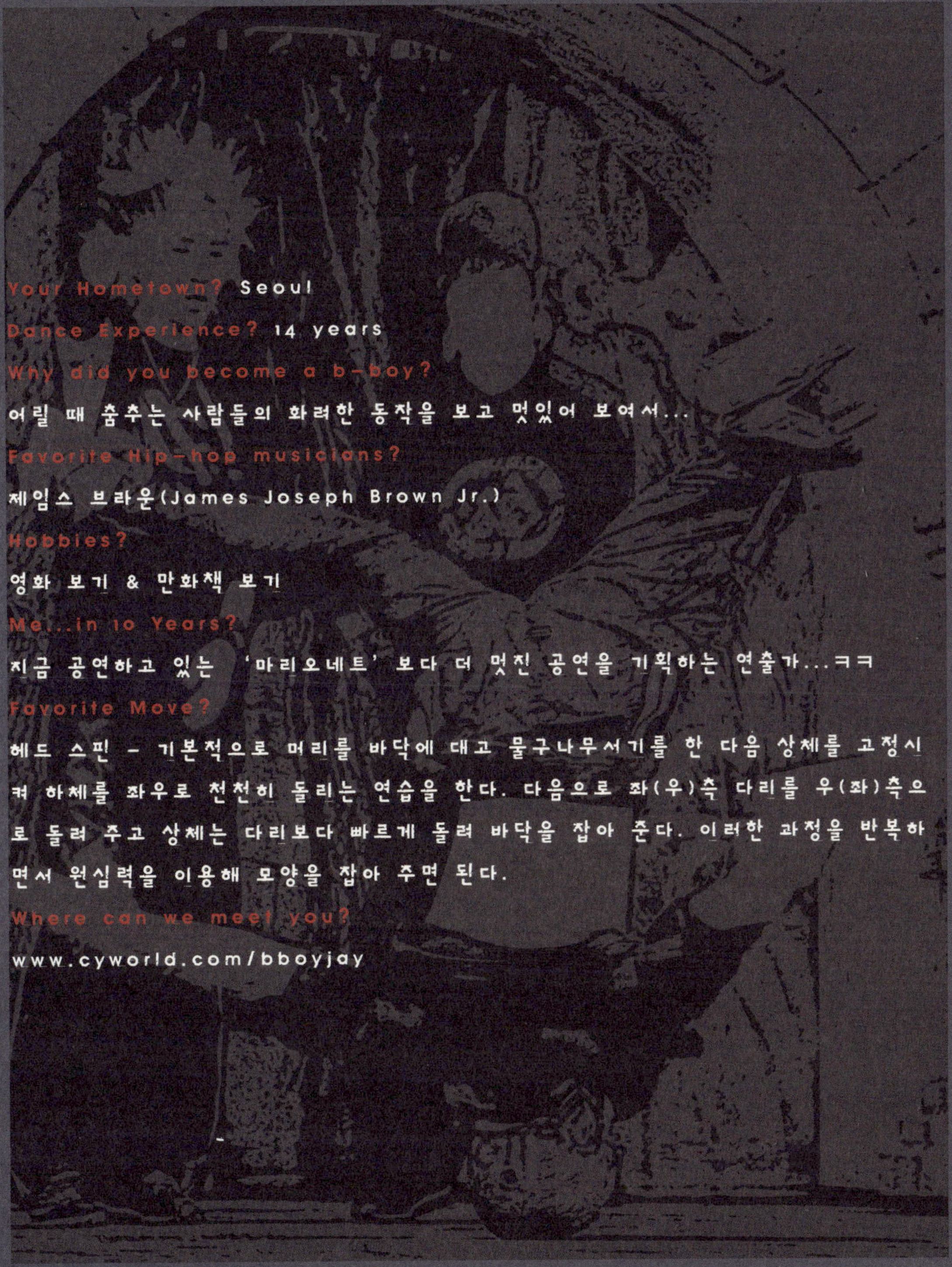

Your Hometown? Seoul

Dance Experience? 14 years

Why did you become a b-boy?

어릴 때 춤추는 사람들의 화려한 동작을 보고 멋있어 보여서...

Favorite Hip-hop musicians?

제임스 브라운(James Joseph Brown Jr.)

Hobbies?

영화 보기 & 만화책 보기

Me...in 10 Years?

지금 공연하고 있는 '마리오네트' 보다 더 멋진 공연을 기획하는 연출가...ㅋㅋ

Favorite Move?

헤드 스핀 - 기본적으로 머리를 바닥에 대고 물구나무서기를 한 다음 상체를 고정시켜 하체를 좌우로 천천히 돌리는 연습을 한다. 다음으로 좌(우)측 다리를 우(좌)측으로 돌려 주고 상체는 다리보다 빠르게 돌려 바닥을 잡아 준다. 이러한 과정을 반복하면서 원심력을 이용해 모양을 잡아 주면 된다.

Where can we meet you?

www.cyworld.com/bboyjay

## what's goin' down?
### what are we doing tonight?

오늘 밤에 우리 뭐 하지?

HOMIE 1: What's goin' down?
HOMIE 2: Just chillin' at the crib.
호미1: 우리 오늘 밤에 뭐 하지?
호미2: 그냥 집에서 쉴 거야.

## whip
### nice car

멋진 차
[명사]

HOMIE 1: Check out that tight whip!
HOMIE 2: Looks like James Bond.
호미1: 저 멋진 차 좀 봐!
호미2: 제임스 본드 같아.

STANDARD ENGLISH
whip
n. 채찍, 매, 도르래.

## whipped
### obedient and submissive to one's girlfriend

여자 친구에게 순종하고 고분고분한
[형용사]

HOMIE 1: You are so whipped, it's sad.
HOMIE 2: Who m-m-m-me?
호미1: 너는 여자 친구에게 꼼짝 못하는구나. 가엾게도.
호미2: 누구, 나?

STANDARD ENGLISH
whipped
adj. 채찍질을 당한, 거품이 일게 한, 녹초가 된.

# 헤드 스핀

## true that

**that is true**

사실이야, 진짜야

HOMIE 1: This movie is da bomb!
HOMIE 2: True that.
호미1: 이 영화 진짜 괜찮다!
호미2: 정말 그래.

STANDARD ENGLISH
true
adj. 참된, 진짜의, 진실의, 성실한.

## What up?

**Hello, how are you?**

안녕, 요즘 어떻게 지내?

HOMIE 1: What up dawg?
HOMIE 2: Studying at the library.
호미1: 요즘 어떻게 지내, 친구?
호미2: 도서관에서 공부하고 있어.

일상생활에서도 많이 쓰이며 원래는 "무슨 일이냐?"의 의미이지만 "안녕" 정도의 인사말로 흔히 쓰인다.

## wack

**awful, cheap, stupid**

형편없는, 싸구려의, 멍청한 [형용사]

HOMIE 1: This class is wack!
HOMIE 2: Yea, I'm learning nothing.
호미1: 이 수업은 형편없어.
호미2: 그래. 아무것도 배운 게 없어.

# 성욱경

# Bboy Bogus

**Your Hometown?** Busan

**Dance Experience?** 9 years

**Why did you become a b-boy?**

중학교 때 영턱스 클럽이라는 댄스 팀의 나이키 동작을 보고 춤에 대해 매력을 느껴 춤을 시작하게 되었다.

**Favorite Hip-hop musicians?**

Zap and Roger, P.Diddy, Nate dogg, Slick dogg

**Hobbies?**

음악 듣기, 자료 보기, 클럽 가서 놀기

**Me...in 10 Years?**

정확히 모르겠지만 지금 현재로선 10년 후에도 B-boy일 것이다.

**Favorite Move?**

쉐이킹 - 솔직히 힙합 안에 들어 있는 한 장르라는 사실 외에는 자세히 아는 게 없다. 말 그대로 쉐이킹은 흔드는 것인데 옆구리를 접는 듯한 느낌으로 손목과 어깨, 골반으로 모든 동작의 포인트를 잡는다. 밸런스는 항상 명치에 고정시켜 두고 기본 동작을 연습할 때에는 마치 팽귄 같은 동작으로 연습을 한다. 그리고 처음부터 무리하게 흔들게 되면 복근이 엄청나게 아프다. 밥 먹고 바로 달리기를 했을 때 옆구리가 아픈 통증이라고나 할까….

한국 힙합 씬에서 쉐이커들은 찾아보기 힘들다. 프리스타일 힙합이라는 장르의 한 요소가 됐을 뿐이다. 하지만 흑인들은 크럼핑과 같이 쉐이킹 하나만으로 배틀도 하고 프리스타일을 한다. 이런 점들을 보면 아직 한국의 스탠딩 댄스는 우물 안 개구리 수준인 것 같다. 한국 사람들은 워낙 파워풀하고 화려하면서 멋있는 걸 좋아해서 비보이나 팝핀 댄서들은 많은 반면 , 힙합 댄서들이나 하우스 댄서들은 비보이의 반 정도 밖에 안 되는 것 같다. 그래서 한국이 비보이로 유명한 것이 아닌가 싶다.

**Where can we meet you?**

www.cyworld.com/swk1

## trip out

**react with extreme distress**

애태우다
[동사]

HOMIE 1: Why were you trippin' out?
HOMIE 2: I thought I lost my keys.
호미1: 왜 그렇게 애태웠니?
호미2: 열쇠를 잃어버린 줄 알았어.

STANDARD ENGLISH
trip out
v. (회로가) 끊어지다, (기계가) 멈추다.

## trippin'

**kidding, being crazy**

농담하는, 제정신이 아닌
[동사]

HOMIE 1: Yo, dawg, You are trippin'.
HOMIE 2: I can't believe my boo is gone.
호미1: 너는 제정신이 아니구나.
호미2: 여자 친구가 날 떠났다는 게 믿기지 않아.

STANDARD ENGLISH
trippin'
adj. 경쾌하고 빠른, 척척 되어 가는, 유창한, 발이 걸려 넘어지는.

# 쉐이킹

## tight
### cool, high quality

멋진, 고품질의
[형용사]

HOMIE 1: That's a tight stereo.
HOMIE 2: The walls are shaking.
호미1: 고품질 스테레오구나.
호미2: 벽이 흔들릴 정도야.

STANDARD ENGLISH
tight
adj. 단단한, 팽팽하게 당겨진.

## trife
### trouble, from trifling

문제, 근심거리
(사소한 것에서 기인한)
[명사]

HOMIE 1: My life is filled with trife.
HOMIE 2: Can I help?
호미1: 내 인생은 근심들로 가득해.
호미2: 도와줄까?

## trill
### true+real

진실의+진짜의
[형용사]

HOMIE 1: Keep in trill.
HOMIE 2: Always do.
호미1: 자신에게 솔직해라.
호미2: 항상 그렇게 해.

STANDARD ENGLISH
trill
v. (목소리, 노랫소리 따위가) 떨리다.
n. 떨리는 목소리.

# 프리즈

## stunting

**someone who is pretending to be something they are not; posing**

자신이 아닌 다른 것인 체하는 사람, 꾸미는 것
[명사]

HOMIE 1: You are stuntin'. You need to get real.
HOMIE 2: I'm not stuntin' dawg. This is me...
호미1: 너는 연극을 하고 있어. 좀 솔직해져 봐.
호미2: 연극이 아니야. 이게 바로 나라고.

STANDARD ENGLISH
stunt
v. ~의 성장을 방해하다, 곡예를 하다.
n. 스턴트, (자동차나 오토바이의) 곡예 운전.

## sweet

**cool, fresh**

멋진, 신선한
[형용사]

HOMIE 1: I got tickets to the game.
HOMIE 2: Sweet!
호미1: 게임 티켓이 있어.
호미2: 좋겠다!

STANDARD ENGLISH
sweet
adj. 달콤한, 맛있는, 향기로운.

## take a dump

**to defecate**

배변하다
[동사]

HOMIE 1: Where is the bathroom?
HOMIE 2: Why? You need to take a dump?
호미1: 화장실이 어디야?
호미2: 왜? '볼일' 보려고?

STANDARD ENGLISH
dump
n. 쓰레기 더미, 쓰레기 하치장.
v. (쓰레기 따위를) 버리다, ~을 털썩 내려놓다.

# 김민수

B-boy Snipes

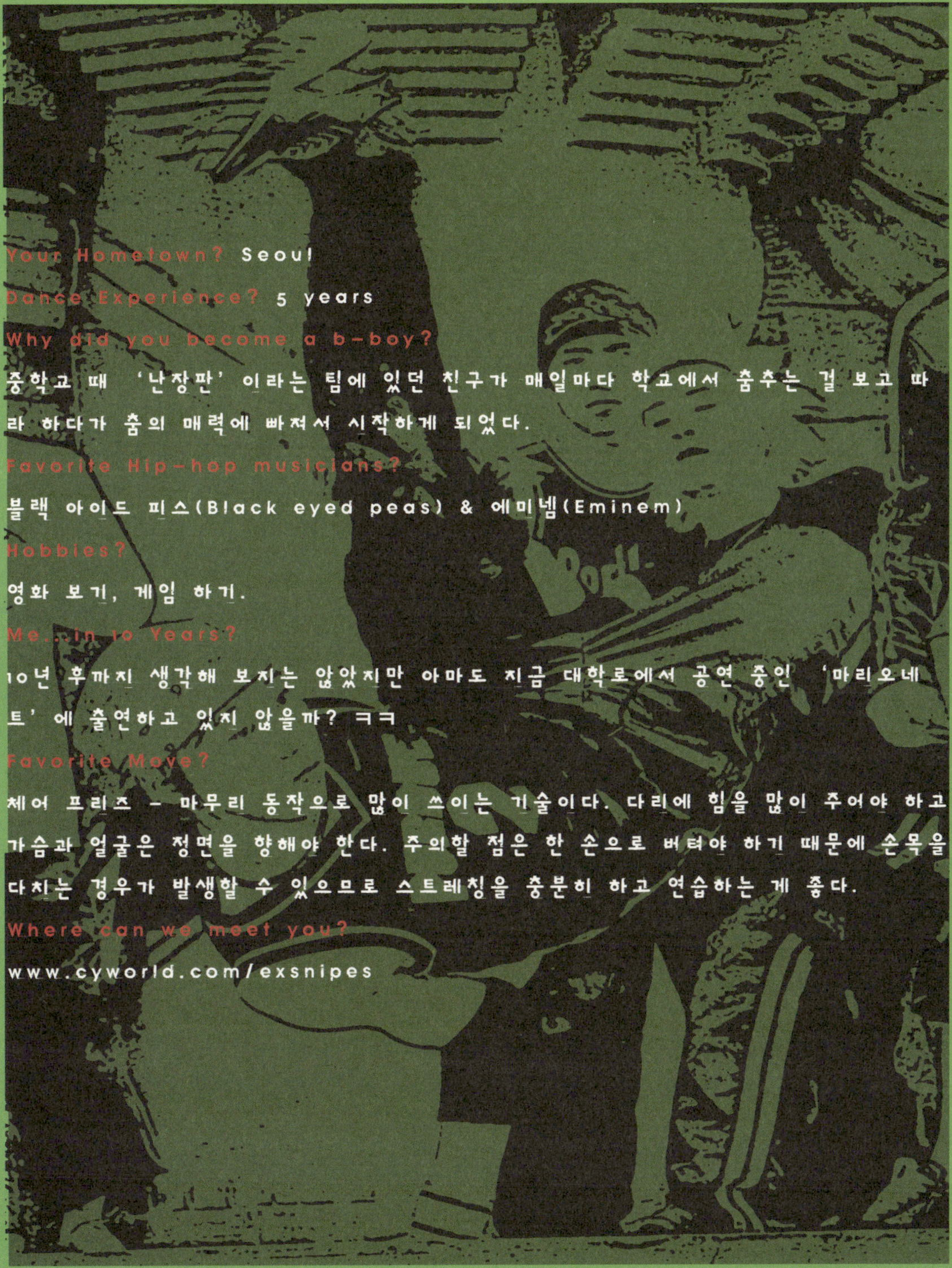

Your Hometown? Seoul

Dance Experience? 5 years

Why did you become a b-boy?

중학교 때 '난장판' 이라는 팀에 있던 친구가 매일마다 학교에서 춤추는 걸 보고 따라 하다가 춤의 매력에 빠져서 시작하게 되었다.

Favorite Hip-hop musicians?

블랙 아이드 피스(Black eyed peas) & 에미넴(Eminem)

Hobbies?

영화 보기, 게임 하기.

Me...in 10 Years?

10년 후까지 생각해 보지는 않았지만 아마도 지금 대학로에서 공연 중인 '마리오네트' 에 출연하고 있지 않을까? ㅋㅋ

Favorite Move?

체어 프리즈 - 마무리 동작으로 많이 쓰이는 기술이다. 다리에 힘을 많이 주어야 하고 가슴과 얼굴은 정면을 향해야 한다. 주의할 점은 한 손으로 버텨야 하기 때문에 손목을 다치는 경우가 발생할 수 있으므로 스트레칭을 충분히 하고 연습하는 게 좋다.

Where can we meet you?

www.cyworld.com/exsnipes

## step off
### back away from confrontation

대결에서 물러나다
[명사]

HOMIE 1: You better STEP OFF before I hurt you.
HOMIE 2: Bring it.
호미1: 내가 너를 해치기 전에 물러나는 편이 좋을 걸.
호미2: 덤벼 봐.

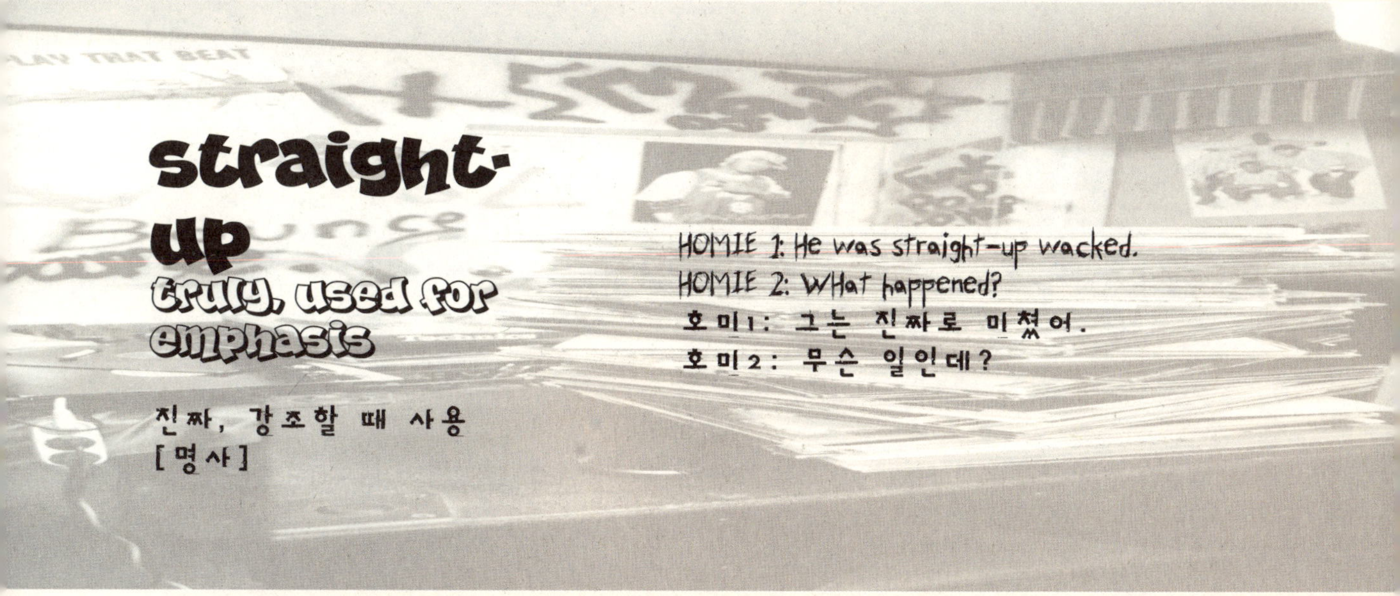


## straight-up
### truly, used for emphasis

진짜, 강조할 때 사용
[명사]

HOMIE 1: He was straight-up wacked.
HOMIE 2: What happened?
호미1: 그는 진짜로 미쳤어.
호미2: 무슨 일인데?

## straight
### fine, okay

좋아, 괜찮아
[형용사]

HOMIE 1: You want something to drink?
HOMIE 2: No, I'm straight.
호미1: 뭐 좀 마실래?
호미2: 아니. 괜찮아.

STANDARD ENGLISH
straight
adj. 곧은, 수직의, 솔직한.

# 체어

## sell out
### compromising principles

(금전적 이득을 위해) 타협 또는 원칙을 양보하는 것
[명사]

HOMIE 1: He is a total sell out.
HOMIE 2: Yeah, I hear he's working for a corporation.
호미1: 그는 세상과 완전히 타협해 버렸어.
호미2: 그래, 기업에서 일한다면서.

STANDARD ENGLISH
sell out
다 팔아 치우다, 처분(정리)하다, 배반하다.

## shorty
### girl, woman

소녀, 여자
[명사]

HOMIE 1: Where is your shorty?
HOMIE 2: She's getting her hair done at the salon.
호미1: 네 여자 친구는?
호미2: 미용실에서 머리 손질을 하고 있어.

STANDARD ENGLISH
shorty
n. 키 작은 사람, 꼬마, 단편 영화, 기장이 짧은 옷.

## spit
### rap

랩 하다
[동사]

HOMIE 1: Spit a rhyme for us!
HOMIE 2: "In four seconds, a teacher will begin speak..."
호미1: 우리를 위해 라임을 넣어 랩을 한번 해 줘.
호미2: "In four seconds, a teacher will begin speak..."

STANDARD ENGLISH
spit
v. 침 뱉다, 증오하다.

# 백선욱

## BBOY Kandol

**Your Hometown?** Seoul

**Dance Experience?** 5 years (중학교 3학년 때부터 했는데 중간에 팔을 다쳐서 1년 반 정도 쉬었다.)

**Why did you become a b-boy?**

TV에서 우연히 브레이크 댄스를 보았다. 그 춤을 보고 멋있기도 하고 신기하기도 해서 조금씩 따라 하다가 지금 여기까지 오게 되었다.

**Favorite Hip-hop musicians?**

Babe Ruth (노래 중 The Mexican이란 노래가 있는데 이 노래 때문에 Babe Ruth 뮤지션을 좋아한다.)

**Hobbies?**

영화 보기, 게임 하기.

**Me...in 10 Years?**

열심히 해서 비보이들에게 존경 받는 댄서가 되고 싶다.

**Favorite Move?**

엘보 프리즈 - 손을 대지 않고 오로지 팔꿈치로만 잡는 프리즈라서 다칠 위험이 많다. 주의할 점은 중심을 알고 해야 한다는 것이다. 감을 잡지 못한 상태에서 무리하게 하다 보면 어깨를 다치기 쉽다. 급한 마음보다는 천천히 연습하는 게 가장 빨리 프리즈를 하는 방법이다.

**Where can we meet you?**

www.cyworld.com/bboykandol

## sagging
### style where pants are worn below the waist

허리 아래로 바지를 내려 입는 스타일

HOMIE 1: My pants are sagging low.
호미1: 바지가 흘러내려.

STANDARD ENGLISH
sag
v. 휘다, 늘어지다, 축 처지다.

## school
### to be defeated badly in a game or competition

싸움이나 경쟁에서 이기다
[동사]

HOMIE 1: I schooled him during the b ball game.
HOMIE 2: Yeah, he was takin' notes.
호미1: 농구에서 그 애를 완전히 이겼어.
호미2: 그래. 그 애가 한 수 배웠지.

STANDARD ENGLISH
school
n. 학교.
v. 교육하다, 가르치다, 단련하다.

## scrillah
### money

돈
[명사]

HOMIE 1: You got some scrillah?
HOMIE 2: No, dawg. I'm broke.
호미1: 돈 좀 있어?
호미2: 아니, 친구. 땡전 한 푼도 없어.

# 엘보

1.

2.

3.

4.

## raise the roof

**to get loud, get excited (accompanied with body action of raising both arms above the head, palms up)**

떠들썩하다, 흥분하다(머리 위로 양손을 들어 올리고 손바닥을 위로 향하는 몸짓을 수반하여)
[동사]

HOMIE 1: This party is dead.
HOMIE 2: Time to raise the roof!
호미1: 이 파티는 너무 재미없어.
호미2: 이제 분위기를 좀 띄우자!

STANDARD ENGLISH
raise
v. 들어 올리다, 일으키다, 상승시키다.
roof
n. 지붕, 옥상.

## real

**real, not posing or faking**

진짜의, 꾸미거나 가짜가 아닌
[형용사]

HOMIE 1: I'm as real as it gets.
HOMIE 2: keep it real.
호미1: 나는 있는 그대로야.
호미2: 자신에게 진실해 봐.

STANDARD ENGLISH
real
adj. 진실의, 정말의, 진짜의, 진품의.

## redneck

**person from a rural area**

시골 출신의 사람
[명사]

OMIE 1: This place is filled with rednecks.
HOMIE 2: Yea, your brothers and sisters.
호미1: 여기는 시골뜨기 천지야.
호미2: 그래, 다 니 남동생들이랑 여동생들이지.

# 사이드

# player

## 1. someone who manipulates things
## 2. someone who cheats on their partner

1. 물건을 잘 다루는 사람
2. 자신의 파트너를 속이고 바람 피우는 사람

[명사]

HOMIE 1: You are a total player.
HOMIE 2: What did I do?
호미1: 너는 진짜 바람둥이로군.
호미2: 내가 뭘 했는데?

STANDARD ENGLISH

player

n. 선수, 연주가, 배우.

# popes

## police

경찰

[명사]

HOMIE 1: The popes are coming!
HOMIE 2: Run for your life!
호미1: 경찰이 오고 있어!
호미2: 살고 싶으면 빨리 뛰어!

STANDARD ENGLISH

pope

n. 교황, 교주, 사제.

# punk

## coward

겁쟁이

[명사]

HOMIE 1: Quit being such a punk!
HOMIE 2: You talkin' to me?
호미1: 겁쟁이 짓 그만해!
호미2: 나한테 하는 말이야?

STANDARD ENGLISH

punk

n. 허튼 소리, 불쏘시개, 시시한 사람, 보잘 것 없는 것.

원 핸 드

SAYS GET YOUR SWAGGER
1.
YOUR SWAGGER
2.
WILL BE WITH
ALWAYS!
SWAGGER
3.
SAYS
4.

## pad
### home, place where you live

집, 사는 곳
[명사]

HOMIE 1: Come on over to my pad.
HOMIE 2: No, dawg. I got things to do.
호미1: 우리 집에 놀러 와.
호미2: 안 돼, 친구. 할 일이 있어.

STANDARD ENGLISH
pad
n. 어깨 패드, 심, 깔개.

## peace out
### good bye

안녕, 잘 가

HOMIE 1: Peace out, dawg.
HOMIE 2: Peace out!
호미1: 잘 가.
호미2: 너도.

STANDARD ENGLISH
peace out = peace
작별 시에 하는 인사말, "정신적으로 불구인 너희에게 내가 전하는 랩의 메세지는 이것이다"라는 의미로 랩의 마지막에 쓰는 어구.

## pig
### police officer

경찰관
[명사]

HOMIE 1: The pigs are all over the place.
HOMIE 2: What did you do?
호미1: 경찰이 쫙 깔렸어.
호미2: 무슨 짓 했니?

STANDARD ENGLISH
pig
n. 돼지.

T-Love
LEARN MORE ABOUT B-BOY WOOSUNG
AND THE EXPRESSION CREW AT
WWW.SWAGGERLOU.COM

## mad
### extremely, very large

매우, 아주 많이
[형용사]

HOMIE 1: He is makin' some mad money.
HOMIE 2: Can he hook us up with jobs?
호미1: 그는 돈을 정말 많이 벌어.
호미2: 직장으로 우릴 후릴 수 있겠어?

STANDARD ENGLISH
mad
adj. 미친, 발광한, 실성한.

## my bad
### I'm sorry

미안해

HOMIE 1: You stepped on my new sneakers!
HOMIE 2: My bad,
호미1: 니가 내 새 스니커즈 밟았어!
호미2: 미안해.

## off the hook
### ubelievable, outrageous

믿기 어려운, 훌륭한
[형용사]

HOMIE 1: This party is off the hook!
HOMIE 2: It's the bomb!
호미1: 이 파티 정말 근사한데!
호미2: 정말 끝내준다!

STANDARD ENGLISH
off the hook
곤란[의무]에서 해방되어,
(수화기가) 제자리에 안 놓여.

비보잉에 대해서 잘 배웠지?
계속 연습하고 연구하다 보면
너희들도 훌륭한 비보이가 될
수 있다. 전문 비보이는 아
니더라도 춤으로 스트레스
를 풀며 힙합 문화에 참여
할 수 있지.
이제 힙합의 또 다
른 요소, 그래피티
(graffiti)에
대해서 배워 볼까? 한국에
서 제일 잘하는 그래피티 아티
스트한테 배울 수 있으니 정말 행
운이다!
힙합 핵폭탄을 만들기 위한 노
력을 멈추지 말고 계속
앞으로 전진하자!

## lamp
### 1. hang out next to a streetlamp 2. relax while others panic

1. 가로등 옆에서 서성거리다
2. 다른 사람들이 겁에 질려 있는 동안 자신은 느긋하게 있다
[동사]

HOMIE 1: I'm on the street, lampin'.
HOMIE 2: Watch out for dogs.
호미1: 길거리야, 가로등 옆에서 서성거리고 있어.
호미2: 개 조심해.

STANDARD ENGLISH
lamp
n. 램프, 등불.
v. 비추다, 반짝이다.

## lock it down
### keep dancing like that

그런 식으로 계속 춤을 춰

HOMIE 1: Turn up the music and lock it down.
호미1: 음악 볼륨을 높이고 그런 식으로 계속 춤을 춰 봐.

## mack on
### attempt to attract another person, hit on

다른 사람의 마음을 끌려고 하다, 구애하다
[동사]

HOMIE 1: He was mackin' on my girlfriend!
HOMIE 2: What are you goin' to do about it?
호미1: 그는 내 여자 친구를 꼬시고 있었어.
호미2: 그래서 어떻게 할 거니?

STANDARD ENGLISH
mack
v. 해치우다, 이기다, 구애하다.

그래피티 핵폭탄

## knocked up
### to get pregnant

임신하다
[동사]

HOMIE 1: I heard your wife is knocked up. Congrats!
HOMIE 2: Thanks, dawg. I can't wait to be a dad.
호미1: 네 마누라 임신했다며. 축하해!
호미2: 고마워. 빨리 아빠가 되고 싶어 죽겠어.

STANDARD ENGLISH
knock up
v. (팔 따위를) 쳐올리다, 다치게 하다, 귀찮게 하다, 흠집을 내다.

## knuckle up
### prepare to fight by raising fists

주먹을 들어 올려 싸울 준비를 하다
[동사]

HOMIE 1: You better knuckle up, dawg.
HOMIE 2: You don't want to start something you can't finish.
호미1: 싸울 태세를 갖추는 게 좋을 걸.
호미2: 흥, 끝장 볼 자신이 없으면 시작하지 않는 편이 좋을 걸.

STANDARD ENGLISH
knuckle
n. 손가락 관절.
v. 손가락 마디로 치다.

## kooky
### strange, out of the ordinary

이상한, 평범하지 않은
[형용사]

HOMIE 1: Those are some kooky shoes.
HOMIE 2: I found them in the trash can.
호미1: 좀 특이한 신발이구나.
호미2: 쓰레기통에서 건졌어.

STANDARD ENGLISH
kooky
adj. 괴짜의, 멍청한, 미친.

# BOMBING SCIENCE

## jump the broom
### get married

결혼하다
[동사]

HOMIE 1: It's too early for you to jump the broom.
HOMIE 2: But I love her.
호미1: 네 나이에 결혼하는 건 너무 일러.
호미2: 하지만 난 그 여자를 사랑하는 걸.

STANDARD ENGLISH
jump
v. 뛰어오르다, 급등하다.
broom
n. (청소용) 자루가 긴 브러시.

## keep it real
### staying true to yourself; not being fake

자신에게 진실하다,
외식하지 않는다
[동사]

HOMIE 1: I loved your new song.
HOMIE 2: Just keepin' it real.
호미1: 나는 네 새 노래를 좋아했어.
호미2: 진심을 담았지.

STANDARD ENGLISH
keep
v. (상태, 동작)을 유지하다, 계속하다.
real
n. 진실, 진짜.

## kickin'
### appealing

매력적인
[형용사]

HOMIE 1: This drumset is kickin'!
HOMIE 2: Bang it for me.
호미1: 이 드럼 세트 참 근사한데!
호미2: 날 위해서 좀 쳐 봐.

STANDARD ENGLISH
kickin'
adj. 최고의, 뛰어난.

TAGIL 2
THIS IS KOREAN GRAFFITI
- NIKE 1LOVE Urban Party 그래피티
- 가수 '비' 의상 커스텀 그래피티
- R16 비보이 마스터즈 대회 그래피티 아티스트로 선정
- 부산 '비보이를 사랑하는 발레리나' We Love Graffiti 프로젝트
- 김장훈 콘서트 무대 그래피티
- 자우림 콘서트 무대 그래피티
- SBS 인기가요 '드렁큰 타이거' 무대 그래피티
- 서울 코엑스 그래피티 대회 심사위원
www.tsxcrew.com

## in full effect

**present and taking place**

존재하는,
일어나고 있는
[부사]

HOMIE 1: Korean rap is in full effect.
HOMIE 2: Word.
호미1: 한국 랩은 살아 있어.
호미2: 맞아.

STANDARD ENGLISH
full
adj. 가득 찬, 충만한.
effect
n. 영향, 효과, 효력.

## in the house

**present, here**

(~에) 존재함,
여기 있음
[명사]

HOMIE 1: All the fly rappers are in the house.
HOMIE 2: Say yo!
호미1: 실력 있는 랩퍼들이 여기에 다 있네.
호미2: Say yo!

STANDARD ENGLISH
in the house
집 안에.

## jet

**to leave or vacate**

떠나다 또는
(자리)를 비우다
[동사]

HOMIE 1: I gotta jet!
HOMIE 2: Later, dawg.
호미1: 난 사라질게.
호미2: 나중에 봐, 친구.

STANDARD ENGLISH
jet
n. 분출, 분사, 제트기.

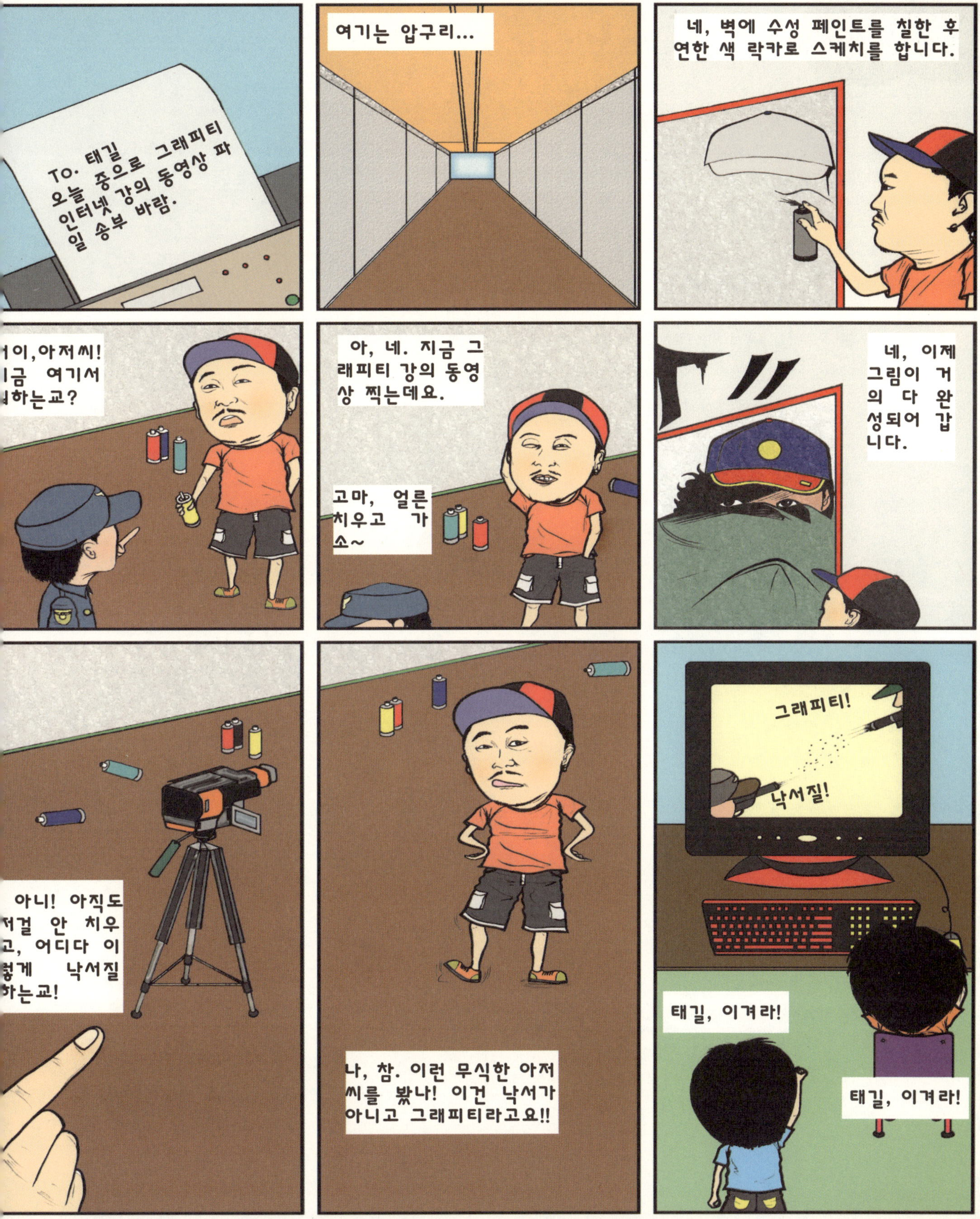

To. 태길
오늘 중으로 그래피티 인터넷 강의 동영상 파일 송부 바람.
여기는 압구리…
네, 벽에 수성 페인트를 칠한 후 연한 색 락카로 스케치를 합니다.
이,아저씨! 금 여기서 하는교?
아, 네. 지금 그래피티 강의 동영상 찍는데요.
고마, 얼른 치우고 가소~
네, 이제 그림이 거의 다 완성되어 갑니다.
아니! 아직도 걸 안 치우고, 어디다 이 게 낙서질 하는교!
나, 참. 이런 무식한 아저씨를 봤나! 이건 낙서가 아니고 그래피티라고요!!
그래피티!
낙서질!
태길, 이겨라!
태길, 이겨라!

## hurl
### vomit

토하다
[동사]

HOMIE 1: Dawg, I think I have to hurl.
HOMIE 2: NOT IN MY LAP...
호미1: 윽, 토해야겠어.
호미2: 내 무릎엔 안 돼.

STANDARD ENGLISH
hurl
v. ~을 세게 던지다, (욕 따위를) 퍼붓다, 돌진하다.

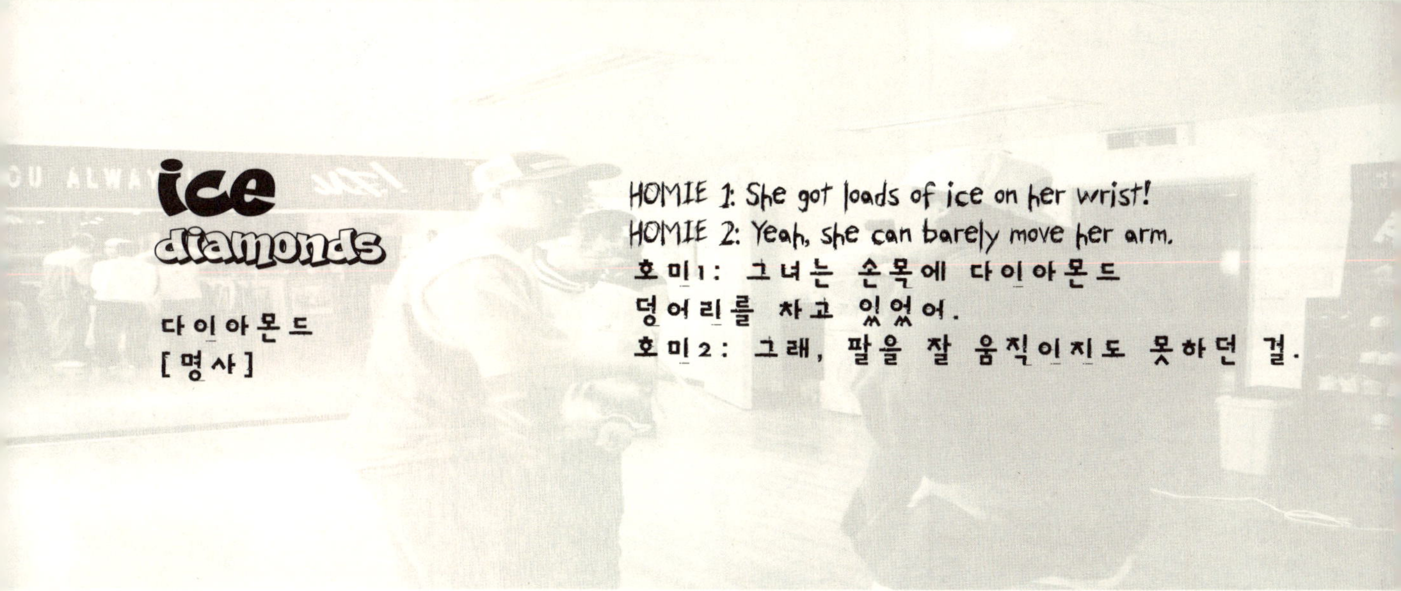

## ice
### diamonds

다이아몬드
[명사]

HOMIE 1: She got loads of ice on her wrist!
HOMIE 2: Yeah, she can barely move her arm.
호미1: 그녀는 손목에 다이아몬드 덩어리를 차고 있었어.
호미2: 그래, 팔을 잘 움직이지도 못하던 걸.

## ill
### 1. cool
### 2. crazy, rowdy

1. 멋진
2. 미친, 난폭한
[형용사]

HOMIE 1: I can't believe you did that. That's ill!
HOMIE 2: I know. I know.
호미1: 나는 네가 그 짓을 했다는 걸 믿을 수 없어. 정말 황당하군.
호미2: 알아. 나도 알아.

STANDARD ENGLISH
ill
adj. 병든, 건강이 나쁜, 편찮은.

'그래피티' 의 역사는 길다. 인간은 제대로 말을 하기도 전에 동굴 벽에 그림을 그리고 낙서를 했다. '그래피티' 라는 말은 이탈리아 폼페이에서 처음으로 생겨났다. 할 일 없는 동네 꼬마들과 백수들은 벽에 낙서를 하고 가끔 음란한 글이나 그림을 그렸다. 오랜 옛날부터 인간은 그래피티를 도구 삼아 저항, 사랑, 미움 등의 메세지를 전달해 왔다. 오늘날에도 화장실이나 공공 장소의 벽을 보면 "누구누구 왔다 간다" 며 이름을 남긴 경우가 많다. 여기에서 보편적인 진리를 찾아볼 수 있다. 즉, 인간은 자기 흔적을 남기고 싶어 한다는 것이다. 그래서인지 그래피티 화가는 항상 자기 이름(tag)을 남긴다.

그래피티는 단순한 글이나 그림이 아니고, 그 자체가 일종의 반란으로 볼 수 있다. 내부와 외부를 분리시키는 벽이라는 공간은 아무 주인이 없으며 그 벽에 그려진 그림은 모든 사람들이 관람할 수 있는 권리가 있다는 것이다. 이는 사회, 정부, 법과 질서와 관련해 민감한 논란을 불러일으킬 수 있는 반란이라고 할 수 있다. 그리고 그래피티는 무엇보다 인간의 조건에 대한 예민한 통찰을 보여 주고, 다른 매체에

# hood
## neighborhood

동네
[명사]

HOMIE 1: I hung out with friends from the old hood.
HOMIE 2: They recognize you?
호미1: 나는 옛날 동네 친구들과 놀았어.
호미2: 너를 알아보든?

STANDARD ENGLISH
hood
n. 두건, 두건 모양의 물건, 커버.

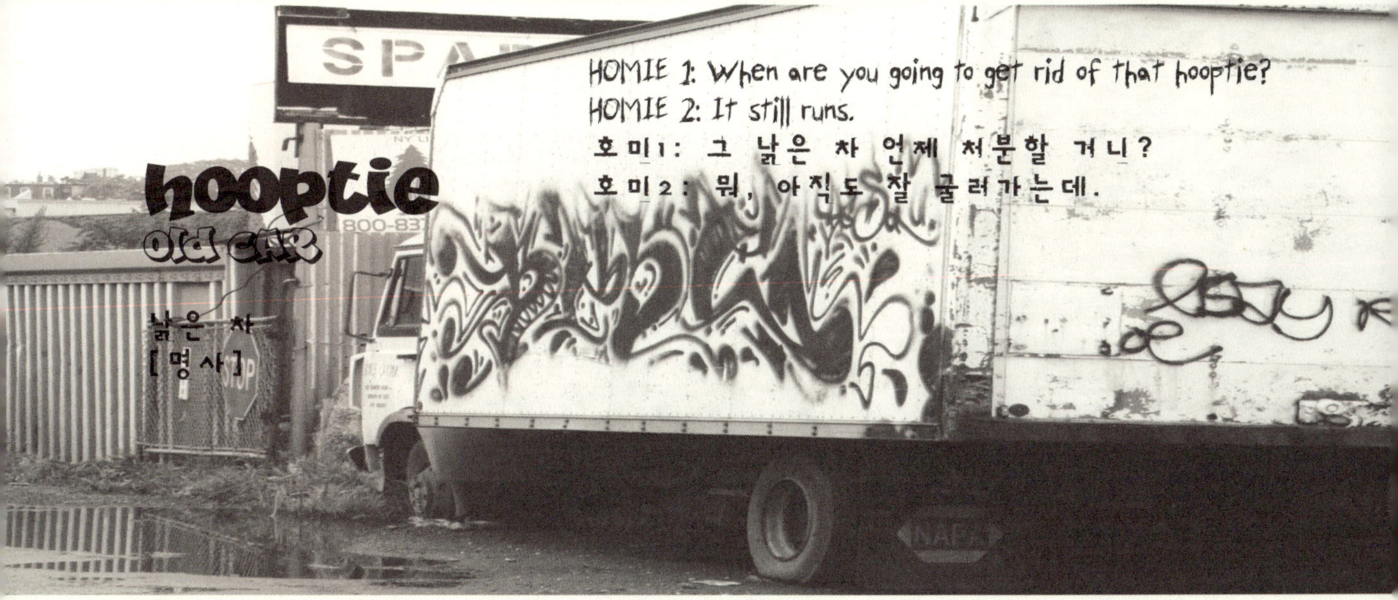

# hooptie
## old car

낡은 차
[명사]

HOMIE 1: When are you going to get rid of that hooptie?
HOMIE 2: It still runs.
호미1: 그 낡은 차 언제 처분할 거니?
호미2: 뭐, 아직도 잘 굴러가는데.

# hottie
## very attractive male or female

매우 매력적인 남자
또는 여자
[명사]

HOMIE 1: There are so many hotties here!
HOMIE 2: Where? Where? Are you blind!
호미1: 여기엔 정말 매력적인
사람들이 많구나!
호미2: 어디? 어디? 너 눈 삐었구나!

서는 잘 접할 수 없는 인간의 희로애락을 명백하게 드러내 준다. 해가 갈수록 이러한 철학적 이유를 더욱 실감하게 되지만 그러나 무엇보다도 내가 그래피티를 하는 가장 큰 이유는 내가 좋아하는 일이기 때문이다. 모든 것이 그렇듯이, 처음에는 단순히 좋아해서 시작했다가 점점 발전해서 내 것이 되고 변형을 가해 새로운 창조를 하게 되는 것이다.

기억을 더듬어 보면 나 또한 어른들 몰래 동네 외진 벽에 낙서를 한 적이 있었다. 초등학교 시절엔 교통사고를 당해 6개월간 병원에서 먹고 자면서 만화책에 있는 그림을 모조리 따라 그리기도 했다. 공부엔 흥미가 없었지만 미술 시간만은 항상 즐거웠다. 내가 어렸을 때는 '요술 공주 밍키' 라는 만화가 인기가 있었는데 나는 그 밍키 캐릭터를 기가 막히게 잘 그렸다. 미술 시간이면 여자 아이들이 내 주위로 몰려들어 너도나도 밍키를 그려 달라고 아우성이었다. 고등학생이 되어서도 선물을 포장해 달라거나 연애편지를 꾸며 달라는 요청이 쇄도했다. 하지만 어디까지나 취미로 생각했지 화가가 되어야겠다거나 하는 생각은 없었다. 그래피티에 있어서도 마찬가지였다.

내가 처음 그래피티를 시작한 것은 20살 경이었다. 태어나고 자란 곳이 이태원이어서 외국인들이 하는 것을 보고 자연스럽게 그래피티를 접할 수 있었다. 당시 미대 지망생이었던 나는 외국인들이 그린 그래피티를 보고 나도 할 수 있겠다는 생각에 취미 생활로 그래피티를 시작했다. 그래피티에 특별한 관심이 있었던 것도 아니었고 사실은 그게 그래피티인 줄도 모르고 시작한 셈이었다. 그저 그래피티가 독특하고 예뻐서 디자인 작품 정도로 생각하고 자료로 모아 두곤 했을 뿐이었다. 그래피티로 밥벌이를 하게 될 줄은 꿈에도 몰랐지만, 내가 좋아하는 일을 하며 돈을 벌 수 있기에 많은 사람들이 목구멍이 포도청이라 어쩔 수 없이 직장 생활을 계속해 나가는 것에 비하면 나는 참 행운아인 것이다.

처음에는 잡지 뒤편에 실려 있던 그래피티 한 컷, 수입 CD 내지의 그래피티를 모방하면서 연습을 시작했다. 그때만 해도 그래피티를 아는 사람도 별로 없었고 책이나 자료가 있었던 것도 아니어서 혼자서 할 수밖에 없었다. 스프레이 페인트 뿌리는 방법도 집 근처의 폐가에 가서 문에 뿌려 보고 마루에 뿌려 보면서 터득해 나갔다. 그러다가 외국의 그래피티 팀인 맥 크루(MAC Crew)의 웹 사이트를 접하게 된다. 혼자서 주먹구구식으로 그래피티를 연습하던 나에게 맥 크루의 방대한 스케일, 섬세한 표현력, 다채로운 색감은 큰 충격이었다. 맥 크루의 작품을 통해 나는 더 넓은 세상에 눈을 뜨게 된다.

그래피티는 스프레이로 벽에 그림을 그리는 것이어서 작업에 제약이 많은 편이다. 특히 겨울이면 추운 날씨에 락카가 얼어 작업에 애로가 많다. 또 차가 없다면 재료를 현장까지 옮겨야 하는 것도 문제가 된다. 나는 처음 그래피티를 시작하고 몇 년 동안은 택시비를 아끼려 지하철을 타고 다녔다. 100통이나 되는 락카를 큰 가방에 넣어 등에 지고서 말이다. 사람들은 내가 장사꾼이라도 되는 줄 알고 이상하게 쳐다보았지만 나는 남의 시선 같은 건 개의치 않았다. 몇 천 원, 몇 백 원을 아끼려 락카도 직접 을지로 자재상까지 가서 구입했다. 게다가 마음 놓고 그래피티를 그릴 수 있는 장소가 많은 것도 아니어서 압구

## hick

**person from a rural area**

시골 출신의 사람
[명사]

HOMIE 1: He was a total hick.
HOMIE 2: He is from the country.
호미1: 그는 완전 시골뜨기였어.
호미2: 시골에서 왔으니까.

STANDARD ENGLISH
hick
n. 순진한 사람, 촌놈, 시골뜨기.

## homeboy

**someone from the same neighborhood**

같은 동네 출신의 사람
(동향인)
[명사]

HOMIE 1: Yo, homeboy, what is up?
HOMIE 2: Nothing much homie.
호미1: 어이, 동네 친구, 요즘 어때?
호미2: 별일 없어, 친구.

STANDARD ENGLISH
home
n. 집, 생가, 자택.
boy
n. 소년.

## homie

**friend, buddy**

친구
[명사]

HOMIE 1: What's up homie?
HOMIE 2: Nothing much.
호미1: 요즘 어때, 친구야?
호미2: 뭐, 그저 그래.

리(압구정 굴다리)에서 그래피티 강의를 위해 방송 촬영을 하며 경찰 아저씨와 시비가 붙은 적도 있었다.

그래피티가 예전보다는 많이 알려졌지만 아직 대다수의 사람들은 그래피티가 뭔지 잘 모르는 것 같다. 결혼 초창기일 때만 해도 무슨 일을 하느냐라는 주변 어른들의 질문에 답하는 일이 정말 곤혹스러웠다. 그래피티라고 대답하면 그게 뭐냐고 다시 되물으시기 일쑤였고 일일이 뭔지 설명해 드리고 나서 돌아오는 대답은 그러면 그게 생활이 되느냐였다. 나중에는 그냥 인테리어를 한다고 대충 얼버무려 버렸다. 유치원에 간 아이들 역시 곤란하기는 마찬가지였다. 아버지가 뭐 하시느냐는 질문에 씩씩하게 그래피티라고 대답했건만 선생님은 아이들이 무슨 말을 하는지 도통 알아들을 수가 없었던 것이었다. 재미있는 것은 그래피티가 뭔지 묻는 선생님의 질문에 아이들은 선생님은 그것도 모르냐면서 되레 큰소리를 쳤다는 것이다.

그래도 내가 생각하기에 여태껏 내가 그래피티를 하며 거둔 가장 큰 성공은 내가 하는 일에 대해 가족들에게 인정을 받은 것이다. 한번은 네 살 된 딸아이가 베란다의 서리 낀 유리창 앞에 서서 뭔가를 열심히 하고 있길래 뭘 하고 있느냐고 물었더니 대답인즉슨 그래피티를 한다는 것이었다. 당시 나는 인터넷 방송을 하고 있어서 방송이 끝나면 항상 집에서 모니터링을 하곤 했다. TV 화면에 아빠가 나오는 것을 신기해하는 딸아이들에게 그래피티 하는 것이라고 가르쳐 주었더니 자기도 따라 하는 것이었다. 그런데 문제는 그 후

## gurp

**farting in water**

물에서 방귀 뀌기
[명사]

HOMIE 1: My hobby is making gurps in the bathtub.
HOMIE 2: Dawg, you need to get out more.
호미1: 내 취미는 욕조에서 방귀 뀌는 거야.
호미2: 너는 외출을 더 자주 해야겠군, 친구.
(집에서 그런 쓸데없는 일을 하지 말고
다른 유익한 일을 해 보라는 뜻)

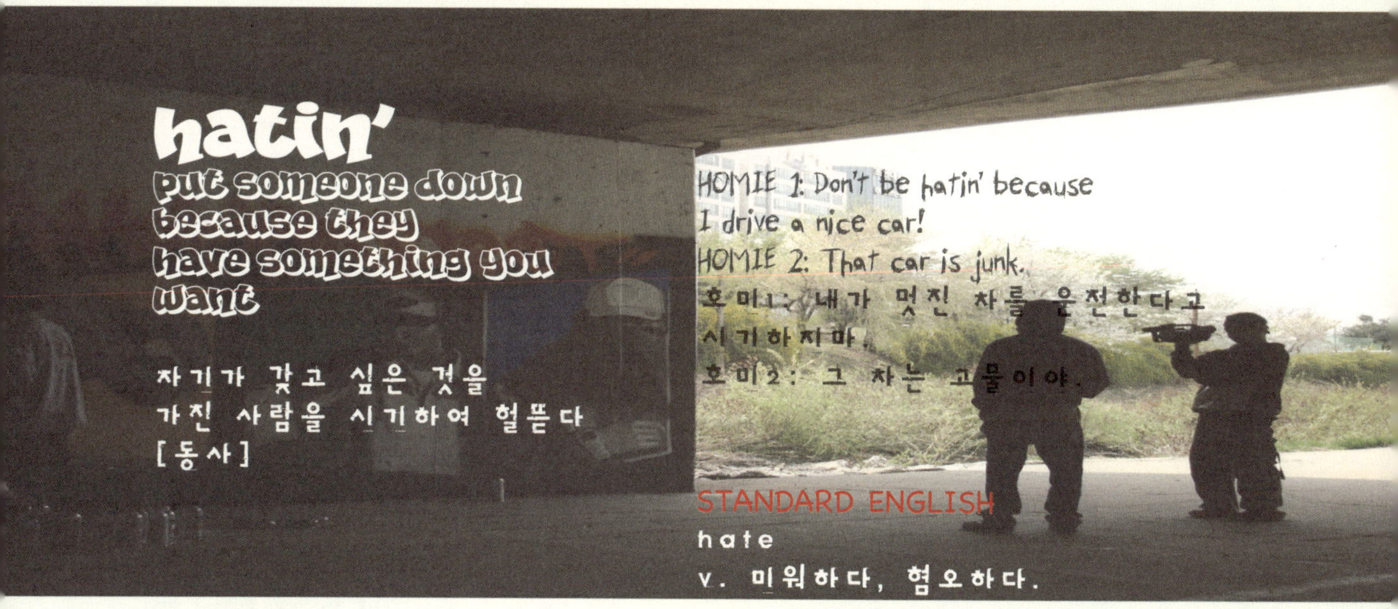

## hatin'

**put someone down because they have something you want**

자기가 갖고 싶은 것을
가진 사람을 시기하여 헐뜯다
[동사]

HOMIE 1: Don't be hatin' because
I drive a nice car!
HOMIE 2: That car is junk.
호미1: 내가 멋진 차를 운전한다고
시기하지마.
호미2: 그 차는 고물이야.

STANDARD ENGLISH
hate
v. 미워하다, 혐오하다.

## heat

**police, law enforcement**

경찰, 법의 집행
[명사]

HOMIE 1: The heat's after you. What did you do?
HOMIE 2: Nothing, dawg. Honestly.
호미1: 네 뒤에 경찰이 쫓아오고 있어.
너 무슨 짓 했니?
호미2: 아무것도. 정말이야.

STANDARD ENGLISH
heat
n. 열, 뜨거움.
v. 따스해지다, 흥분하다.

로 길거리를 지나가다 태그한 게 보이면 전부 내가 한 줄 알았다는 것이었다. 우리 어머니는 그래피티가 뭔지는 잘 모르시지만 지갑에 내 그래피티 작품 사진을 넣고 다니시면서 친구 분들에게 당신 아들이 한 그래피티라며 자랑을 하시곤 한다.

그래피티는 여러 사람들과 부대끼며 그리는 그림이다. 커다란 벽 앞에서 같이 먹고 마시며 의견을 교환하며 그림을 완성해 나간다. 그림이 완성되면 완성물을 배경으로 카메라 앞에서 멋있게 포즈도 취한다. 수입도 얻지만 그림을 완성해 나가는 이 모든 과정과 이러한 과정을 통해서 여러 사람들과 친분도 쌓을 수 있다. 나에게 그래피티는 사람을 사귀는 방편이자 삶의 수단이며 대화의 통로이자 나의 생활 패턴이라 할 수 있다. 즉, 그래피티는 태길, 바로 나 자신인 것이다. 아버지께서 지어 주신 내 본명은 명일이지만 그래피티를 하며 만난 사람들은 전부 나를 태길이라고 부른다. 내 그림을 보고 좋은 일이 많이 있었으면 하는 바람에서 나는 내 이름을 클 '태' 에 길할 '길' 자를 써서 태길이라고 지었다.

지금은 고인이 되신 백남준 씨는 "예술가는 좀 게을러야 해. 그래야 이것저것 궁리할 시간이 많지" 라는 말을 남겼다. 그 말을 보며 나는 '그렇다면 나는 천생 예술가로구나' 라고 생각하며 웃었다. 물론 게으르다는 면만 봤을 경우에 해당하는 말이겠지만. 사실 나는 아직 나 자신을 예술가로 생각해 본 적은 없다. 자기 스스로 예술가를 자칭하는 것도 웃긴 일인 것 같다. 그저 자신이 좋아하는 일에 계속 노력을 기울이다 보면 자연히 실력도 늘고 다른 사람들에게 인정도 받게 될 거라 생각한다. 시간이 흘러 바람에 닳고 새들이 날아와 쪼아 대다 보면 언젠가는 자신이 드러날 거라 믿는다.

그래피티 아트는 주변 풍경에 변화를 주며 지나가는 사람들의 안목을 키워 준다. 때론 내가 벽에 그림을 그리고 있으면, 지나가는 사람들이 "뭐 해요?" 라고 물으며 궁금해 한다. 도대체 뭐 때문에 이런 걸 하느냐고 물으면 나는 그저 지나가는 시민들에게 즐거움을 주고 싶어서라고 말한다. 사람들이 신기한 눈빛으로 쳐다보다가 몇 시간 뒤에 다시 와서 완성된 작품을 보며 내뱉는 "멋있네요" 라는 말 한마디가 내겐 큰 보답이 된다. 비슷비슷한 색깔과 문자들의 덩어리인 네온 사인 아래 사는 사람들은 자기 도시임에도 불구하고 가끔은 손님 같은 느낌을 받는다. 자로 잰 듯 정확한 규격에 천편일률적인 디자인은 우리에게 편안함보다는 차갑고 낯선 느낌을 불러 일으키는 것이다. 그래피티 아트는 이러한 규격화된 공간에 다양한 색채로 생기를 불어넣어 주며 보다 인간적인 면모를 부각시켜 준다. 다양한 메세지를 전달하며 지나가는 사람들에게 이야깃거리를 제공해 준다. 건물 안이나 다리 밑, 벽에 남겨진 내 그림은 인간으로서 자신의 흔적을 남기고 싶은 은밀한 욕망의 표출일지도 모른다.

## go commando

**to not wear underwear**

속옷을 입지 않다
[동사]

HOMIE 1: I couldn't do laundry. I'm goin' commando.
HOMIE 2: Too much information, dawg.
호미1: 빨래를 못 해서 속옷을 안 입었어.
호미2: 별 걸 다 알려 주는군, 친구.

STANDARD ENGLISH
go
v. 가다, 견디다.
commando
n. 특전대, 특공대, 게릴라 부대 대원.

## good to go

**1. ready**
**2. on schedule, under control**

1. 준비된
2. 예정대로인, 계획대로 잘 진행되는
[형용사]

HOMIE 1: I think we're good to go.
HOMIE 2: Are you sure you're not forgettin' anything?
호미1: 준비가 다 된 것 같은데.
호미2: 진짜 뭐 잊은 것 없어?

STANDARD ENGLISH
good
adj. 좋은, 만족할 만한, 충분한.
go
v. 가다.

## government cheese

**welfare, government aid**

복지 제도, 정부의 복지 혜택
[명사]

HOMIE 1: You still on that government cheese?
HOMIE 2: So are you.
호미1: 너 아직도 정부에서 복지 혜택을 받니?
호미2: 너도 마찬가지잖아.

STANDARD ENGLISH
government
n. 정부.
cheese
n. 치즈.

Graffiti is more than spraying colors on a public surface. It is an expression of the human soul in its purest form... bogged down by the ubiquity of modern mass culture, the graffiti artists grabs a spray can and with each line attempts to dent the universe, the world order.

## gimp
**used as an insult; stupid, idiot**

욕으로 사용; 멍청이, 바보
[명사]

HOMIE 1: He is such a gimp!
HOMIE 2: He needs to get a clue.
호미1: 그는 진짜 바보 멍청이야.
호미2: 좀 자각해야 할 텐데.

## gnarly
**1. excellent, cool 2.describe something dangerous or painful**

1. 탁월한, 멋진
2. 위험하거나 고통스러운 어떤 것을 묘사할 때
[형용사]

HOMIE 1: That skateboard trick was gnarly.
HOMIE 2: Practised it all night.
호미1: 그 스케이트 보드 트릭 근사했어.
호미2: 밤새도록 연습했어.

## go bananas
**to go insane, freak out**

제정신이 아니다,
흥분하다
[동사]

HOMIE 1: She went bananas when I mentioned your name.
HOMIE 2: She likes me that much, huh?
호미1: 내가 네 이름을 말하자 그 여자 애가 정신을 못 차리더군.
호미2: 그 애가 나를 그렇게 좋아한단 말이지, 어?

STANDARD ENGLISH
go
v. 가다, ~을 견디다.
banana
n. 바나나.

HOW TO BOMB WITH THE TSX CREW
HOW TO GRAFFITI...

## Get a clue

**become aware, wake up**

깨닫다, 감 잡다

HOMIE 1: You need to get a clue, dawg.
HOMIE 2: I know what I'm doin'.
호미1: 감 좀 잡아, 친구.
호미2: 내가 뭘 하고 있는지 알고 있다고.

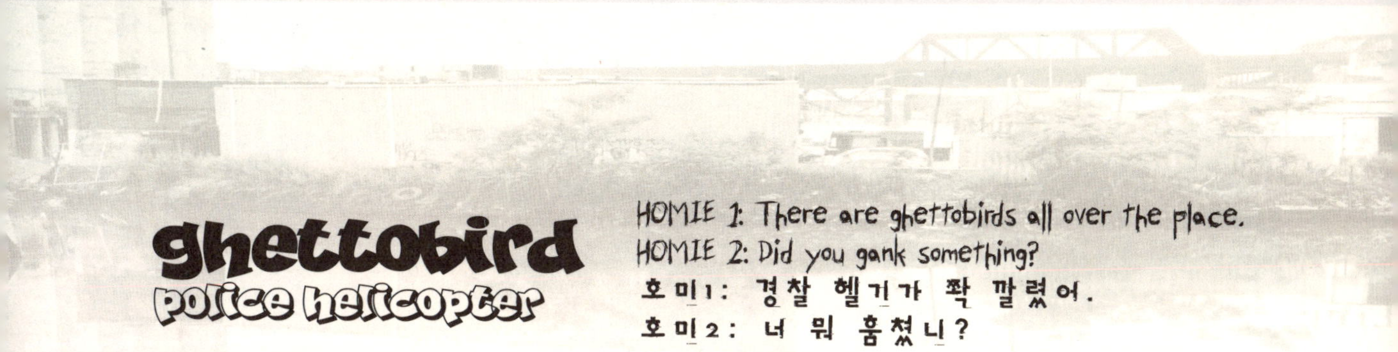

## ghettobird

**police helicopter**

경찰 헬리콥터
[명사]

HOMIE 1: There are ghettobirds all over the place.
HOMIE 2: Did you gank something?
호미1: 경찰 헬기가 쫙 깔렸어.
호미2: 너 뭐 훔쳤니?

STANDARD ENGLISH
ghetto
n. (소수 민족의) 빈민굴, 슬럼가, 고립된 집단.
bird
n. 새.

## ghost

**leave quietly, quickly**

빨리 조용히 사라지다
[동사]

HOMIE 1: It's time to get ghost.
HOMIE 2: Yeah, I hear something.
호미1: 사라져야 할 시간이야.
호미2: 그래. 무슨 소리가 나.

STANDARD ENGLISH
ghost
n. 유령, 허깨비.

그래피
티의 원동
력은 창의성
이다. 잘하든 못
하든 자신의 아이디
어와 생각을 표현해라!
'cathartic' 라는 말
알지? 그래피티는 바로 이
런 점이 가장 큰 매력인지도
모르겠다. 즐겨라! 때로
는 반란도 좋다! 남을
해치지 않는 자유라
면....

## game
**skill, expertise**

기술, 전문 지식
[명사]

HOMIE 1: You got mad game with the ladies.
HOMIE 2: Things would be better for you if you got a new haircut.
호미1: 너는 여자를 다루는 재주가 뛰어나구나.
호미2: 너도 머리 스타일을 좀 바꾸면 일이 잘 풀릴 텐데.

STANDARD ENGLISH
game
n. 놀이, 게임, 유희, 오락.

## ganked
**robbed, swindled**

빼앗기다, 속다
[형용사]

HOMIE 1: I got ganked last night, dawg!
HOMIE 2: It wasn't me.
호미1: 야, 나 어젯밤에 돈 빼앗겼어.
호미2: 내가 안 그랬어.

## geeked
**excited about something**

~때문에 들뜨다
[형용사]

HOMIE 1: I am so geeked about vacation!
HOMIE 2: Where you going?
호미1: 방학이 기대돼.
호미2: 어디 갈 건데?

STANDARD ENGLISH
geek
n. 괴짜, 기인.

THE TSX CREW
xeva
Tagilz
Semi-
train

## fly
**cool, appealing**

멋진, 매력적인
[형용사]

HOMIE 1: That is a fly suit!
HOMIE 2: I have a job interview today.
호미1: 멋진 정장이구나!
호미2: 오늘 면접 시험을 보거든.

STANDARD ENGLISH
fly
n. 파리, 비행.
v. 날다, 날아가다, 조종하다.

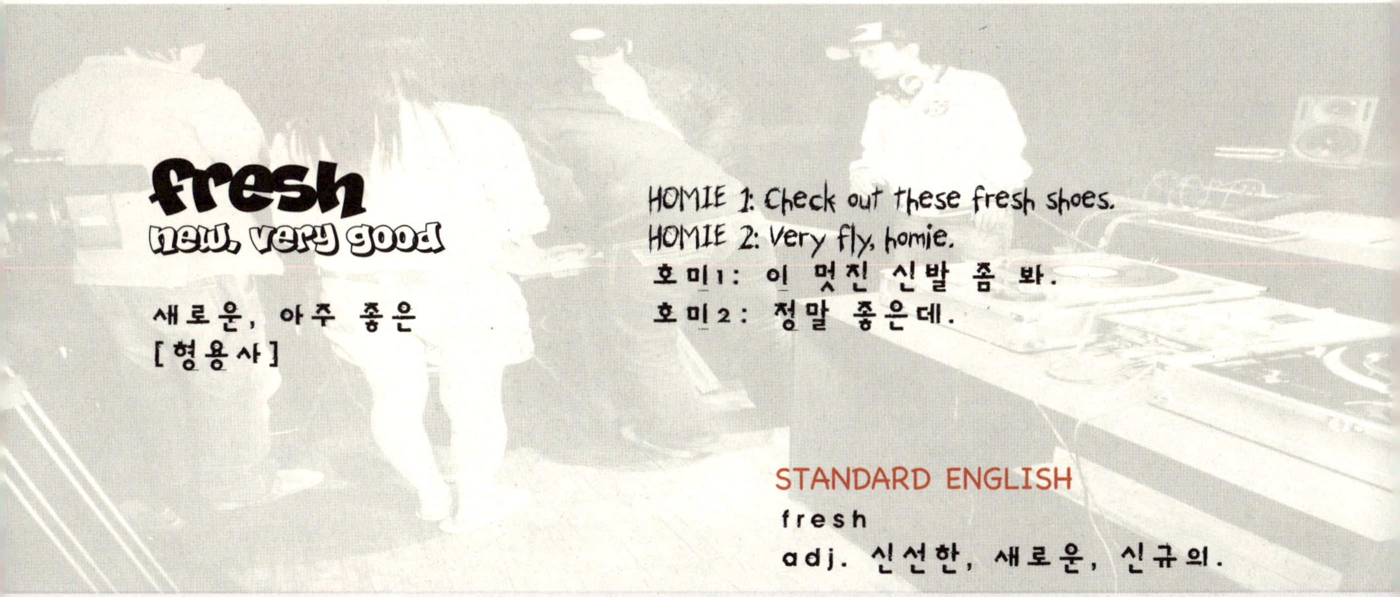

## fresh
**new, very good**

새로운, 아주 좋은
[형용사]

HOMIE 1: Check out these fresh shoes.
HOMIE 2: Very fly, homie.
호미1: 이 멋진 신발 좀 봐.
호미2: 정말 좋은데.

STANDARD ENGLISH
fresh
adj. 신선한, 새로운, 신규의.

## front
**acting tough, pretending to be something you are not**

거칠게 행동하다,
(아니면서) ~는 체하다
[동사]

HOMIE 1: You better stop frontin'!
HOMIE 2: Hey, no frontin' here.
What you see is what you get.
호미1: 그런 척하는 것 좀 그만 둘래!
호미2: 야, 그런 척하는 게 아니야.
네 눈에 보이는 그대로라구.

STANDARD ENGLISH
front
n. 앞면, 전방.
v. 향하다, 면하다, 정면으로 향하다.

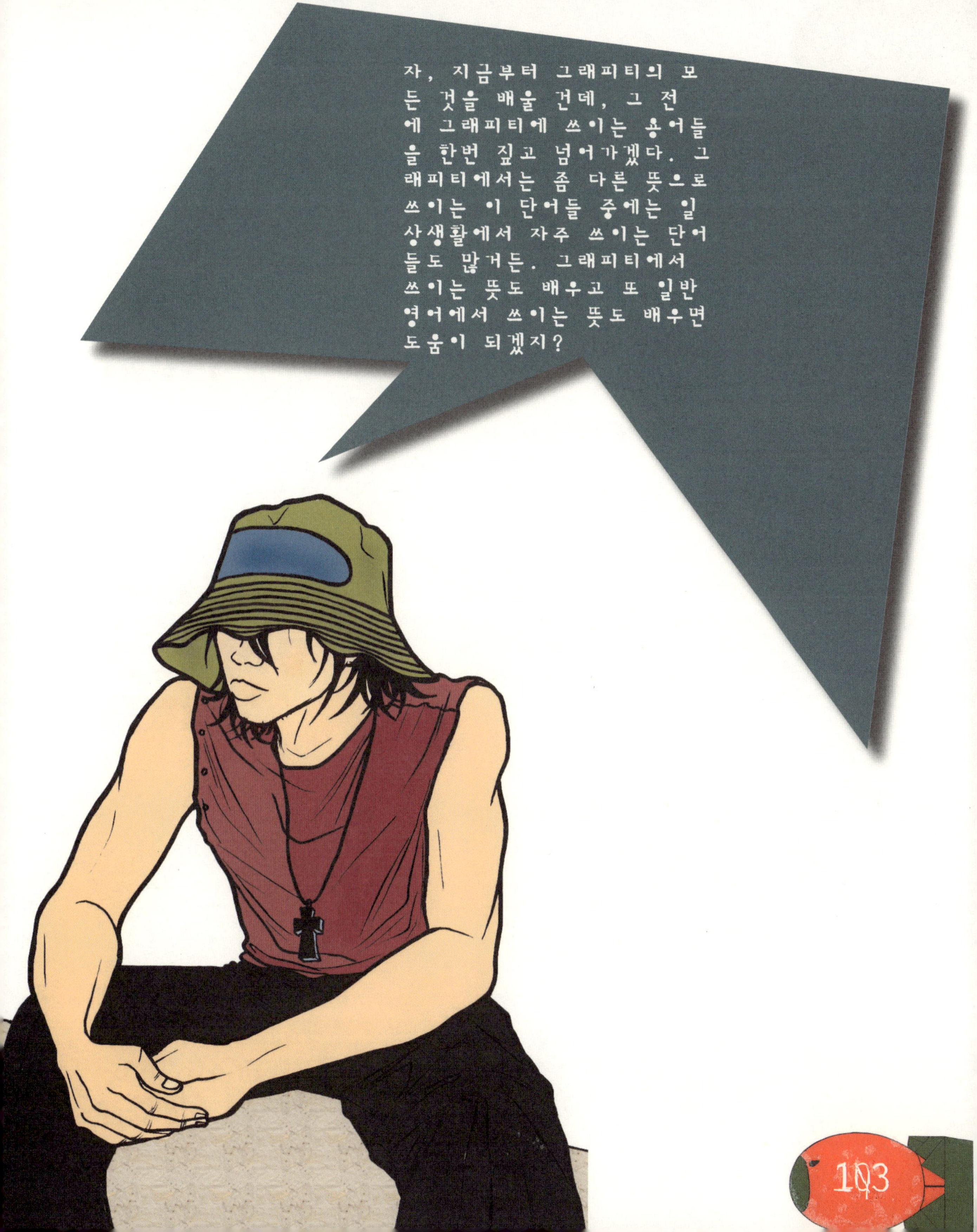
자, 지금부터 그래피티의 모든 것을 배울 건데, 그 전에 그래피티에 쓰이는 용어들을 한번 짚고 넘어가겠다. 그래피티에서는 좀 다른 뜻으로 쓰이는 이 단어들 중에는 일상생활에서 자주 쓰이는 단어들도 많거든. 그래피티에서 쓰이는 뜻도 배우고 또 일반 영어에서 쓰이는 뜻도 배우면 도움이 되겠지?

## fat, phat
**cool, appealing**

멋진, 매력적인
[형용사]

HOMIE 1: That is a phat motorcycle!
HOMIE 2: It is, isn't it?
호미1: 근사한 오토바이인데!
호미2: 그렇지?

STANDARD ENGLISH
fat
adj. 살찐, 뚱뚱한, 비만인.
v. 살찌게 하다, 비옥하게 하다.

## flake, flaking
**untrustworthy, not dependable**

신용할 수 없는,
의지할 수 없는
[명사]

HOMIE 1: Everybody is flakin'.
HOMIE 2: Not me dawg.
호미1: 아무도 말한 대로 지키지 않아.
호미2: 난 아니야, 친구.

STANDARD ENGLISH
flake
n. 박편, 불꽃, (식료품 따위의) 저장 선반.

## flow
**rap with beat**

박자에 맞춰 랩 하다
[동사]

HOMIE 1: Dawg was flowing!
HOMIE 2: Yeah, he sounded phat.
호미1: 친구가 플로우를 하고 있었어.
호미2: 그래, 근사하게 들렸어.

STANDARD ENGLISH
flow
v. (물, 액체 등이) 흐르다,
(말 등이) 술술 나오다.

# Graffiti Terminology + Everyday English

## B

BACK TO BACK 〈백 · 투 · 백〉

한 쪽 구석에서 다른 쪽 구석 끝까지 그래피티가 연이어 그려진 벽, 또는 차례차례 행해진 스로업.

연거퍼; I had back to back tests. 시험이 연거퍼 있었다.

BATTLE 〈배틀〉

라이터 또는 크루 간의 그래피티 시합이라고 할 수 있는데 대체로 질로 승부를 가리는 경우와 양으로 승부를 가리는 경우가 있다. 즉 정해진 시간 안에 더 훌륭한 그림을 그린 사람이 승리하는 경우와 정해진 시간 동안 일정한 지역 안에 더 많은 그림을 그린 사람이 승리하는 경우로 나뉠 수 있다. 대개 제 3자인 라이터가 승자를 가리며 참여한 라이터들끼리 벌칙을 정한다. 패자에 대해서는 돈을 지불하거나 한 대 얻어맞거나 자신의 이름으로 그래피티를 할 수 없는 등의 여러 가지 벌칙이 있다.

전투; We lost the battle but we will win the war. 전투는 졌지만, 전쟁은 이길 겁니다.

BITE 〈바이트〉

만화나 카툰에서 이미지를 빌려 오는 것과는 별개로 다른 라이터의 스타일을 모방하는 것을 뜻하며 그래피티 라이터들은 이러한 행위를 금기시한다.

물다; Don' t bite me! 나 물지 마!

BLACK BOOK 〈블랙 · 북〉

라이터들이 아이디어를 스케치하기 위해 가지고 다니는 노트나 연습장.

비밀 내용이 들어 있는 책, 명부; You are in my little black book. 내 블랙북에 너도 들어 있어.

BLOCKBUSTER 〈블록버스터〉

블레이드(Blade)와 코멧(Comet)이 개발한 스케일이 크고 네모진 글자 스타일로 주로

## drop science
### to demonstrate wisdom or skill

지혜나 기술을 보이다
[동사]

HOMIE 1: I'm droppin' science.
HOMIE 2: What? You see me takin' notes!
I don't think so.
호미1: 자, 내가 비법을 전수해 주지.
호미2: 그래? 내가 필기라도 할 줄 알았나 보지! 아니거든!

STANDARD ENGLISH
drop
v. 떨어지다, 내리다, (어떤 상태로) 되다.
science
n. 과학, 학문.

## duckets
### cash, money, bills

동전, 돈, 지폐
[명사]

HOMIE 1: She likes you for your duckets.
HOMIE 2: I need to kick her to the curb.
호미1: 그 여자는 돈 때문에 너를 좋아해.
호미2: 그 여자를 차 버려야겠어.

## dweeb
### someone who is bookish, antisocial

책을 좋아하는 비사교적인 사람
[명사]

HOMIE 1: Let's bail before the dweebs get here.
HOMIE 2: Too late.
호미1: 그 샌님이 오기 전에 떠나자.
호미2: 너무 늦었어.

STANDARD ENGLISH
dweeb
n. 공생원, 샌님, (10대 사이에서) 얼간이, (인간) 쓰레기, 지겨운[구역질 나는] 사람(creep), 괴짜, (대학생 사이에서) 공부 벌레.

2가지 색으로 표현된다. 다른 사람의 그림을 덮거나 열차 전체를 간단하게 채색하는 용도로 주로 쓰인다.

초대작; I only watch blockbuster movies; 난 블록버스터 영화만 본다,

BOMB/BOMBING 〈밤/바밍〉

락카로 그림을 그리는 일을 말한다. 그래피티가 경찰의 눈을 피해 불법적으로 행해졌기 때문에 폭탄을 던지고 사라지는 행위에 비유한 것이다.

망치다; I bombed the exam. 시험 망쳤다.

BUFF 〈버프〉

그래피티를 지우는 것을 뜻한다.

몸짱; I am very buff in my dreams. 꿈에서는 난 몸짱이다.

BURN 〈번〉

자신의 스타일로 배틀에서 승리하는 것, 또는 훌륭한 작품을 가리키기도 한다.

태우다; I burned the toast. 난 토스트를 태웠다.

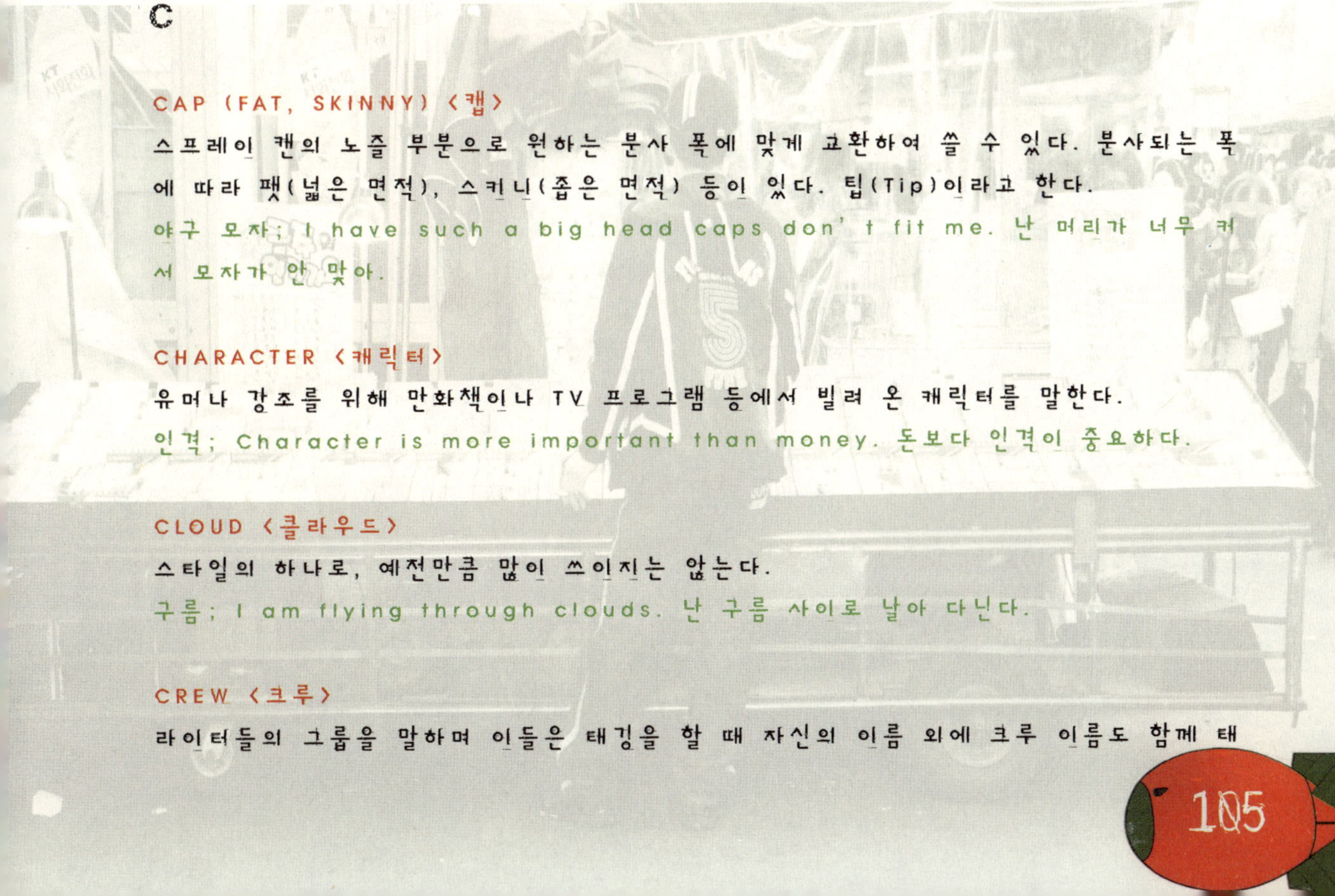

## C

CAP (FAT, SKINNY) 〈캡〉

스프레이 캔의 노즐 부분으로 원하는 분사 폭에 맞게 교환하여 쓸 수 있다. 분사되는 폭에 따라 팻(넓은 면적), 스키니(좁은 면적) 등이 있다. 팁(Tip)이라고 한다.

야구 모자; I have such a big head caps don' t fit me. 난 머리가 너무 커서 모자가 안 맞아.

CHARACTER 〈캐릭터〉

유머나 강조를 위해 만화책이나 TV 프로그램 등에서 빌려 온 캐릭터를 말한다.

인격; Character is more important than money. 돈보다 인격이 중요하다.

CLOUD 〈클라우드〉

스타일의 하나로, 예전만큼 많이 쓰이지는 않는다.

구름; I am flying through clouds. 난 구름 사이로 날아 다닌다.

CREW 〈크루〉

라이터들의 그룹을 말하며 이들은 태깅을 할 때 자신의 이름 외에 크루 이름도 함께 태

# STREET TALK

JAM
Lucille Roberts
Lucille Roberts
M. FRIED STORE FIXTURES
A Total Display Source
718-624-2099
M. FRIED STORE FIXTURES
A Total Display Source

겅한다. 크루 이름은 보통 3글자의 두문자로 만들어진다. (T.S.X. Crew = Tagil2 + Semi-train + Xeva)
선원, 승무원, 같은 조; The crew survived the crash. 승무원들이 사고에서 살아남았다.

## D

### DING-DONG 〈딩·동〉

비교적 새로운 스테인레스로 만들어진 지하철 차량으로 이 차량은 문이 닫히기 전에 딩동하고 소리가 나기 때문에 이러한 이름이 붙었다고 한다. 평평해서 그림을 그리기엔 좋지만 그림이 빨리 지워지는 단점이 있다.
벨 소리 (ding-dong ditch는 남의 집 벨을 누르고 도망 가는 행위, 벨튀); When I was younger, I played ding dong ditch a lot. 어릴 때 벨튀를 많이 했다.

### DRIPS 〈드립〉

고의적으로 물방울이 축 늘어진 형태로 문자를 표현하는 방법으로 실수나 미숙한 실력으로 페인트가 흘러내린 것은 드립으로 인정하지 않는다.
뚝뚝 떨어지다; I was dripping with sweat after the exam. 나는 시험을 마치고 땀을 뻘뻘 흘렸다.

## F

### FADE 〈페이드〉

색을 섞는 것 또는 혼합된 색.
사라지다; I will fade away. 난 사라질 거야.

### FEMALE TIPS 〈피메일·팁〉

새로운 타입의 팁으로, 피메일 팁은 노즐로부터 분출구가 안쪽에 움푹 들어가 있다.
여성, 충고; He gives me tips about females but he's always alone. 그는 항상 나에게 여자에 대한 충고를 하지만, 정작 자신은 항상 혼자다.

### FILL 〈필〉

글자 또는 스로업의 안쪽에 채워진 색깔.
채우다; I will fill my apartment with books. 난 내 아파트를 책으로 채울 거다.

# dope
## cool, appealing

좋은, 매력적인
[형용사]

HOMIE 1: This party is dope!
HOMIE 2: Thanks, dawg.
호미1: 이 파티 근사한데.
호미2: 고마워, 친구.

STANDARD ENGLISH
dope
n. 마약, 화장품,
화학 약품, 윤활유.

# down
## willing to take part

참여할 마음이 있다
[형용사]

HOMIE 1: Hey, are you down with going to the movies?
HOMIE 2: What movie?
호미1: 야, 영화 보러 같이 갈래?
호미2: 무슨 영화인데?

STANDARD ENGLISH
down
v. 떨어지다, 굴복시키다.
n. 하강, 내려가기.
adv. 아래쪽으로, 아래층으로.

# drawers
## underpants

속바지
[명사]

HOMIE 1: Dawg, I forgot to wear drawers today.
HOMIE 2: I'm not givin' you mine!
호미1: 야, 나 오늘 속바지 입는 것 깜빡했다.
호미2: 내 껀 빌려 줄 수 없어!

STANDARD ENGLISH
drawers
n. 서랍, 끄는 사람,
끄는 것.

FLAT 〈플랫〉

측면이 두껍고 단조로운 지하철의 차량. 그래피티를 하기에 적당하다.

평평한; I have a flat head. 난 두상이 평평하다.

FLICKS 〈플릭스〉

그래피티 사진의 인쇄물.

영화; I want to see a flick tonight. 오늘 저녁에 영화 보고 싶다.

## G

GETTING UP 〈겟팅 · 업〉

예전에는 열차에 그래피티를 그리는 것을 성공하는 것을 뜻했으나 현재는 어디를 물론하고 태깅에서 와일드 스타일 작품에 이르는 다양한 형태의 그래피티를 그리는 것을 말한다.

일어나다; I hate getting up in the morning. 난 아침에 일어나는 게 싫어.

GOING OVER 〈고잉 · 오버〉

다른 라이터의 이름 위에 자신의 이름을 덮어쓰는 행위를 말한다. 다른 라이터의 작품이나 이름 위에 가위표(X)를 그리는 것은 크로싱 아웃(Crossing out)이라고 한다.

재검토; I am going over my homework again. 난 숙제를 다시 검토하고 있다.

GREASE PENCIL 〈그리즈 · 펜슬〉

유성 연필.

(grease) 기름기; He has greasy hair. 그 애는 머리에 기름기가 많다.

## H

HIT 〈히트〉

태그 등을 벽에 쓰는 행위.

때리다; I hit my own head. 난 내 머리를 때렸다.

HOMEMADE 〈홈 · 메이드〉

집에서 직접 만든 마커의 일종. 탈취제 용기에 양말이나 분필 지우개의 펠트 천 등을 넣고 잉크를 채워 만든다.

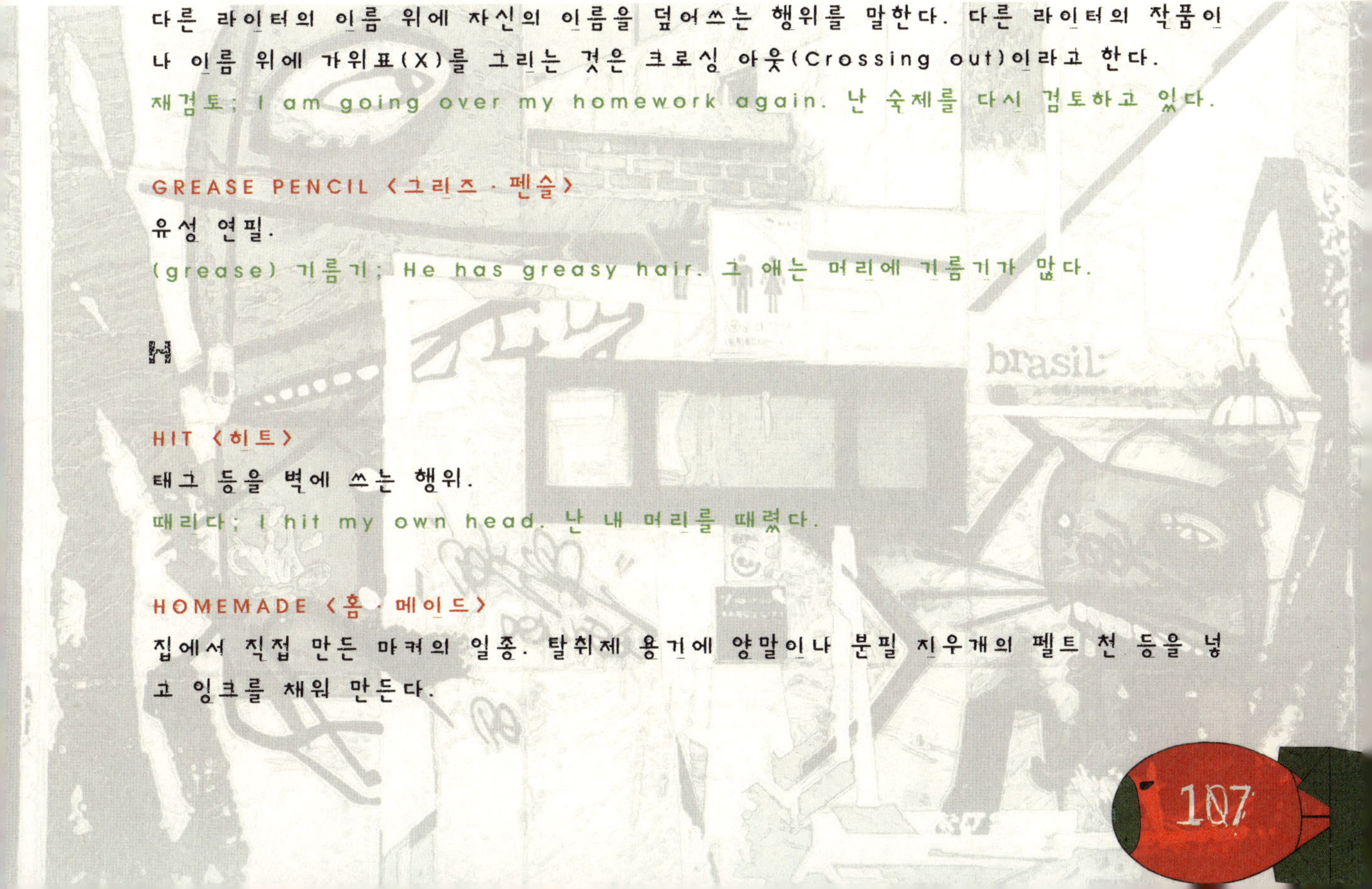

## D L

### down low, secret, hush

비밀, 침묵
[명사]

HOMIE 1: Try to keep this on the DL.
HOMIE 2: My lips are sealed.
호미1: 이거 비밀이다.
호미2: 알았어. 입 꾹 다물고 있을게.

## D.O.A.

### dead on arrival (police term)

(병원) 도착 시에 이미 사망
[명사]

HOMIE 1: The singer was D.O.A.
HOMIE 2: They booed him off the stage.
호미1: 그 가수는 도착했을 때 이미 송장이었어.
호미2: 사람들이 그에게 야유를 퍼부어 퇴장시켰지.

STANDARD ENGLISH
dead
adj. 죽은, 죽어 있는, 지루한, 침체된.
arrival
n. 도착, 도달, 달성.

## dome

### big head, skull

대두, 해골
[명사]

HOMIE 1: You have such a big dome, I can't see the TV.
HOMIE 2: I was born with this dome. Nothin' I can do about it.
호미1: 니 머리가 커서 TV가 제대로 안 보이잖아.
호미2: 이렇게 대두로 태어났기 때문에 어쩔 수 없어.

STANDARD ENGLISH
dome
n. (반구형의) 둥근 지붕, 둥근 천장.

집에서 직접 만든; I like homemade apple pie. 난 집에서 직접 만든 애플 파이가 좋다.

ILLEGAL 〈이리걸〉

'legal(합법의, 적법의)'의 반대말. 그래피티 행위는 불법으로 간주되었다.

불법; I am downloading illegal movies. 난 불법 영화를 다운 받고 있다.

INSIDES 〈인사이즈〉

지하철이나 대중교통수단 내부에 그래피티를 그리는 것.

안에; I am laughing on the outside but crying on the inside. 겉으론 웃고 있지만 속으로는 울고 있다.

## K

KILL 〈킬〉

대량으로 그래피티를 그리는 것을 말한다.

(killing time) 시간을 때우다; I was killing time before my next class. 다음 수업 때까지 남는 시간을 때우고 있었다.

KING 〈킹〉

작품 수도 많고 솜씨가 빼어난 라이터를 지칭. 'King of throwups'(스로업의 킹), 'King of style'(스타일의 킹) 등으로 분야별로 킹을 선정하기도 한다.

뭔가를 제일 잘하는; I am the king of laziness. 난 게으름의 왕이다.

## L

LAYUP 〈레이업〉

주말이나 밤에 열차가 주차되어 있는 대피측선.

레이업(농구); I missed the layup and we lost the game. 내가 레이업 슛을 못 넣어서 우리 팀이 졌다.

## M

MARRIED COUPLE 〈메리드 · 커플〉

## dime
**a very pretty woman**

매우 예쁜 여성
[명사]

HOMIE 1: She's a dime piece.
HOMIE 2: That's my sister! Watch it.
호미1: 저 여자 진짜 예쁜데.
호미2: 내 여동생이야. 집적거리지 마.

STANDARD ENGLISH
dime
n. 10센트 백동화.

## dip
**leave, go**

떠나다, 가다
[동사]

HOMIE 1: Let's dip
HOMIE 2: Good idea. This place is over.
호미1: 가자.
호미2: 좋은 생각인데. 여기는 재미없어.

STANDARD ENGLISH
dip
v. 적시다, 살짝 담그다.

## diss
**disrespect, criticize**

경멸하다, 헐뜯다
[동사]

HOMIE 1: She totally dissed me.
HOMIE 2: She was cold.
호미1: 그 여자는 나를 완전히 경멸했어.
호미2: 그 애는 냉정하잖아.

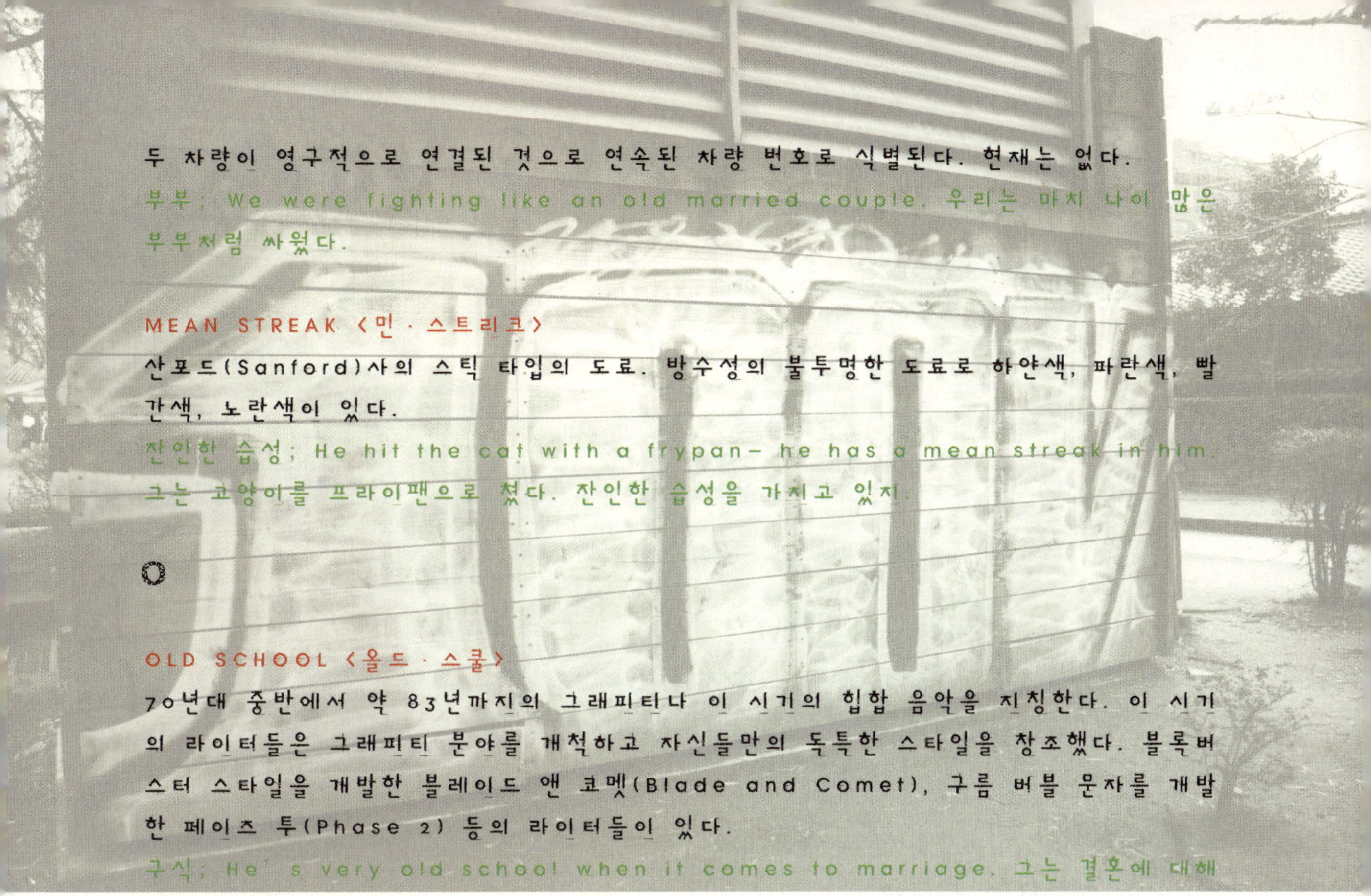

두 차량이 영구적으로 연결된 것으로 연속된 차량 번호로 식별된다. 현재는 없다.
부부; We were fighting like an old married couple. 우리는 마치 나이 많은 부부처럼 싸웠다.

MEAN STREAK 〈민 · 스트리크〉
산포드(Sanford)사의 스틱 타입의 도료. 방수성의 불투명한 도료로 하얀색, 파란색, 빨간색, 노란색이 있다.
잔인한 습성; He hit the cat with a frypan– he has a mean streak in him. 그는 고양이를 프라이팬으로 쳤다. 잔인한 습성을 가지고 있지.

## O

OLD SCHOOL 〈올드 · 스쿨〉
70년대 중반에서 약 83년까지의 그래피티나 이 시기의 힙합 음악을 지칭한다. 이 시기의 라이터들은 그래피티 분야를 개척하고 자신들만의 독특한 스타일을 창조했다. 블록버스터 스타일을 개발한 블레이드 앤 코멧(Blade and Comet), 구름 버블 문자를 개발한 페이즈 투(Phase 2) 등의 라이터들이 있다.
구식; He's very old school when it comes to marriage. 그는 결혼에 대해서는 구식이다.

OUTLINE 〈아웃라인〉
실제 작업에 대한 준비로 연습장에 그리는 초안, 또는 색깔을 채우기 전에 벽에 그리는 윤곽선을 말한다.
줄거리; I wrote a rough outline. 난 대충 줄거리를 썼다.

## P

PANEL PIECE 〈패널 · 피스〉
지하철 차량의 창문 아래나, 문과 문 사이에 그려진 그래피티.
(piece) 조각; Give me a piece of your pie. 파이 한 조각만 줘.

PIECEBOOK 〈피스북〉
블랙 북, 또는 라이터즈 바이블(writer's bible)과 같은 말로 초안을 잡거나 아이디어를 기록하는 데 쓰이는 스케치북을 말한다.

## da bomb
### cool, appealing

멋진, 매력적인
[형용사]

HOMIE 1: My new apartment is da bomb!
HOMIE 2: Invite me over sometime.
호미1: 내 새 아파트 정말 좋아!
호미2: 가끔씩 초대해.

## dawg
### 1. close friend
### 2. man who mistreats women

1. 친한 친구
2. 여자를 잘 못 다루는 남자
[명사]

HOMIE 1: Hey dawg, what's up?
HOMIE 2: Nothing much, dawg. Just chillin'.
호미1: 친구, 어떻게 지내?
호미2: 별일 없어. 그냥 쉬고 있어.

## dead presidents
### money

돈
[명사]

*미국 지폐에 대통령의 초상이 그려져 있는 데서 유래.

HOMIE 1: How many dead presidents do I owe you?
HOMIE 2: A lot.
호미1: 내가 너에게 얼마나 빚졌니?
호미2: 많이.

STANDARD ENGLISH
dead
adj. 죽은, 무감각한.
president
n. 대통령.

## R

### RACK 〈랙〉

도료나 마커 등을 훔치는 것을 뜻한다. 과거 라이터들은 그래피티에 필요한 재료들을 대부분 훔쳐서 썼다. 현재는 단속이 강화되어, 돈을 지불하고 재료를 구입한다.

옷고리, 고정대; I hung my shirt on the rack. 난 셔츠를 옷고리에 걸었다.

### RIDGY 〈리지〉

그래피티에 적합하지 않은 측면이 주름진 스테인레스제의 지하철 차량으로 브룩클린 지역에 운행되었다. 이 차량에는 주로 지우기 어려운 은색과 다른 1가지 색을 조합한 스로업이 행해졌다.

(ridge) 산등성이; I hung on the mountain ridge. 난 산등성이에 매달렸어.

### ROLL CALL 〈롤 · 콜〉

작품 한 쪽 구석에 크루 구성원들의 이름이나 그 작품을 그릴 때 도움을 준 사람들의 이름을 적는 것.

출석부 호명; I missed roll call and the teacher screamed my name. 출석을 호명할 때 내가 없어서 선생님이 내 이름을 소리쳐 불렀다.

## S

### SCRIBE 〈스크라이브〉

태깅의 일종. 마커를 쓰지 않고 지하철의 측면이나 유리창 등에 직접 흠집을 내는 방법.

서기, 필기하는 사람; I need a scribe to follow me around and record my life. 나를 따라다니면서 내 인생을 기록할 서기가 필요해.

### SCRUB 〈스크럽〉

스로업의 일종. 주로 2가지 색을 사용해 선을 앞뒤로 그어 입체감을 표현한다.

못난 놈; He's a total scrub. 그는 정말 못난 놈이야.

### SKETCH 〈스케치〉

작품의 초안. 아웃라인과 같은 말.

스케치하다; I like sketching people while sitting at the coffee shop. 나는 커피숍에 앉아 사람들을 스케치하는 걸 좋아한다.

## coolin'
### relaxing

쉬다, 긴장을 풀다
[동사]

HOMIE 1: Where are you?
HOMIE 2: I'm coolin' at the crib.
호미1: 어디니?
호미2: 집에서 쉬고 있어.

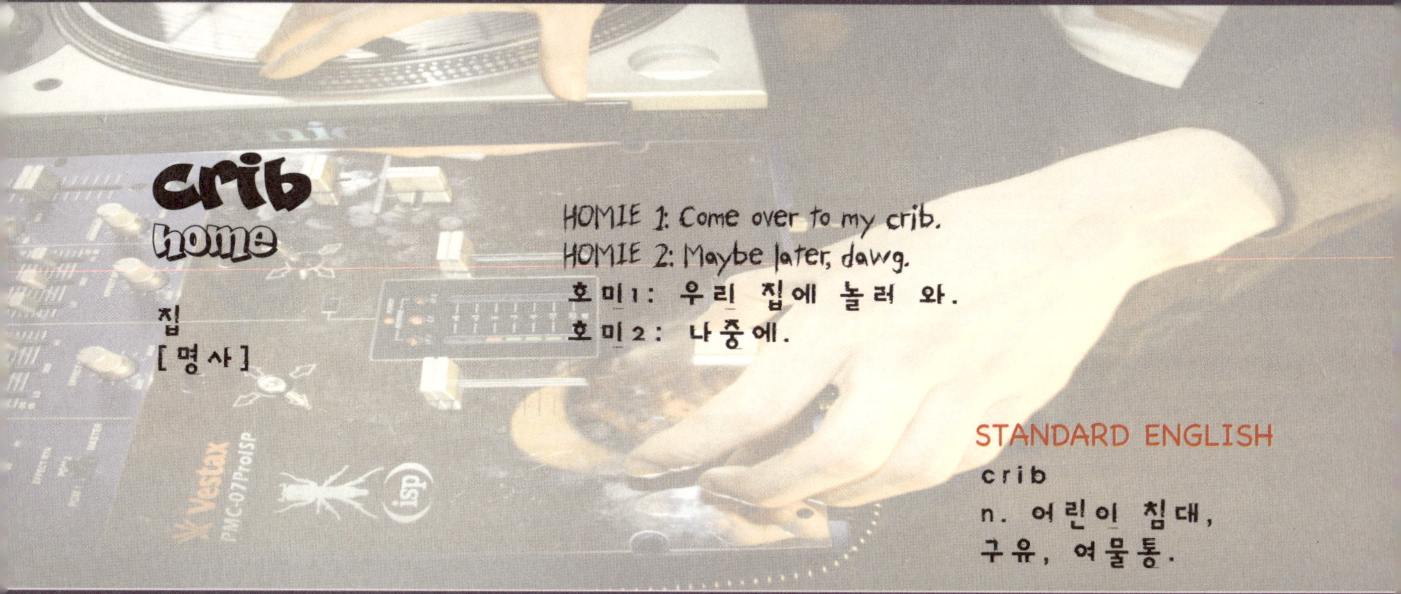

## crib
### home

집
[명사]

HOMIE 1: Come over to my crib.
HOMIE 2: Maybe later, dawg.
호미1: 우리 집에 놀러 와.
호미2: 나중에.

STANDARD ENGLISH
crib
n. 어린이 침대,
구유, 여물통.

## crossroads
### reafterlife, heaven

내세, 천국
[명사]

HOMIE 1: See you at the crossroads.
HOMIE 2: Why you leavin' so early?
호미1: 천국에서 만나자.
호미2: 왜 이렇게 빨리 가시는
거예요?

STANDARD ENGLISH
crossroads
n. 교차 도로, 네거리,
십자로, 샛길.

**STICKERS 〈스티커〉**

태깅의 한 방법으로 마커나 페인트를 사용하지 않고 하얀 바탕에 라이터의 이름이 인쇄되어 있는 스티커를 이용하는 방법이다.

(bumper sticker) 자동차 범퍼에 붙이는 스티커; I put a bumper sticker to protest the government. 정부에 반대하는 표시로 차 범퍼에 스티커를 붙였다.

**SUCKER TIPS 〈서커 · 팁스〉**

스프레이 캔에 사용되는 표준 팁. 주로 초보자들이 사용하기 때문에 이런 이름이 붙었다.

(sucker) 잘 속는 사람, 어리석은 사람; He is sucker for home shopping. 그는 홈쇼핑에 잘 넘어가는 사람이다.

## T

**TAG 〈태그〉**

마커나 스프레이 페인트로 그리는 라이터의 서명으로 그래피티의 가장 기본적인 형태이다. 태그가 길 경우 앞의 두 글자나, 마지막 두 글자로 단축해서 사용하기도 하며 이름 뒤에 'one,' 'ski,' 'rock,' 'em' 이나 'er' 을 붙이기도 한다.

(tag along) 귀찮게 뒤를 따라다니다; My younger sister kept tagging along; 여동생이 귀찮게 뒤를 따라다닌다.

**TAGBANGER 〈태그 · 배너〉**

'tagger' (태거)와 'gangbanger' (갱 배너 : 갱 단원)의 복합어로 캘리포니아 남부 지역에서 쓰이던 말이다. 대부분의 라이터들은 태그 배너들을 자신들의 동료로 생각하지 않는다. 왜냐하면 이들은 태깅 외에, 권총 판매원 등 갱과 같은 일을 하고 있기 때문이다. 이들은 일반 사람들에게 그래피티에 대해 나쁜 인상을 심어 주어 그래피티 문화 발전에 장애가 되고 있다.

**TAGGER 〈태거〉**

작품은 그리지 않고 태깅과 스로업만을 하는 사람들을 지칭.

**THROWUP 〈스로업〉**

스로업은 여러 가지로 정의되고 있는데, 〈서브웨이 아트(*Subway Art*)〉라고 하는 그래피티 사진집에서는, '단시간에 그려진 윤곽선과 그 안쪽을 전부 칠한 것' 이라고 정의한다. 반면, 다른 이들은 채색되지 않은 일련의 버블 문자라고 하기도 한다. 일반적으로 한

## chillin'
### relaxing

쉬다, 긴장을 풀다
[동사]

HOMIE 1: I am chillin' at my place.
HOMIE 2: Can I come over?
호미1: 집에서 쉬고 있어.
호미2: 가도 돼?

STANDARD ENGLISH
chilling
adj. 냉랭한, 으스스한, 냉담한.

## clutch
### helpful during difficult situation

힘든 상황에 도움이 되는
[명사]

HOMIE 1: The money you sent me was CLUTCH.
HOMIE 2: Everything settled?
호미1: 니가 보내 준 돈은 아주 유용하게 썼어.
호미2: 이제 다 해결됐니?

STANDARD ENGLISH
clutch
v. ~을 꽉 쥐다. 클러치를 넣다.
n. 꽉 쥐기, 포옹, 악수.

## cold
### good, nice

좋은, 멋진
[형용사]

HOMIE 1: Your new sneakers are cold!
HOMIE 2: Got them yesterday.
호미1: 네 새 신발 멋지구나!
호미2: 어제 샀어.

STANDARD ENGLISH
cold
adj. 추운, 차가운, 냉정한, 재미없는.

두 문자에서 단어 전체 또는 라이터들의 이름 전체가 될 수도 있으며 단시간에 그린 버블 문자나 두 가지 색깔만 사용한 매우 간단한 작품을 말한다.

구토하다; I threw up after dinner. 저녁 먹고 나서 토했다.

**TIP(s) 〈팁〉**

스프레이 캔의 노즐 부분으로 캡(cap)이라고도 한다.

비밀 정보; I gave him a tip about singing. 나는 그에게 노래 부르는 것에 대해서 비밀 정보를 알려 줬다.

**TOP TO BOTTOM 〈탑 · 투 · 바텀〉**

원래는 열차의 측면을 위에서 아래까지 그래피티로 다 메우는 것을 말하며 그렇게 메워진 벽이나 건물을 지칭하기도 한다.

모든 면에; I searched the house from top to bottom but could not find my cell phone; 집을 다 뒤져도 휴대폰을 못 찾았다.

**TOY 〈토이〉**

경험이 부족하거나 미숙한 라이터를 뜻한다.

장난치다; Don't toy with me. 나한테 장난치지 마.

## chick flick

**movie of interest to females (emotional movies about love, friendship)**

여자들이 좋아하는 영화(사랑, 우정에 관한 감성적인 영화)
[명사]

HOMIE 1: I had to watch a chick flick last night.
HOMIE 2: Which one?
호미1: 어젯밤에 멜로 영화 봤었어.
호미2: 무슨 영화?

STANDARD ENGLISH
chick
n. 병아리, 아이.
flick
n. 살짝 때리기, 튀기기, 영화.

## chickenhead

**any dumb person who walks around aimlessly or without purpose**

목적 없이 돌아다니는 멍청한 사람
[명사]

HOMIE 1: This school is filled with chickenheads.
HOMIE 2: You included.
호미1: 이 학교에는 멍청이들로 가득해.
호미2: 그래, 너를 포함해서.

STANDARD ENGLISH
chicken
n. 닭.
head
n. 머리, 대가리.

## chill

**relax, keep cool**

쉬다, 느긋하게 있다, 진정하다
[동사]

HOMIE 1: I am so stressed about the exam.
HOMIE 2: Chill. It's only a test.
호미1: 그 시험 때문에 엄청 스트레스 받아.
호미2: 마음을 편히 가져. 그건 단지 시험일 뿐이야.

STANDARD ENGLISH
chill
n. 추위, 차가움, 한기.
v. 열을 식히다, 냉각하다, ~을 오싹하게 하다.

## U

### UP 〈업〉

거리 여기저기에 자신의 그림이 그려져 있는 라이터나, 현재 활동 중인 라이터에 대해 사용하는 말이다.

(up to the minute) 최근, 실시간; I look at the internet for up the minute news. 나는 실시간 뉴스를 보기 위해 인터넷을 검색한다.

## W

### WET LOOK 〈웨트 · 룩〉

옛 스프레이 캔의 브랜드명. 현재는 생산이 중단되었다.

젖은 스타일; I used a lot of hair gel to get that wet look. 젖은 머리 스타일을 연출하기 위해 머리에 젤을 많이 발랐다.

### WILDSTYLE 〈와일드 · 스타일〉

글자가 서로 맞물려 복잡한 형상을 띤 스타일로 그래피티 스타일 중에서 가장 배우기 어렵다. 라이터가 아닌 사람들은 무슨 글자인지 해독조차 어려운 경우도 있다.

### WINDOW DOWN 〈윈도우 · 다운〉

지하철 차량의 창문 아래에 그려진 그래피티.

창문을 내리다; I rolled down the window and breathed in the air. 나는 창문을 내려 공기를 마셨다.

### WHOLE CAR 〈홀 · 카〉

차량의 전면에 그려진 그래피티.

### WHOLE TRAIN 〈홀 · 트레인〉

지하철 차량 전면을 뒤덮은 그래피티.

### WRITER'S BIBLE 〈라이터즈 · 바이블〉

블랙북을 말한다.

# check out

**to see, to look at, inspect**

HOMIE 1: Check out those jeans.
HOMIE 2: Those are phat but check out this cap.
호미1: 저 청바지 좀 봐.
호미2: 그것도 괜찮지만 이 모자 좀 봐.

보다
[동사]

STANDARD ENGLISH
check out
v. (책 등을) 대출하다, 체크 아웃 하다.

# cheese

**money**

HOMIE 1: I need to earn some cheese.
HOMIE 2: Get a job.
호미1: 나 돈 좀 벌어야 되겠는데.
호미2: 취직해.

돈
[명사]

STANDARD ENGLISH
cheese
n. 치즈.

# cheesey

**poor taste, corny**

HOMIE 1: These love songs are SO cheesey.
HOMIE 2: Everybody's always cryin'.
호미1: 이 사랑 타령은 너무 진부해.
호미2: 사람들이 다 울고 난리던데.

상스러운, 진부한
[형용사]

# Chapter 1.
# What is Graffiti?

## 그래피티란?

그래피티(graffiti)는 '긁다, 긁어서 새기다' 라는 뜻의 이태리어의 '그라피토(graffito)' 에서 유래하며 각종 벽이나 지하철, 차량 등의 표면에 낙서처럼 휘갈겨 쓴 글자나 그림을 말한다. 역사적으로 거슬러 올라가면 고대의 동굴 벽화, 이집트의 상형 문자까지도 포함할 수 있다. 하지만 오늘날 우리가 흔히 말하는 그래피티란 자동차 산업의 발달과 더불어 뉴욕 할렘가 뒷골목에서 시작된 스프레이 페인트로 그려진 문자나 그림을 뜻한다.

그래피티는 스프레이나 마커로 지하철 내부에 알아보기 힘들게 쓰여진 일종의 서명에서 출발했다. 이러한 서명은 몇 개의 영문자와 숫자들의 조합으로 이루어져 있었으며 영문자는 서명을 쓴 사람의 애칭 또

## busted

**caught doing something bad**

뭔가 나쁜 일을 하는 것을 들킨
[형용사]

HOMIE 1: You are BUSTED!
HOMIE 2: I didn't do anything wrong. WHAT?
호미1: 너 (딱) 걸렸어.
호미2: 난 아무짓도 안 했어. 내가 뭘?

## buttahead

**girl with a nice body but ugly face**

몸매는 좋은데 얼굴은 못생긴 여자
[명사]

HOMIE 1: Your girlfriend is a buttahead.
HOMIE 2: At least I have a girlfriend.
호미1: 네 여자 친구는 몸매는 좋은데 얼굴은 못생겼더라.
호미2: 그래도 난 여자 친구가 있긴 있잖아.

## capped

**shot with a gun**

총으로 쏘다
[동사]

HOMIE 1: Ouch, I just got capped in the knee!
HOMIE 2: You're bleeding all over my new shirt!
호미1: 아얏! 나 무릎에 총 맞았어!
호미2: 너 지금 내 새 셔츠에 피 다 묻히고 있잖아!

STANDARD ENGLISH
cap
v. ~에 모자를 씌우다, 뚜껑을 씌우다.

는 이름의 이니셜을, 숫자는 자신이 살고 있는 거리를 의미했다. 이러한 서명은 '태그(tag)' 로, 이렇게 벽이나 차량에 서명을 쓰는 행위는 '태깅(tagging)' 으로 불렸다.

지하철 차량 내부에서 시작된 태그들은 점차 내벽에서 외벽으로, 더 나아가 다양한 장소로 옮겨지며 크기와 색채, 스타일에 있어 다양한 형태로 발전을 거듭한다. 낙서와 예술, 합법과 불법의 경계선을 아슬아슬하게 넘나들며 낙서를 통해 자신을 표현하던 젊은이들은 그들 스스로 자신을 '라이터(writer: 작가)' 로, 자신의 작품 활동을 '라이팅(writing)' 으로 정의한다. 이제 그래피티는 낙서나 공해 행위가 아니라 팝아트의 한 장르로서 엄연히 예술 행위로 인정받고 있다.

## Graffiti Style
## 그래피티 스타일

세세하게 분류하자면 현존하는 그래피티 스타일은 수백 가지는 더 된다고도 할 수 있다. 하지만 사실 그래피티 스타일에 대해 명확하게 규정된 것은 없으므로 여기서는 크게 4가지 스타일로 나누어 보았다.

### 태그/바밍 스타일
### Tag / Bombing or Throw-up Style

일반적인 낙서나, 한두 가지 색상으로 재빨리 행해지는 스로업 형태의 스타일을 말한다. 가장 기초적이며 기본적인 것으로, 보통 트레인 바밍(train bombing), 싸인(sign)으로 많이 쓰인다.

# bumpin'
## full of people

인파가 넘치는,
사람들로 가득 찬
[형용사]

HOMIE 1: This party is bumpin'.
HOMIE 2: Throw your hands up in the air!
호미1: 이 파티에는 진짜 사람들이 많군.
호미2: 손을 들고 흔들어.

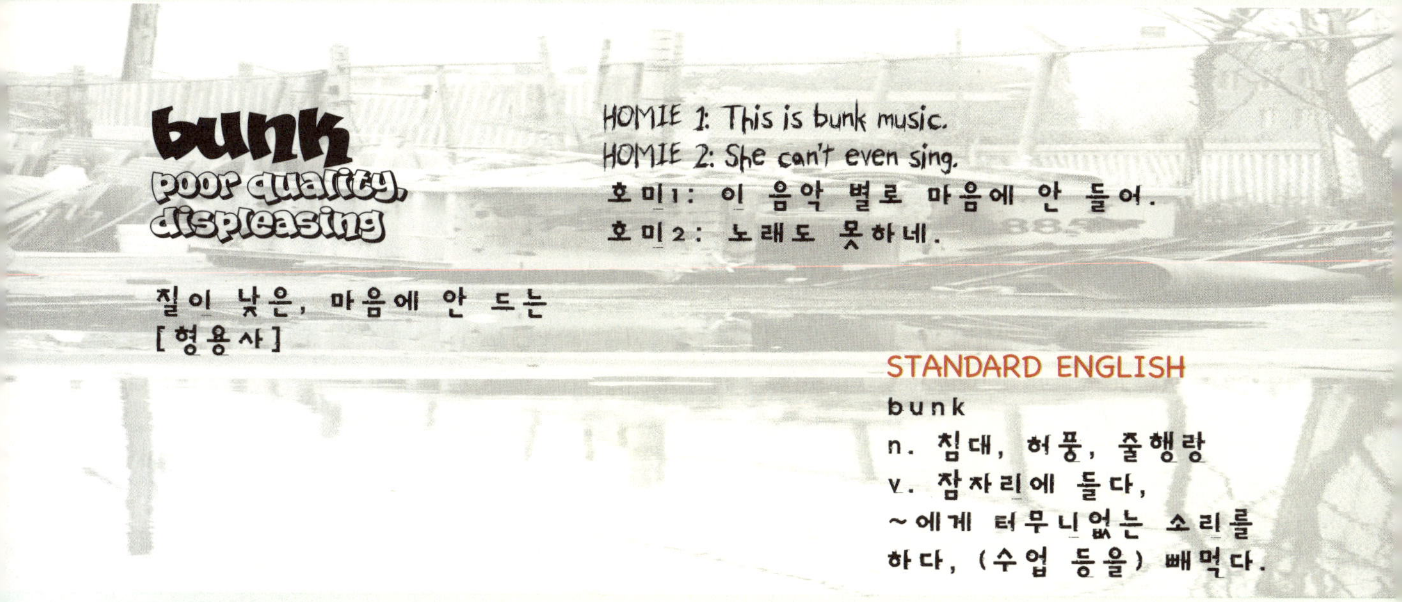

# bunk
## poor quality, displeasing

HOMIE 1: This is bunk music.
HOMIE 2: She can't even sing.
호미1: 이 음악 별로 마음에 안 들어.
호미2: 노래도 못하네.

질이 낮은, 마음에 안 드는
[형용사]

STANDARD ENGLISH
bunk
n. 침대, 허풍, 줄행랑
v. 잠자리에 들다,
~에게 터무니없는 소리를
하다, (수업 등을) 빼먹다.

# bust
## to perform, to do (dancing)

HOMIE 1: Yo, bust a move!
HOMIE 2: Word.
호미1: 야, 춤춰!
호미2: 알았어.

~을 하다, 춤추다
[동사]

STANDARD ENGLISH
bust
n. 흉상, 때리기, 강타.
v. 치다, 때리다, 파산하다.

## 올드 스쿨/올드 스타일
## Oldskool / Old Style

태그, 바밍에서 발전된 스타일로 낙서의 초기, 특히 1970년대 중반부터 1982~3년 무렵의 그래피티 형태를 이렇게 부른다. 이 시대의 느낌이 묻어나며, 필인(feel-in) 혹은 폰트 주위에 버블(bubble), 애로우(arrow), 스타(star) 등이 붙어 있다. 현재 대표적인 아티스트로는 씬(Seen)을 꼽을 수 있다.

GRAFFITI IS
MY LIFE.
MAKE A DENT
IN THE WORLD...
BOMB A WALL....

## buggin'
### acting wierd, strange

기묘하게, 이상하게
행동하다
[동사]

HOMIE 1: Why you buggin'?
HOMIE 2: Because you stole my boo behind my back!
호미1: 너 왜 그렇게 난리니?
호미2: 니가 나 몰래 내 여자 친구를 가로챘잖아!

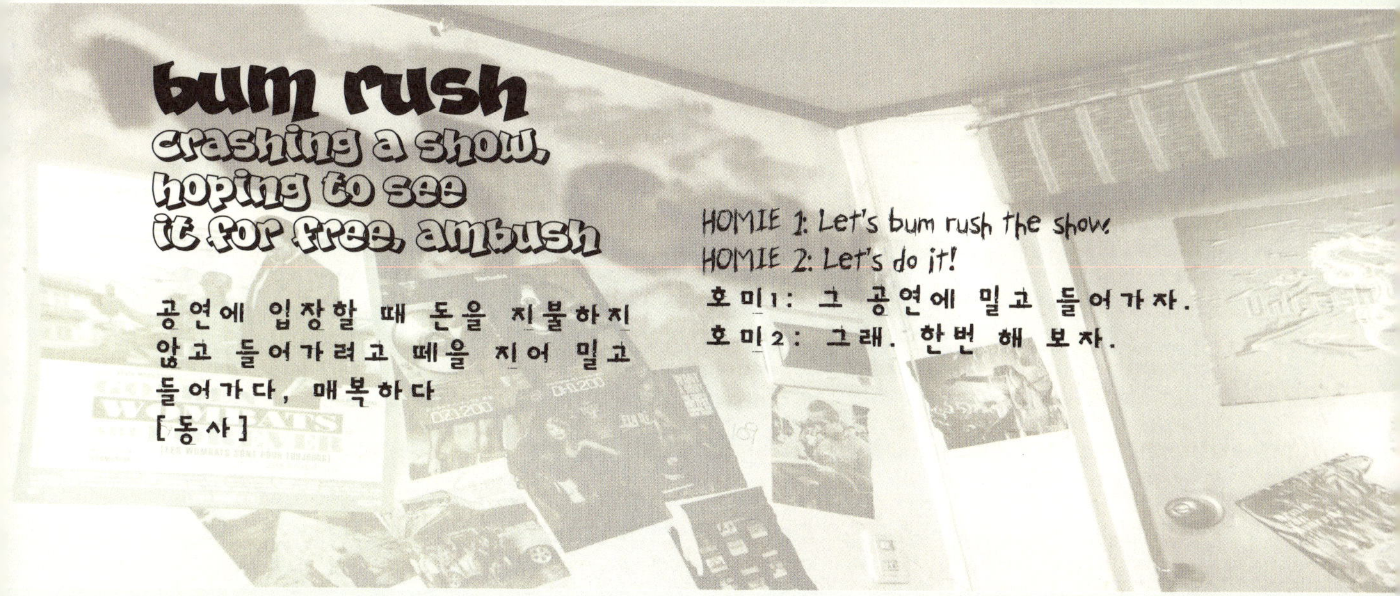

## bum rush
### crashing a show, hoping to see it for free, ambush

공연에 입장할 때 돈을 지불하지 않고 들어가려고 떼을 지어 밀고 들어가다, 매복하다
[동사]

HOMIE 1: Let's bum rush the show.
HOMIE 2: Let's do it!
호미1: 그 공연에 밀고 들어가자.
호미2: 그래. 한번 해 보자.

## bumpin'
### cool, pleasurable

멋진, 기분 좋은
[형용사]

HOMIE 1: This music is bumpin'!
HOMIE 2: It's easy to dance to.
호미1: 이 음악 좋은데!
호미2: 춤추기도 쉬워.

STANDARD ENGLISH
bumping
n. 범핑(초과 매표 · 초과 예약을 받아 놓고 표 가진 승객을 태우지 않는 것).

## 투디 스타일/뉴 스쿨/와일드 스타일
## 2D Style / Newskool / Wild Style

올드에서 발전된 스타일로 좀더 복잡하고 새로운 스타일을 말한다. 라이터들이 가장 선호하는 스타일로 현재 주변에서 가장 쉽게 접할 수 있는 스타일이다. 대체로 스타일의 연장선(extension-line)이 복잡하고 길며, 일정한 형태의 블럭(block)이 들어가며, 라인 또한 세컨 라인(second-line) 혹은 써드 라인(third-line)까지 들어가기도 한다. 현재 대표적인 아티스트로는 데어(Dare), 세스(Ces)를 꼽을 수 있다.

## 쓰리디 스타일
## 3D Style

2D에서 발전된 형태로 좀더 입체적이고 사실적인 그래피티 폰트이다. 최근 들어 이 스타일을 지향하는 아티스트들이 많이 생겨나고 있다. 초기 아티스트로는 델타(Delta), 루미트(Loomit), 다임(Daim) 등이 있으며 토템(Totem)이나 피타(Peeta) 등 색다른 3D 스타일을 추구하는 아티스트들이 눈에 띄게 늘어나고 있는 추세이다.

이제껏 그래피티가 발전해 온 흐름을 따라 그래피티 스타일을 크게 4가지로 나눠 보았다. 하지만 사실 어떤 스타일이든 태그에서 올드, 와일드 스타일의 형태를 거쳐 좀더 복잡한 형태로 각각의 특징을 살리며 발전하게 된다. 스타일이라는 것이 그래피티의 뿌리가 되는 태그를 라이터 자신들만의 감각으로 확장하고 장식하며 새롭게 디자인하는 과정에서 형성되는 것이기 때문이다.

# boo, my boo

### girlfriend, boyfriend, sweetheart, honey

여자 친구, 남자 친구, 애인,
사랑하는 사람
[명사]

HOMIE 1: Where are you going tonight?
HOMIE 2: I'm going to the movies with my boo.
호미1: 오늘밤에 어디 갈 거니?
호미2: 여자 친구랑 영화 보러 갈 거야.

STANDARD ENGLISH
boo
n. 우우(경멸, 비난, 야유의 소리).
v. 야유를 퍼붓다.

# bounce

### go, leave, take off

가다, 떠나다,
출발하다
[동사]

HOMIE 1: Let's bounce!
HOMIE 2: Why? I want to stay longer.
호미1: 가자.
호미2: 왜? 난 더 있고 싶은데.

STANDARD ENGLISH
bounce
v. 튀다, 뛰어오르다, 바운드하다,
(문 따위를) 탕 닫다.

# bugged out

### Acting strange, upset

이상하게 행동하는,
못마땅한
[형용사]

HOMIE 1: He is crying like a little baby.
HOMIE 2: Yeah, he's bugged out.
호미1: 그는 애기처럼 울고 있어.
호미2: 그래, 맛이 갔구나.

# Chapter 2.
# How to Graffiti?
## Bombing the Old Korean Man
## 한국 선비 그리기

자, 그럼 이제 그래피티를 그리는 과정을 한번 살펴볼까요?

01. 그림을 그리는 데 필요한 재료입니다. 수성 페인트, 롤러, 스프레이 락카입니다. (맥주 PT에는 물을 담아온 거죠. ^^)

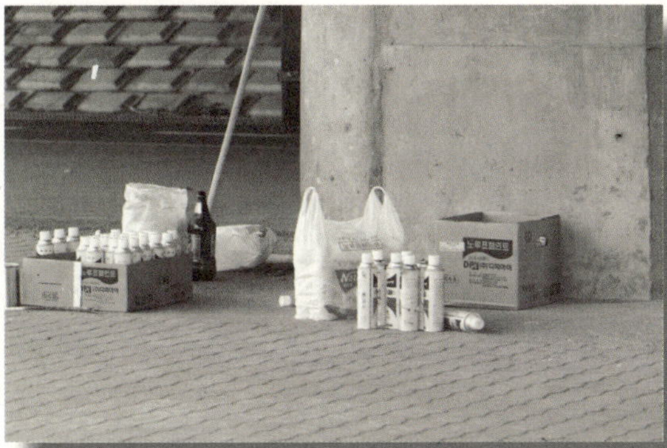

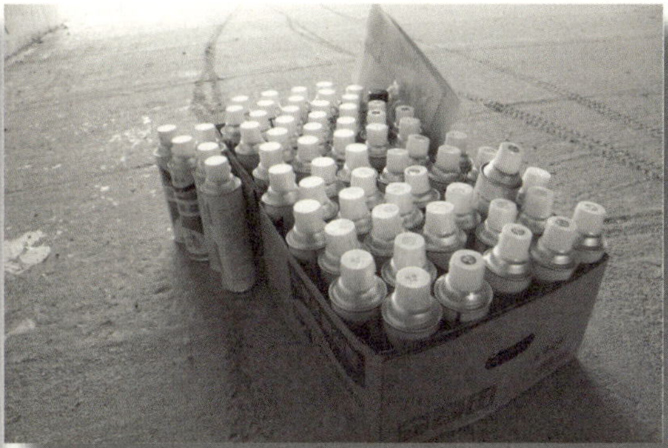

02. 그림을 그리기 위해서 먼저 벽에 수성 페인트를 칠합니다. 일반 시멘트 벽은 채색과 동시에 스프레이 락카(이하 락카)를 흡수하기 때문에 그림을 그리기 전에 미리 벽에 수성 페인트를 칠해 놓습니다. 수성 페인트칠을 한 후에 그림을 그리게 되면 색상도 깔끔하게 나오고 변색도 잘 되지 않아 그림이 오래갑니다. 페인트칠을 할 때는 수성 페인트와 물을 어느 정도 섞어 주어서 너무 옅지 않도록 고루 발라 주는 것이 중요합니다.
이 그림의 크기는 대략 세로 2.2M , 가로 4.5M입니다.

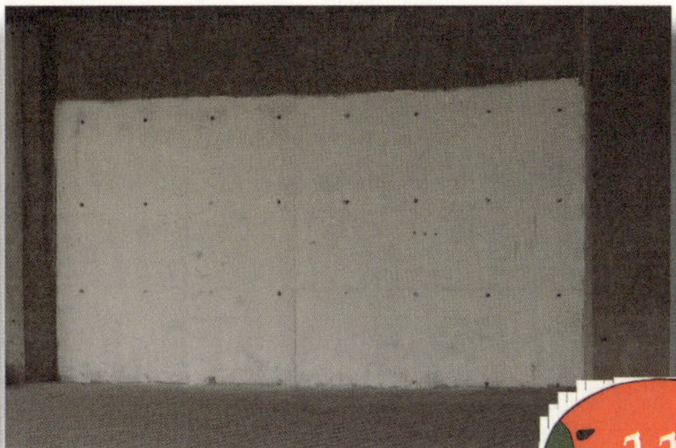

## bling-bling
### jewelry

보석
[명사]

HOMIE 1: Wow! That's some nice bling-bling.
HOMIE 2: Thanks! Got it as a gift.
호미1: 와! 멋진 보석이구나.
호미2: 고마워. 선물 받았어.

## boo-yaa
### incredibly fine (origniated from the group, the boo-yaa tribe)

너무 멋진(그룹 Boo-yaa Tribe에서 유래)
[명사]

HOMIE 1: The movie was straight-up boo-yaa!
HOMIE 2: What movie was it, dawg?
호미1: 그 영화 진짜 진짜 괜찮았어!
호미2: 무슨 영화인데?

## blow chunks
### vomit, to be of poor quality

토하다, 질이 형편없는

HOMIE 1: The food was so bad...
HOMIE 2: Did you blow chunks?
호미1: 음식이 형편없었어.
호미2: 토하기라도 했니?

STANDARD ENGLISH
blow
v. 불다, 불어서 날려 버리다.
chunk
n. (빵, 치즈, 목재 등의) 덩어리.

03. 스케치를 시작합니다. 일반적으로 그림을 그리는 순서와 같습니다. 다만 연필로 스케치를 하지 않고 락카로 스케치를 합니다. 비교적 연한 색(황색, 연녹색 등 - 현재 유통되고 있는 스프레이 색상표 기준)으로 스케치를 합니다. 틈틈이 멀리서 구도를 살펴보기도 하면서 그림의 전체적인 조화를 생각하며 스케치를 하는 것이 좋습니다.

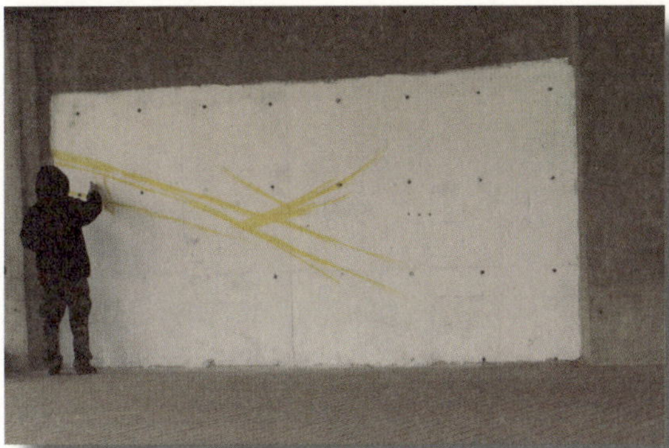

04. 스케치를 하는 과정에서 전체적인 구도와 각자 그릴 위치 등에 대해 미리 상의합니다.

05. 전체적인 구도가 잡혔으면 베이스를 채색합니다. Xeva가 얼굴을 그리기 위해서 장비색으로 전체적인 톤을 입히고 있군요.

## bird
### girl

여자
[명사]

HOMIE 1: Check out that bird.
HOMIE 2: Where? Where?
호미1: 저 여자 좀 봐.
호미2: 어디? 어디?

## bite the big one
### to die or get killed

죽거나 죽임을 당하거나

HOMIE 1: Are you afraid to bite the big one?
HOMIE 2: Of course, I am.
호미1: 죽거나 죽임을 당할까 두렵니?
호미2: 물론이지.

## bite
### poor quality, displeasing

질이 낮은, 불쾌한
[형용사]

HOMIE 1: This movie really bites.
HOMIE 2: I'm goin' to ask for a refund.
호미1: 이 영화는 정말 졸작이야.
호미2: 환불해 달라고 해야겠어.

STANDARD ENGLISH
bite
v. 깨물다, 물어뜯다, 상하게 하다.

06. Xeva가 모자의 바탕색인 흑색으로 전체적인 형태를 잡아 가면서 기본적인 채색을 하고 있습니다.

07. 얼굴에 입체감을 주기 위해서 명암을 넣고 있습니다. 채색하는 방법은 석고상의 기초 데생과 같습니다. 사람의 골격을 기준으로 해서 채색을 하는 것이 바람직합니다. 물론 빛의 방향도 생각해야겠지요. 지금 사용하고 있는 색상은 나무색입니다.

08. 얼굴 부분 중에 그림자가 많은 부분을 먼저 채색합니다. 그렇게 하면 형태를 구분하기도 쉽고 덩어리를 잡기도 용이하며 얼굴의 전체적인 스케치를 할 수 있습니다.

# baller

## high-roller, money maker

거액 투기자,
돈 잘 버는 사람
[명사]

HOMIE 1: My cousin is a baller.
HOMIE 2: Can he get us a job?
호미1: 우리 사촌은 돈을 잘 벌어.
호미2: 우리한테 일자리를 줄 수 있을까?

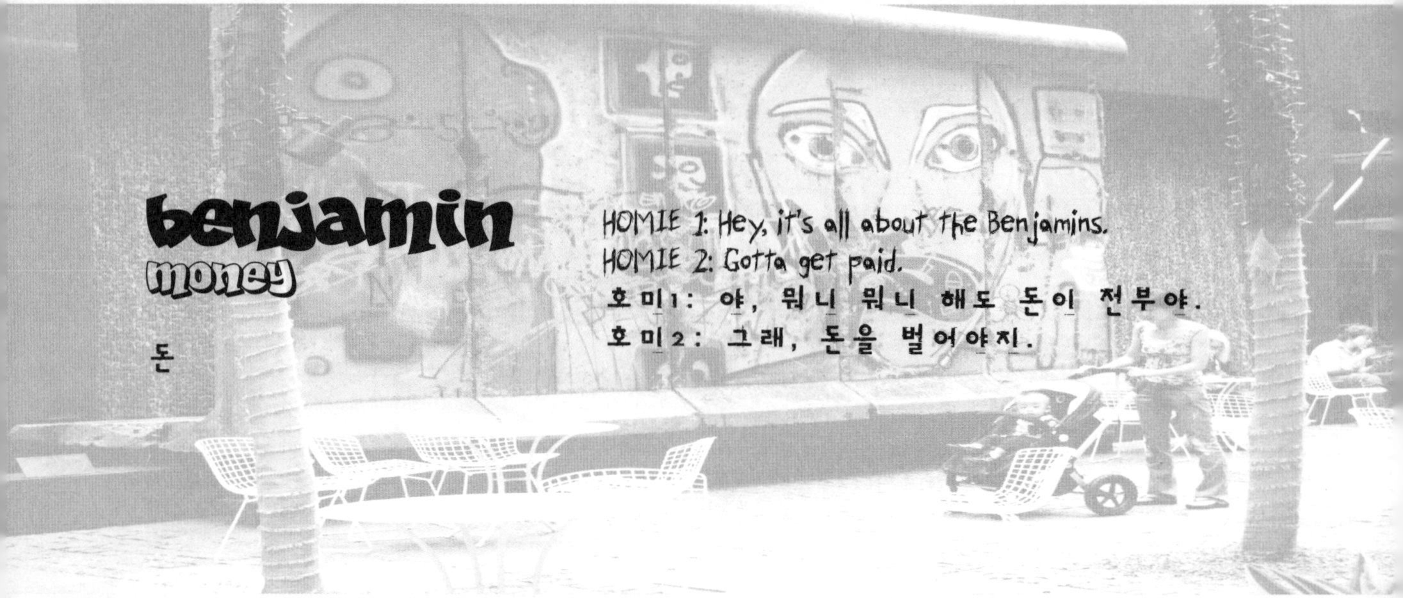

# benjamin

## money

돈

HOMIE 1: Hey, it's all about the Benjamins.
HOMIE 2: Gotta get paid.
호미1: 야, 뭐니 뭐니 해도 돈이 전부야.
호미2: 그래, 돈을 벌어야지.

# biscuit

## gun, pistol

권총
[명사]

HOMIE 1: I keep a biscuit under my bed.
HOMIE 2: Somebody trying to kill you?
호미1: 나는 침대 밑에 총을 놔 두지.
호미2: 누가 너 죽이려고 하니?

09. Semi가 와일드 스타일의 스케치를 끝내고 전체적으로 색을 채워 넣고 있습니다. 채색을 할 때는 일반적으로 연한 색으로 스케치를 한 후, 가장 많이 들어가는 색 순으로 면을 채워 갑니다. 지금과 같은 경우엔 주황색으로 전체적인 밑색을 칠합니다. 스케치의 형태를 보면서 넓게 전체 채색에 들어갑니다. 골고루 뿌려 주면서 말이지요.

010. 스프레이를 뿌릴 때 주의할 사항은 계속 누르고 있으면 안 된다는 것입니다. 면을 채울 때나 선을 그을 때, 또는 기타 효과를 줄 때에 노즐(락카 분사 시 상단의 검지 손가락으로 누르는 부분)을 계속 누른 채로 채색을 하면 벽에 착색이 되는 과정에서 아래로 흐르기 마련입니다. 이러한 흐름 현상을 방지하기 위해서는 손가락을 눌렀다 뗐다 하며 끊어서 채색을 해야 합니다. 치---익하고 계속 누른 채로 뿌리는 것이 아니라 칙, 칙, 칙, 칙 하고 끊어서 짧게, 짧게 면을 채워 나가는 것입니다. 그러면 채색도 깔끔하게 되고 얼룩이 지는 것도 방지할 수 있습니다.

## bail on
**to leave or abandon**

떠나다 또는 저버리다

HOMIE 1: Are you bailing on me?
HOMIE 2: I need to get home and feed my dog.
호미1: 날 버리고 갈 거니?
호미2: 집에 가서 개를 돌봐야 해.

## bail
**leave**

가다
[동사]

HOMIE 1: This party is so boring.
HOMIE 2: Let's bail!
호미1: 이 파티 정말 지루한 걸.
호미2: 나가자.

## bent
**drunk, intoxicated**

술 취한, 중독된
[형용사]

HOMIE 1: Why did you get so bent last night?
HOMIE 2: I was so depressed.
호미1: 너 어젯밤에 왜 그렇게 취했니?
호미2: 너무 우울해서.

011. 얼굴의 전체적인 명암을 깔고 눈, 코, 입 등을 묘사하고 있습니다. 이 부분은 어두운 색으로 그립니다.

012. 중간 과정. 와일드 채색과 할아버지 얼굴 윤곽이 나왔습니다.

013. 와일드 스타일의 전체적인 채색과 함께 인물 부분의 하단(음영 부분)을 스케치하고 있습니다.

## all that
### superior, as good as it gets

뛰어난, 최상의
[형용사]

HOMIE 1: She thinks she's all that.
HOMIE 2: She doesn't know herself.
호미1: 그 여자는 자기가 잘난 줄 알아.
호미2: 자기 자신을 모르는 거지.

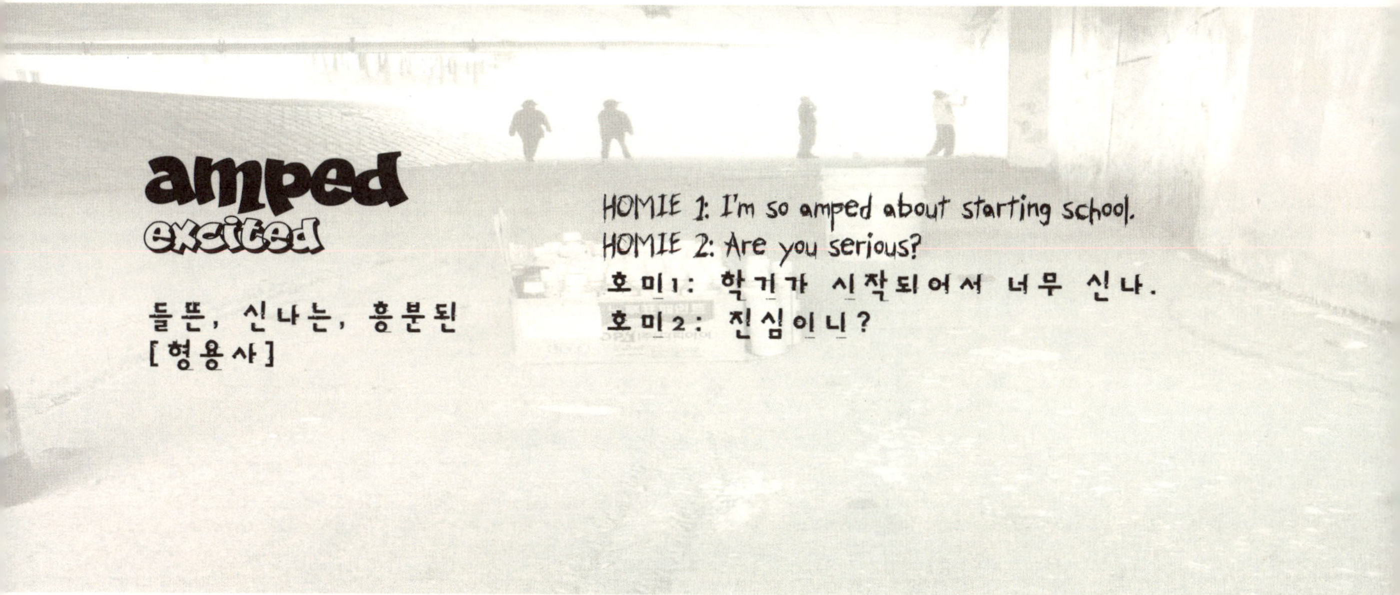

## amped
### excited

들뜬, 신나는, 흥분된
[형용사]

HOMIE 1: I'm so amped about starting school.
HOMIE 2: Are you serious?
호미1: 학기가 시작되어서 너무 신나.
호미2: 진심이니?

## b ball
### basketball

농구
[명사]

HOMIE 1: Let's play some b ball.
HOMIE 2: One on one.
호미1: 농구하자.
호미2: 1대 1로.

014. 진밤색으로 처음 구도를 잡을 때보다 구체적으로 전체적인 스케치를 하고 있습니다.

015. 와일드 스타일의 배경을 채색하고 있습니다. 이 그림에서는 벽에 그림이 그려져 있는 것을 표현하기 위해서 5Y베이지를 배경색으로 채색합니다. 스타일과 배경이 겹쳐지는 부분을 신경 써서 뿌려 줍니다.

016. 진밤색으로 얼굴 부분에 어느 정도의 명암을 잡아 줍니다.

## 5-0

**police**

경찰

[명사]

HOMIE 1: The 5-0 are crawlin' all over the place.
HOMIE 2: What happened?
호미1: 경찰이 쫙 깔렸어.
호미2: 무슨 일인데?

*1970년대에 유행한 경찰 드라마 "Hawaii 5-0"에서 유래.

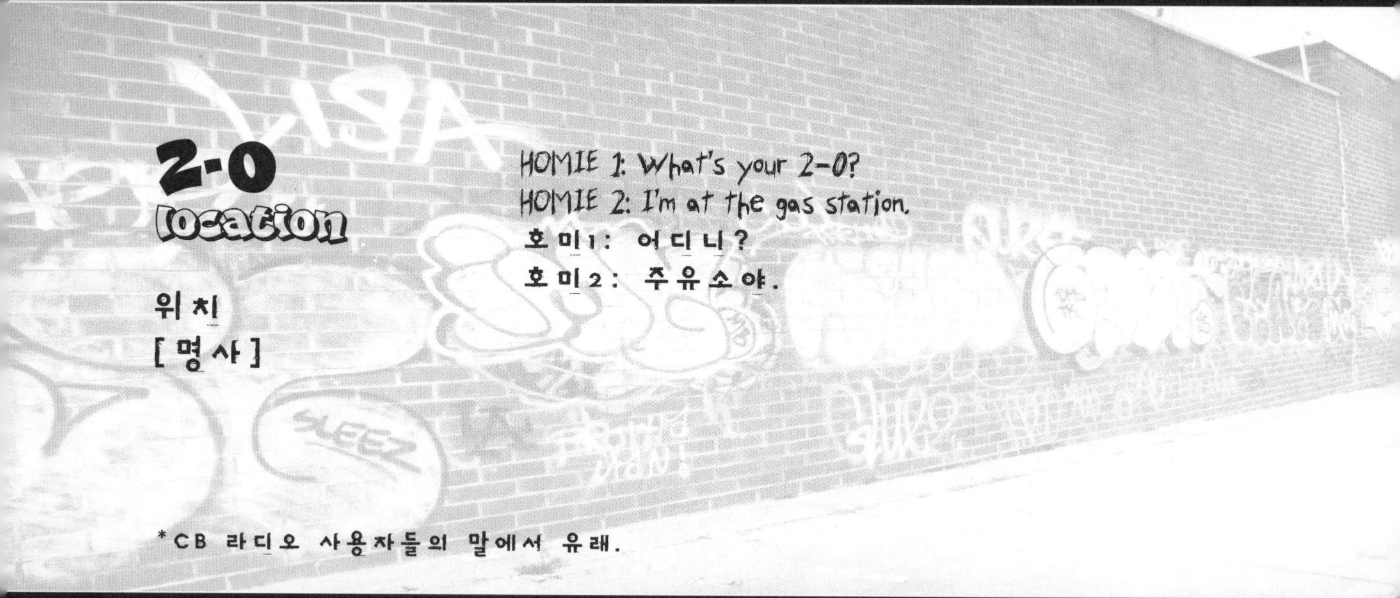

## 2-0

**location**

위치

[명사]

HOMIE 1: What's your 2-0?
HOMIE 2: I'm at the gas station.
호미1: 어디니?
호미2: 주유소야.

*CB 라디오 사용자들의 말에서 유래.

## 187

**homicide**

살인

[명사]

HOMIE 1: there was a 187 in my neighborhood.
HOMIE 2: Did the 5-0 show up?
호미1: 우리 동네에 살인 사건이 발생했어.
호미2: 경찰이 출동했어?

*캘리포니아주 경찰의 살인에 해당하는 코드에서 유래.

017. 와일드 스타일 배경(벽면 부분)까지 채색을 끝낸 중간 과정입니다.

018. 그림의 주가 되는 부분을 제외한 배경 부분을 채색합니다. 이 그림에선 하늘 부분이 됩니다. 사용하고 있는 색상은 연청색입니다.

019. 하늘의 윗부분은 색상 톤이 다르기 때문에 진청색으로 채색을 합니다. 넓은 면을 채색하기 위해서는 한 번에 뿌리는 것보다 전체적으로 면을 채운 후에 처음 칠했던 부분부터 다시 덧칠을 하는 식으로 채색을 합니다.

# Hip-hop slang

Phrases and words for the rapper in all of us.

020. 담벼락의 상단 부분(기와)을 채색하고 있습니다. 각자 맡은 곳을 채색합니다.

021. 블럭 대신 그림자로 와일드 스타일을 표현하고 있군요. 보통은 블럭으로 두께를 줘서 입체감을 주지만 이 작품에서는 그림자를 넣어 입체감을 표현합니다. 사용하는 색상은 연밤색을 사용했습니다. 또 오른쪽의 인물 부분에 한복의 전체적인 톤인 적색을 골고루 채워 주고 있습니다.

022. 와일드 스타일의 그림자 부분을 꼼꼼하게 그리면서 인물 쪽 묘사에 들어갑니다. 인물의 어두운 부분을 먼저 그린 후 이번엔 밝은 부분을 묘사합니다. 그림을 그리는 사람마다 묘사하는 방법이 다른데, 저희는 하이라이트 부분을 미색으로 먼저 채색을 했습니다.

앞에 나온 관용어들을 잘 숙지하도록! 힙합 프로젝트, 영어 핵폭탄 만들기를 계속 진행하겠다. 힙합 프로젝트의 6곡을 포함해 힙합 음악에는 슬랭이 많이 나온다. 이런 슬랭을 잘 사용하면 대화가 더 자연스럽고 재미있다. 물론, 공식적인 장소나 인터뷰에서는 삼가해야 되겠지. 어떤 힙합 슬랭은 너무 많이 써서 일상 영어로 자리 잡기도 했다. 우리나라에서 많이 쓰는 "피스(Peace)"나 "소리 질러!"는 다 힙합 슬랭이다. 대화 중간 중간에 자연스럽게 이런 슬랭들을 집어넣으면 미국인들도 감동하지. 힙합에서 호미(homie)는 친구라는 뜻이야. Okay, homie?

You guys ready to drop science? I present you with a mad collection of crazy hip-hop slang. Learn how to use these phrases and incorporate them into conversations with friends. This urban dictionary will serve as your key to hip-hop music. Use it and drop bombs that are NUCLEAR. The Hip-hop Project is live and in full-effect. Can you feel me?

023. 한복의 다른 부분까지 채색을 했네요. 이때 사용한 락카는 연하늘색입니다. 연하늘색은 일반적으로 유통이 되지 않는 색상입니다. 본인도 운 좋게 구입을 한 터라 락카 색상표에는 표기가 되어 있지 않다는 점 참고하시길 바랍니다. ^^

024. 중회색과 미색으로 얼굴 부분을 세밀하게 묘사합니다.

025. 담벼락 부분, 기와 부분을 채색하고 있습니다.

# 2.2
Chain Reaction

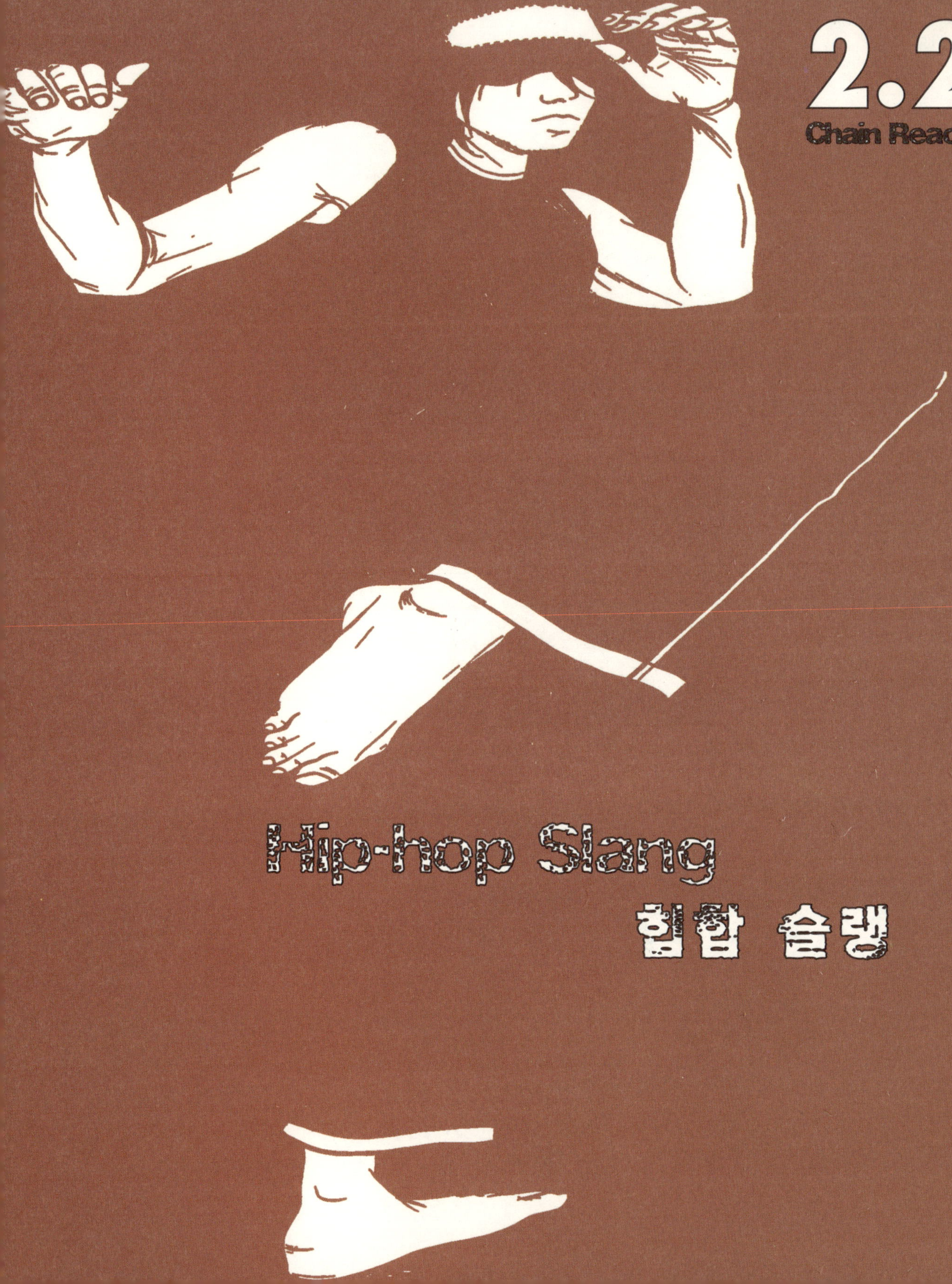

# Hip-hop Slang
# 힙합 슬랭

026. 인물의 수염을 묘사합니다. 이때 사용한 색은 5Y베이지입니다. 미색같이 밝은 색은 나중에 씁니다. 비교적 어두운 색인 5Y베이지를 사용해서 전체적으로 수염을 그려 넣습니다.

027. 와일드 스타일 부분에 아웃라인(outline)을 긋고 있습니다. 이때 사용한 색은 무광흑색입니다.

028. 와일드 스타일 부분의 전체적인 아웃라인과 인물 부분의 묘사가 어느 정도 끝난 그림입니다.

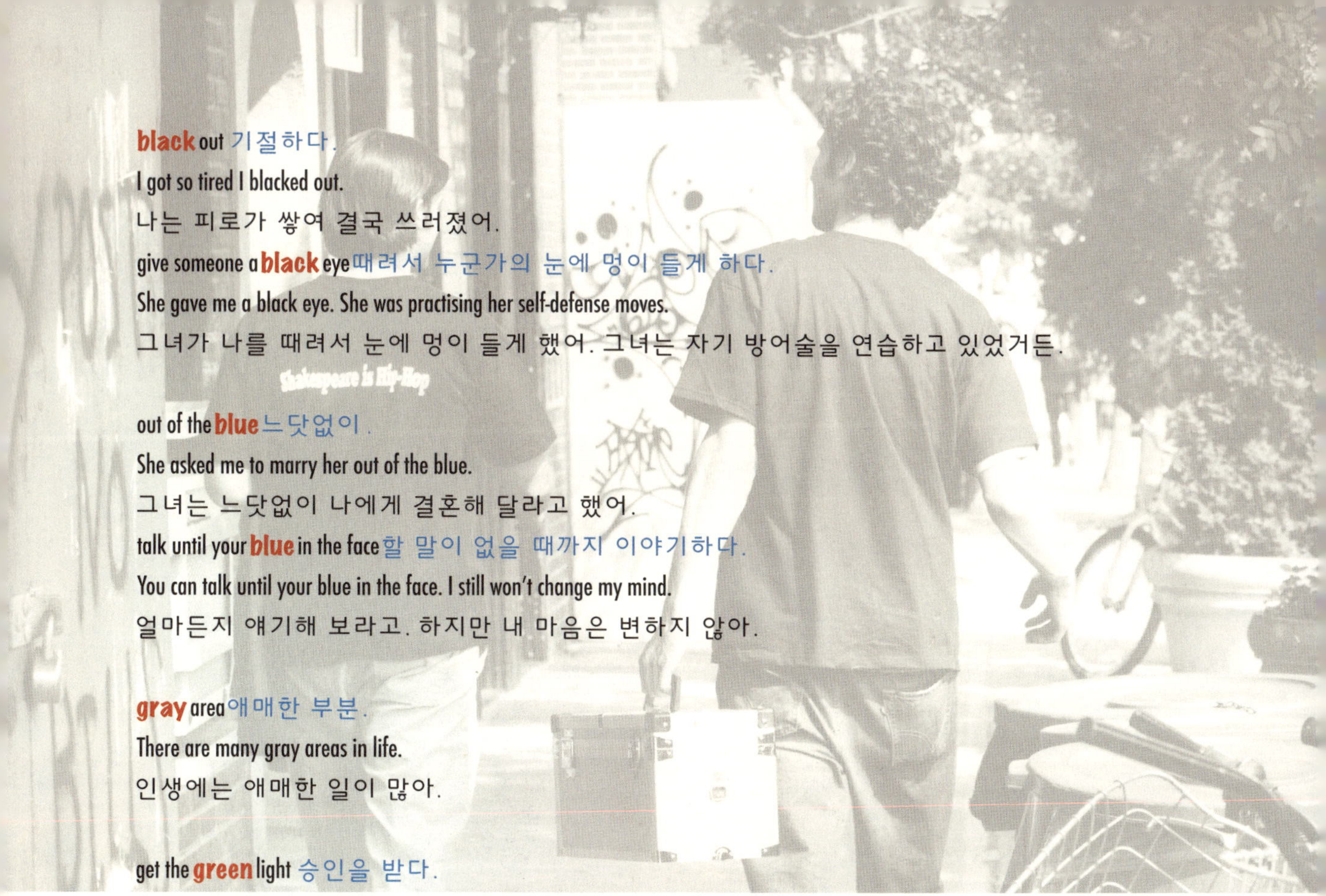


**black** out 기절하다.
I got so tired I blacked out.
나는 피로가 쌓여 결국 쓰러졌어.

give someone a **black** eye 때려서 누군가의 눈에 멍이 들게 하다.
She gave me a black eye. She was practising her self-defense moves.
그녀가 나를 때려서 눈에 멍이 들게 했어. 그녀는 자기 방어술을 연습하고 있었거든.

out of the **blue** 느닷없이.
She asked me to marry her out of the blue.
그녀는 느닷없이 나에게 결혼해 달라고 했어.

talk until your **blue** in the face 할 말이 없을 때까지 이야기하다.
You can talk until your blue in the face. I still won't change my mind.
얼마든지 얘기해 보라고. 하지만 내 마음은 변하지 않아.

**gray** area 애매한 부분.
There are many gray areas in life.
인생에는 애매한 일이 많아.

get the **green** light 승인을 받다.
She gave me the green light to buy a motorcycle.
그녀는 내가 오토바이를 사도록 허락해 주었어.

**pinky** 새끼 손가락.
She always drinks tea with her pinky sticking up.
그녀는 항상 새끼 손가락을 쳐들고 차를 마셔.

paint the town **red** 코가 삐뚤어지게 놀다.
On the first day of vacation I painted the town red.
방학 첫날에 나는 코가 삐뚤어지도록 놀았어.

**red** neck 편협한 생각을 가진 사람.
There are so many red necks who still believe white people are the superior race.
아직도 백인이 우월한 인종이라고 믿는 고집불통들이 많아.

**white** lie 선의의 거짓말.
I didn't want to attend her wedding. I told her I had the flu.
나는 그녀의 결혼식에 가기 싫었어. 감기에 걸렸다고 말했지.

029. 스타일을 하는 데 있어서 메세지를 포함하는 경우가 많습니다. 같은 크루의 멤버나 사랑하는 사람의 애칭, 존경하는 인물의 이름 등등이 될 수 있겠지요. 그러한 메세지 작업을 하고 있습니다. 인물 쪽은 얼굴의 묘사가 어느 정도 진행되었기 때문에 옷감이나 곰방대, 그리고 곰방대를 쥐고 있는 손 등을 묘사하고 있습니다.

030. 색을 채워 넣는 과정입니다. 백색으로 안쪽에 선을 긋습니다. 한복의 질감을 표현하기 위해서 세밀하게 묘사합니다. 주름이 접힌 부분, 어두운 부분, 밝은 부분, 옷감에 새겨진 문양 등을 아주 섬세하게 그려 줍니다. 와일드 스타일 폰트를 그릴 때는 어두운 부분은 연밤색이나 진밤색으로, 밝은 부분은 적색으로 채색해 명암의 차이를 표현합니다. 그림의 전체적인 틀을 잘 생각하면서 세심하게 그어 줍니다.

# IDIOMS RELATED TO COLOR

# 색깔이 들어가는 관용어들

031. 인물 부분의 완성이 얼마 남지 않아서 그에 따른 배경을 먼저 채색합니다. 전통 가옥의 단청 부분을 그리고 있습니다. 배경으로 쓰이는 그림이기 때문에 그다지 밝고 화려하게 표현하지 않습니다. 채도가 낮은 색을 사용합니다. 하지만 세밀한 부분 하나하나까지 놓치지 않고 그리는 것이 좋습니다. 그래야 그림을 보는 사람들이 재미를 더 많이 느끼게 되니까요. 지금은 진밤색으로 채색을 하면서 지붕을 받치고 있는 기둥 등을 약간 톤 차이가 나게 채색을 하고 있습니다.

032. 담벼락(와일드의 배경) 부분도 약간의 묘사와 함께 정리에 들어갑니다. 그냥 맨담벼락은 밋밋해서 옛날식 벽돌 문양이 들어간 담을 그렸습니다. 또한 인물 부분의 배경이 전체적으로 이어지게끔 연결해서 배경을 완성합니다.

**spine**less 겁쟁이인.

You are so spineless. You will never fight back.

너는 진짜 겁쟁이야. 절대 반격 못 할걸.

jump down your **throat** 누군가의 말을 곧장 반박하다.

She jumped down my throat when I told her sho looked fat in the dress.

그 드레스을 입으면 뚱뚱해 보인다는 내 말이 끝나기가 무섭게 그녀는 내 말을 반박했어.

rule of **thumb** 주먹구구식, 눈대중으로 혹은 경험적으로.

As a rule of thumb, tell a woman she looks pretty all the time.

경험상 여자에게는 항상 예쁘다고 말해 주는 것이 좋아.

on your **toes** 긴장하여.

Stay on your toes. Life is short.

정신 바짝 차리고 있으라구. 인생은 짧아.

**toe**-to-**toe** 말다툼 또는 몸싸움을 벌이다.

I went toe-to-toe with him. I ended up in the hospital.

나는 그와 싸웠어. 결국 병원에 입원했지.

tip of your **tongue** 기억이 가물가물한.

The name of that singer is on the tip of my tongue.

그 가수 이름이 생각날 듯 말 듯 해.

**tongue**-tied 부끄러워서 또는 당황해서 말을 제대로 못하는.

I was so nervous during the interview that I got tongue-tied.

인터뷰를 하는 동안 너무 떨려서 말이 제대로 안 나왔어.

sink your **teeth** into 열중하다, 빠지다, 몰두하다.

English is something I can sink my teeth into.

나는 영어라면 열중할 수 있어.

lie through your **teeth** 새빨간 거짓말을 하다.

I lied through my teeth to get this job but I was fired when I didn't know how to do anything.

나는 이 직장을 구하려 새빨간 거짓말을 했지만 아무것도 할 줄 몰라 결국 해고 당했어.

**STREET PHILOSOPHY #5**

**BE YOURSELF**

**이원우**

**Be Yourself.**

**자기 자신이 될 것.**

**"And the law that we live by is to stay true to self..."**

**2PAC from *Military Minds***

033. 전통 가옥의 단청 부분과 기와 등의 세세한 부분을 살짝 눈에 띄게 표현을 해 줍니다. 와일드의 배경도 전체적으로 정리를 하고 있습니다.

034. 배경을 정리할 때는 너무 무성의하지는 않지만 그다지 화려하지도 않게 하는 것이 좋습니다.

035. 담장의 기와 상단에 눈이 내려앉은 느낌을 연출하고 하늘의 구름을 표현합니다. 구름을 그릴 때는 하늘의 색상에 따라 약간의 차이가 있겠지만, 이 그림에서는 연청색과 백색으로 표현했습니다. 담벼락(와일드의 배경 부분)도 청연회색으로 흩뿌려서 깃털 같은 느낌의 질감을 표현했습니다.

bad-**mouth** someone 누군가를 나쁘게 말하다.

If you keep bad-mouthing me, I'm going to hurt you.

네가 나를 자꾸 나쁘게 말하면 널 가만두지 않겠어.

big **mouth** 입이 가벼운 사람.

You can't keep a secret. You have such a big mouth!

너는 비밀을 지키지 않는구나. 입이 참 가볍군!

blabber**mouth** 수다쟁이, 자기가 들은 걸 전부 남에게 얘기하는 사람.

Because everyone knows I'm a blabbermouth, nobody tells me anything.

모두 내가 입이 싼 걸 알아서 아무도 내게 뭔가 얘기해 주지 않아.

**mouth** off 함부로 이야기하다.

The teacher slapped him for mouthing off.

선생님은 그 애가 함부로 말하자 뺨을 때렸어.

shoot off your **mouth** 경솔하게 말하다.

He was shooting his mouth off about how great he is. Nobody listens.

그는 자신이 얼마나 대단한지 떠벌렸지만 아무도 듣지 않았지.

get on your **nerves** 신경을 건드리다.

She gets on my nerves. I don't want to see her again.

그녀는 내 신경을 건드려. 난 다시는 그녀를 보고 싶지 않아.

**nerve** 뻔뻔스러움.

She has nerve! She asked you to return all the presents you gave her?

염치도 없군! 그 여자가 자기가 준 선물을 다 돌려 달라고 했다며?

right under your **nose** 바로 앞에.

I looked everywhere for my glasses but they were right under my nose.

사방팔방으로 안경을 찾았건만 안경은 바로 코 앞에 있었어.

eating out of the **palm** of your **hands** 누군가를 완전히 통제하다.

I have her eating out of the palm of my hands. She will do anything I ask.

나는 그녀를 완전히 손에 쥐고 있어. 그녀는 내가 시키는 것이면 뭐든 하지.

cold **shoulder**(주로 화가 나거나 상처 받아서) 냉대하다.

She gave me the cold shoulder for weeks because I forgot her birthday.

내가 자기 생일을 잊었다고 그녀는 몇 주간 나를 냉대했어.

036. 그림이 마무리되면 각자 힛 업(hit up)을 합니다. 힛(hit)이라고도 하며 태그(tag) 등을 벽에 쓰는 행위를 뜻하는데 이때도 마찬가지로 그림을 그린 사람들의 이름 등을 써넣습니다.

037. 완성이네요. ^^ 기념 촬영을 했습니다.

RESPECT the skills...

파티는 통제 불가능해졌고 경찰이 출동했어.

second-**hand** 중고의.

I like wearing second-hand clothing because it's cheap.

나는 값이 싸서 구제옷을 잘 입어.

under**hand**ed 부정직한.

I don't trust that salesman. He seems very underhanded.

나는 그 판매원은 믿지 않아. 그 사람은 부정직해 보여.

air**head** 무책임하고 뭔가 잘 잊어버리는 사람.

She was such an airhead. she lost her cell phone every week.

그 여자는 매주 휴대폰을 잃어버릴 정도로 멍청했어.

big **head** 자만하다.

He got a big head after winning the lottery.

그는 복권에 당첨된 후 거만해졌어.

get something through your **head** 많은 시도 끝에 무엇을 이해하다.

When are you going to get it through your head that I am not interested in you!

언제쯤이면 내가 너한테 관심 없다는 걸 알겠니!

**head** out 떠나다.

Let's head out of here ten. The party starts at 11.

10시에 여기서 나가자. 파티는 11시에 시작해.

**Heads** up!(누군가를 향해 뭔가가 날아갈 때 주의를 주는 표현) 비켜, 조심해.

Heads up! Soccer ball!

조심해, 축구공이 날아간다!

hit the nail on the **head** 정확한 결론에 도달하다.

When you said the reason she broke up is because I'm broke, you hit the nail on the head.

내가 파산한 게 그녀가 날 떠난 이유라면 바로 맞혔어.

off the top of my **head** 어림짐작으로.

Off the top of my head, I think there were about 200 people at the party.

어림잡아 그 파티에 한 200명 정도는 왔던 것 같아.

play **head** games 심리를 조종해 원하는 것을 달성하려는 것.

She kept playing head games with me to get what she wanted. I didn't like it.

그녀는 자기가 원하는 것을 얻으려 자꾸 내 마음을 조종하려고 했지만 난 그게 싫었어.

# Graffiti Tips
## 그래피티를 그릴 때 필요한 재료들

### ① 락카

현재 한국에서 생산되는 락카는 약 30여 가지의 색밖에 없다. 모두 공업용 락카이며, 현재 여러 라이터들이 다양한 색을 개발 중이다.

*락카의 종류

(왼쪽부터)

형광 스프레이 - 일반적인 형광색 빛을 내는 스프레이.

중국 스프레이 - 국내 공업용 락카와 품질이 비슷한 중국산 스프레이.

크라이론 - 얇고 깔끔하게 착색되는 외제 스프레이.

벨튼 - 고급 외제 스프레이로 품질은 우수하나 비싼 게 흠이다.

몬타나 하드코어 - 그래피티만을 위해 제작된 독일제 스프레이.

동서 - 국내 공업용 락카.

듀프리 - 비싼 도색용 외제 락카.

### ② 노즐

일반적으로 다음에 나오는 세 개의 캡만 가지고 작업을 하는데 한국에서는 노즐이 따로 생산되지 않아 스키니/팻 캡은 일본에서 수입해서 쓰고 있다.

hate someone's **guts** 누군가를 아주 미워하다.
I hated his guts because he was such a devious person.
나는 그 사람의 그런 애매함 때문에 그 사람이 너무 미웠어.

make your **hair** stand on end (머리카락이 주뼛주뼛하게 설 만큼) 섬뜩하게 하다.
Seeing her without her makeup on made my hair stand on end.
화장을 안 한 그 여자의 모습을 보는 건 정말 섬뜩해.

catch someone red-**hand**ed 나쁜 짓을 하는 현장에서 누군가를 붙잡다.
I caught him stealing my books red-handed. He hid them under his shirt.
나는 내 책을 훔치는 그를 현장에서 붙잡았어. 셔츠 밑에 내 책을 숨겼더군.

give me a **hand** 도와주다.
Can you give me a hand moving this piano?
이 피아노 옮기는 것 좀 도와줄 수 있어?

**hand** it to you 누군가를 인정하다, 공을 돌리다.
I have to hand it to you. I didn't think you could do it but you did a good job.
대단한 걸. 나는 네가 못 할 거라 생각했는데 훌륭히 해냈어.

**hand**-me-down 물려 받은 것.
Everything I wear is a hand-me-down. I have a lot older brothers.
내 옷은 전부 물려 받은 거야. 나는 형이 많거든.

**hands** full 매우 바쁜.
I have my hands full and can't help you move. Sorry.
너무 바빠서 네가 이사하는 걸 도와줄 수 없어. 미안해.

in good **hands** 잘 보살펴 주는.
You're in good hands. I'm a very experienced with taking care of children.
믿고 맡기세요. 저는 아이들 돌보는 데 능숙하니까요.

know something like the back of your **hand** 무엇을 잘 알다.
I know downtown like the back of my hand. I go shopping everyday.
시내는 손바닥 보듯 훤해. 매일 쇼핑을 가거든.

have the upper **hand** 우세하다, 우위에 있다.
I have the upper hand because I can speak Korean and English.
한국어와 영어, 둘 다 할 수 있으니까 내가 더 유리해.

out of **hand** 손쓸 수 없는, 통제 불가능한.
The party got out of hand. The police came.

*락카별 노즐의 종류

(왼쪽부터 몬타나 / 크라이론 / 동서)

몬타나 같은 경우는 크고 손에 편하며, 매우 부드러운 소프트 노즐이다.

크라이론은 오래 쓰다 보면 손목에 무리가 가는 스키니 노즐이다. 얇게 나가는 노즐이라 압력과 크게 관계가 없다.

동서의 노즐은 부드럽지만, 압력 조절이 힘들다. 그러므로 국내 라이터들은 노즐의 힘 조절을 잘해서 그림을 그려야 한다.

keep your **eyes** peeled 누구 또는 무엇을 잘 지켜보다.

Keep your eyes peeled and tell me when you see him. He  owes me money.

잘 보고 있다가 그 애가 보이면 나한테 말해. 그 애는 나한테 빚을 지고 있거든.

**finger**-pointing 비난

There was a lot of finger-pointing going on in our family when asked why I turned out the way I did.

내가 왜 이렇게 되었는지에 대한 책임 소재를 놓고 가족들은 서로 손가락질하며 비난했어.

keep your **finger**s crossed 행운을 빌다.

Keep your fingers crossed. Maybe it will rain and we won't have to go.

행운을 빌어 줘. 비가 오면 우리는 가지 않아도 될 거야.

not lift a **finger** 아무 일도 하지 않다.

I sat on the couch all day and did not lift a finger. My mom was not pleased.

나는 하루 종일 소파에 앉아 손가락 하나 까딱 않았어. 엄마가 좋아하셨을 리가 없지.

back on your **feet** 실패에서 일어서다.

I'm back on my feet again. Don't cry for me anymore.

나는 다시 일어섰어. 더 이상 나 때문에 울지 마.

cold **feet** 용기를 잃다.

I got cold feet in front of her because she was so beautiful.

그 여자는 너무 예뻐서 난 그 여자 앞에서 얼었어.

get off on the wrong **foot** 순조롭지 않게 시작하다.

We got off on the wrong foot when I told her I loved steaks. She was a vegetarian.

내가 스테이크를 좋아한다고 말하는 순간부터 우리의 출발은 순조롭지 않았어. 그 여자는 채식주의자였거든.

stand on your own two **feet** 경제적으로 자립하다.

Mom told me to stand on my own two feet. She stopped giving me an allowance.

엄마는 내가 경제적으로 자립해야 한다며 용돈을 끊었어.

swept off your **feet** 이성에 매료되다.

She swept me off my feet when she told me she would want to meet me even in another life.

다시 태어나도 나와 만나고 싶다는 그녀의 말을 듣는 순간 나는 그녀에게 홀딱 반하고 말았어.

**gut** reaction 본능적인 최초의 반응.

My gut reaction tells me that I should not listen to you. You sound like a conman to me.

당신 말을 들으면 안 될 것 같은 느낌이 드는군. 내 귀엔 당신 말이 사기꾼같이 들려.

### ③ 잉크

현재 국내에서는 잉크가 그다지 많이 쓰이지 않는다.
파일럿(pilot) 잉크는 국내산이고 나머지 두 가지는 수입산이다.

### ④ 마카

온더런(on the run) 같은 외국의 좋은 마카는 국내에서 찾아볼 수 없다.
따라서 화방이나 문방구에서 보이는 대로 구입해서 사용한다.
보통 펜텔(pentel) 제품도 많이 쓰이며, 한국의 유성 매직(ink)도 많이 쓰인다.

rack one's **brain** 뭔가를 생각해 내느라 머리를 쥐어짜다.
I racked my brain to remember her birthday.
나는 그녀의 생일을 기억해 내느라 머리를 쥐어짰어.

get off your **chest** 자신을 괴롭히는 일을 속시원히 털어 놓다.
I need to get this off my chest. You bother me!
그냥 속시원히 말해야겠어. 넌 날 귀찮게 해!

all **ears** 주의해서 듣다.
I'm all ears. Tell me why you lied to me.
(듣고 있으니) 말해 봐. 왜 나한테 거짓말했는지.
play by **ear** 즉흥적으로 하다.
Let's play it by ear. I like to live spontaneously sometimes.
즉흥적으로 하자. 나는 가끔씩은 흥이 나는 대로 살고 싶어.
wet behind the **ears**(아이가 막 태어나서 귀 뒤도 안 마른) 미숙한, 풋내기의.
I'm a little wet behind the ears but my passion is more than enough to cover it.
나는 좀 미숙하지만 내 열정은 그것을 보충하고도 남아.

**elbow** room(팔꿈치를 자유롭게 움직일 수 있는) 활동 공간.
Give me some elbow room. I can't think with you standing so close.
좀 떨어져. 네가 너무 가까이 서 있어서 아무것도 생각할 수가 없어.

catch (caught) your **eye** 시선을 사로잡다, 관심을 끌다.
She caught my eye with her great singing voice.
나는 그녀의 아름다운 노랫소리에 매료됐어.
give someone the **eye** 호감을 가지고 이성을 쳐다보다.
You think every woman in the world is giving you the eye! Wake up!
세상의 모든 여자들이 너한테 관심 있는 걸로 생각하나 본데, 정신 차리라구!
in the public **eye** 대중의 주목을 받고.
I am not used to being in the public eye. Cameras keep following me around.
나는 사람들의 주목을 받는 데 익숙하지 않아. 카메라가 나를 계속 쫓아 다녀.
keep an **eye** on 주의 깊게 지켜보다.
I have to keep my eye on him because he always gets into trouble.
그 애는 항상 문제를 일으키니 잘 지켜봐야 해.

## ⑤ 방독면

방독면은 밀폐된 공간이나, 환기가 잘 안 되는 곳에서 작업할 때 꼭 필요한 준비물이다.
크게 방진, 방독 마스크가 있는데 주로 방독 마스크를 쓰며, 가격은 보통 10,000 원에서 30,000 원까지 다양하다. 필터는 2~3회 작업 후 갈아 끼워 주는 게 좋고, 야외 작업이라고 해도 건강을 생각한다면 써 주는 것이 좋다.

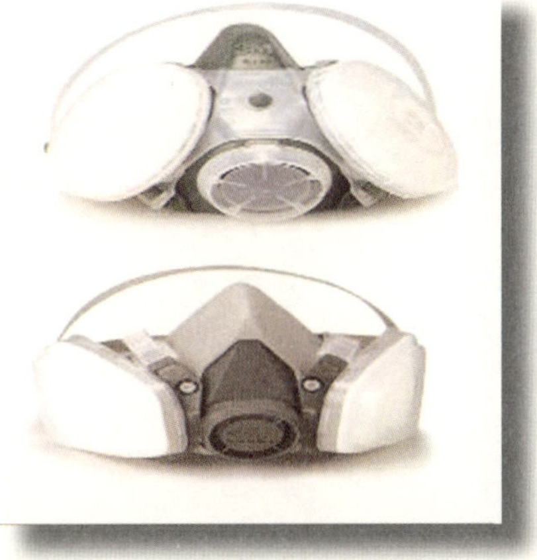

## 일반 노즐과 교체 노즐(스키니 노즐)의 차이

일반 노즐은 부드럽지만 노이즈(튐)가 많고 깔끔하지 못하며 손가락에 무리가 가는 반면, 교체한 스키니 노즐의 경우 선이 깔끔하며 손가락에 무리가 가지 않는다. 따라서, 국내 일반 노즐은 힘 조절을 해서 선을 그어야 하고, 스키니 노즐은 따로 힘 조절 없이도 얇고 깔끔한 선이 나온다.
아래의 사진은 일반 노즐로 태깅한 것과 스키니 노즐로 태깅한 것을 비교한 것이다. 일반 노즐로 태깅했을 때는 락카가 흘러내리지만(가운데 사진), 스키니 노즐로 태깅했을 때는 얇고 깔끔하게 선이 그어지는 것을 볼 수 있다.

cost an **arm** and a **leg** 매우 비싼.
My new computer cost me an arm and a leg.
내 새 컴퓨터는 매우 비싸.
keep someone at **arm**'s length 누군가와 거리를 유지하다, 누군가를 멀리 하다.
I am keeping her at arm's length because she is becoming too dependent on me.
그 여자는 너무 나를 의지하려 해서, 나는 그녀와 거리를 두고 있어.

behind your **back** 몰래, 비밀리에.
She was dating another guy behind my back.
그녀는 나 몰래 다른 남자와 데이트를 하고 있었어.
Get off my **back**! 귀찮게 하지 마!
I told my mom to get off my back about getting a job.
나는 취직하는 일로 나를 귀찮게 하지 말라고 엄마에게 말했지.

**bone** to pick 누군가에 대한 불만거리.
I have a bone to pick with you. Why did you lie to me?
너한테 따질 일이 있어. 왜 나한테 거짓말했어?
**bony** 매우 여윈.
I had lost so much weight that I looked bony.
나는 살을 많이 빼서 매우 여위어 보였어.
feel it in my **bones** 확신하다.
Something terrible is going to happen tomorrow. I feel it in my bones.
내일 뭔가 안 좋은 일이 생길 거야. 분명해.
work your **finger** to the **bones** 매우 열심히 일하다.
My father always reminded me that he worked his fingers to the bone to send us to school.
아버지는 항상 나에게 우리를 학교에 보내기 위해 당신이 뼈 빠지게 일하셨다는 것을 상기시키셨어.

**brain** 천재.
I was tired of people calling me a brain!
나는 사람들이 나를 천재라고 부르는 데 진저리가 났어!
pick your **brain** 조언을 구하다.
Let me pick your brain .
나에게 조언해 주세요.

The Hip-hop Project is about rap music with a positive message. Many complain that rap has a bad influence on children, as many rap songs are about violence, sex and greed. The Hip-hop Project is about rap with a positive message and becoming absorbed in this culture to acquire a "feel" of English.

## 락카 섞는 법

1. 두 가지 색깔의 락카를 이을 빨대(호스)를 만든다. 이때 사이즈가 작으면 대롱에 안 들어가고 너무 크면 틈이 생겨 도료(물감)가 밖으로 넘쳐흐르므로 딱 맞는 사이즈의 빨대를 만들어야 한다.
2. 두 락카 중 한 통의 가스를 충분히 뺀 후 노즐을 뺀다.
3. 호스를 끼운다.
4. 가스를 뺀 락카를 위쪽에, 가스를 빼지 않은 락카를 아래에 놓고 섞는다. 이때 튀지 않게 조심해야 한다. 다 섞은 후에는 다시 노즐을 끼워서 사용하면 된다.

이러한 방식으로 다양한 색상을 만들어 사용할 수 있다.

IDIOMS RELATED TO BODY PARTS
신체 부위가 들어가는 관용어들

## 노즐 스킬(뿌리는 방법)

국내 스프레이는 노즐이 따로 생산되지 않기 때문에 힘 조절을 잘해서 뿌려야 한다. 얇은 선을 그을 때는 노즐에 약하게 힘을 줘서 뿌려야 얇게 뿌릴 수 있다. 넓은 면적을 칠할 때는 일정한 힘을 가해 뿌리면서 깔끔하게 칠해 주면 된다. 힘 조절을 하지 않고 뿌리면 사진과 같이 흐르게 된다. 그러므로 일정하게 힘 조절을 하면서 끊어서 뿌리면 깔끔하게 채색된다.

## STREET PHILOSOPHY #4

KILL STEREOTYPES

서보균 + 최수희

Kill Stereotypes.

고정관념을 버릴 것

"Or reinforce stereotypes of today... Like all my brothers eat chicken and watermelon... Talk broken English and drug selling..." Boogie Down Productions from *My Philosophy*

이 책에 나오는 네 명의 주인공들을 벽에 그렸습니다. 이 그래피티의 완성 과정은 동영상으로 볼 수 있지요.
www.swaggerlou.com -> projects-> Hip-hop Project-> Hip-hop School-> Tagil

# BOMBING THE... HIP-HOP PROJECT... WITH TAGILZ...

# CLOTHES

I beat the pants off him in a basketball.
나는 농구에서 그를 완전히 이겼어.

Wear the **pants** in the family 주도권을 쥐다.
My mom wears the pants in the family after my father left.
아버지가 떠나신 후로 어머니가 우리 집안의 결정권자이셔.

give the **shirt** off your back 가진 것을 다 제공하다.
I was so in love with her I would give her the shirt off my back.
나는 내가 가진 것을 다 줄 정도로 그녀를 매우 사랑했어.

keep your **shirt** on 참아라.
Keep your shirt on! The movies going to start soon.
참아, 영화가 곧 시작될 거야.

put yourself in my **shoes** 너도 내 입장이 되어 봐.
Before you answer the question, put yourself in my situation.
질문에 답하기 전에 너도 내 입장이 한번 되어 봐.

**shoe**-in 적임인.
I am shoe-in for the promotion because I have been working here the longest.
내가 여기서 제일 오래 일했으니까 승진에 가장 적합해.

up one's **sleeve** 비밀 계획을 갖다.
I don't trust him at all. It seems like he has something up his sleeve.
나는 그 사람을 전혀 믿지 않아. 그 사람은 뭔가 꿍꿍이가 있는 것 같아.

wear your heart on your **sleeve** 속마음을 숨기지 않고 드러내다.
She wears her heart on her sleeve which can be tiring for those people around her.
그녀는 속마음을 숨기지 않고 드러내서 주위 사람들이 좀 피곤할 수도 있어.

knock your **socks** off (양말이 벗겨질 정도로) 놀라다.
the new song will knock your socks off!
그 새 노래를 들으면 너는 정말 깜짝 놀랄 거야!

dj핵폭탄

**belt** out a song 열창하다.

At my birthday party I belted out a song and everybody admired my skills.

나는 내 생일에 노래를 열창했고 사람들은 내 솜씨에 감탄했지.

hit below the **belt** 반칙하다.

After he stole my girlfriend, he invited me to their wedding which was a hit below the belt.

그는 내 여자 친구를 빼앗아 간 후 반칙이라고 할 수밖에 없는 그들의 결혼식에 나를 초대했어.

**boot** 추방하다.

I got booted from class after I imitated the teacher's voice.

나는 선생님의 목소리를 흉내낸 후 반에서 쫓겨났어.

**boot**legged 불법 생산품의.

There are many bootlegged tapes and DVDs in Korea.

한국에는 불법 테이프와 DVD가 많아.

shake in one's **boots** 두려워서 떨다.

In my dreams, everybody at school started to shake in their boots when I walked into the room.

꿈에 내가 교실로 들어가자 애들이 전부 두려워하며 떨었어.

blue-**collar** worker 육체 노동에 종사하는 근로자.

Both my parents are blue-collar workers which explains why they want me to study so hard.

우리 부모님은 둘 다 생산직 노동자이셔서 내가 열심히 공부하기를 바라셔.

fit like a **glove** 꼭 맞다.

The pants I bought a few years ago still fit like a glove.

몇 년 전에 산 바지가 아직도 내게 꼭 맞아.

at the drop of a **hat** 바로, 지체 없이.

She gets angry at the drop of a hat. This makes me very nervous.

그녀는 당장 화부터 내기 때문에 너무 무서워.

Achilles' **heel** 치명적인 약점.

I can never say no to someone who cries. That's my Achilles' heel.

나는 우는 사람은 절대 거절하지 못해. 그게 내 약점이지.

beat the **pants** off 승부에서 완전히 이기다.

You are in the midst of the Hip-hop Project. While studying these idioms, things might get a little boring. Keep things exciting by creating scenarious to use these idioms and using them in your favorite songs. Create and replace lyrics with these idioms. You will never forget them...Hip-hop project keeping it real... Peace.

힙합 프로젝트 마지막 단계! DJ 핵폭탄... 음악을 틀어 주는 사람이 없으면 세상이 얼마나 조용하고 재미없겠어? 이제 힙합의 4대 요소 중 하나인 DJ잉에 대해서 한번 배워보자. 우리 선생님은..DJ Mingi....

# 의복이 들어가는 관용어들

# IDIOMS RELATED TO CLOTHES

, 스왜거루 쇼핑 니다.
안녕하세요, 여러분! 방가 방가~
SWAGGERLOU 홈쇼핑
자동주문 080-xxx-xxxx
상담주문 080-xxx-xxxx
네, 오늘의 상품은 바로 LP 판입니다.
타임서비스 0:59
LP 판 10,000원 -->5,000원
파격 할인 50 %
DJ 민기씨, LP 판의 장점을 들자면 어떤 게 있을까요?
네, LP 판의 장점은 다양한 용도로 활용 가능하다는 것이죠.
타임서비스 1:10
LP 판 10,000원 -->5,000원
파격 할인 50 %
먼저 애완견 훈련을 위한 프리스비...
손님 접대용 쟁반...
리고 초슬림 썰매판...
으아아아~
하지만 뭐니 뭐니 해도 스크래치 하는데 사용하는 게 최고지요!

불타는 열정...
끝없는 도전...
NEVER GIVE UP.
ENERGY
BOOST

DJ의 원조라고도 할 수 있는 미국의 유명한 DJ인 DJ 그랜드마스터 플래쉬(DJ Grandmaster Flash)는 디제잉(DJing)을 다이너모(dynamo), 즉 발전기로 비유한 적이 있다. DJ의 사명은 어떤 종류의 음악이든 변형, 재정리, 재창조 해서 듣는 사람을 신명 나게 하는 것이다. 즉, DJ는 음악 위에 시를 덮어쓰는 사람이다. 내가 디제잉에 빠진 이유도 바로 이것이라고 할 수 있다. 어떤 음악이든 내 턴테이블 위에 놓이면 나는 그 음악을 내 비트에 맞춰 내 음악으로 만들어 듣는 사람들을 신나게 한다. 턴테이블 두 개 뒤에 서면 온 세상이 내 것처럼 생각되고 내 손끝에서 나오는 마술은 듣는 사람을 감동시킨다. 음악에서 나오는 비트 리듬은 어떻게 보면 인간의 심장 박동과도 같다. 계속 쿵쿵하며 울려 대는 그 심장 박동 소리가 있기에 나는 존재하며 모든 것을 할 수 있다. DJ 활동을 하면서 나는 턴테이블에서 흘러나오는 그 박동 소리를 통해 모든 것을 할 수 있다는 자신감을 얻었다. 그 비트가 침묵하는 날은 바로 내가 이 세상과 작별하는 날이 될 것이다. 자세히 들으면 우리가 사는 세상은 온통 비트 천지이다. 똑딱하는 시계, 지나가는 차 소리, 컴퓨터 안에서 돌아가는 팬 소리, 9시가 되면 딩동댕하며 나오는 뉴스…. 우리는 비트 속에서 살고 있고 나는 이러한 비트를 다루는 마술사이다.

eat like a **pig** 과식하다, 예의도 없이 지저분하게 마구 먹어 대다.
You're fat because you eat like a pig!
그렇게 과식하니까 뚱뚱하지!

**pig** out 게걸스럽게 먹다, 과식하다.
I pig out during exam periods because I am so stressed out.
시험 기간에는 스트레스를 많이 받아서 엄청 먹어 대.

black **sheep** 가족으로부터 따돌림을 받는 사람, 골칫덩어리, 말썽꾸러기.
I haven't been home in years because I am the black sheep of the family.
나는 우리 집안의 골칫덩어리여서 몇 년간 집에 가지 않았어.

quit cold **turkey** 나쁜 습관을 단번에 끊다.
When I found out fatty foods were harmful, I quit eating hamburgers cold turkey.
나는 지방질 식품이 몸에 해롭다는 걸 알고 나서 햄버거를 바로 끊었어.

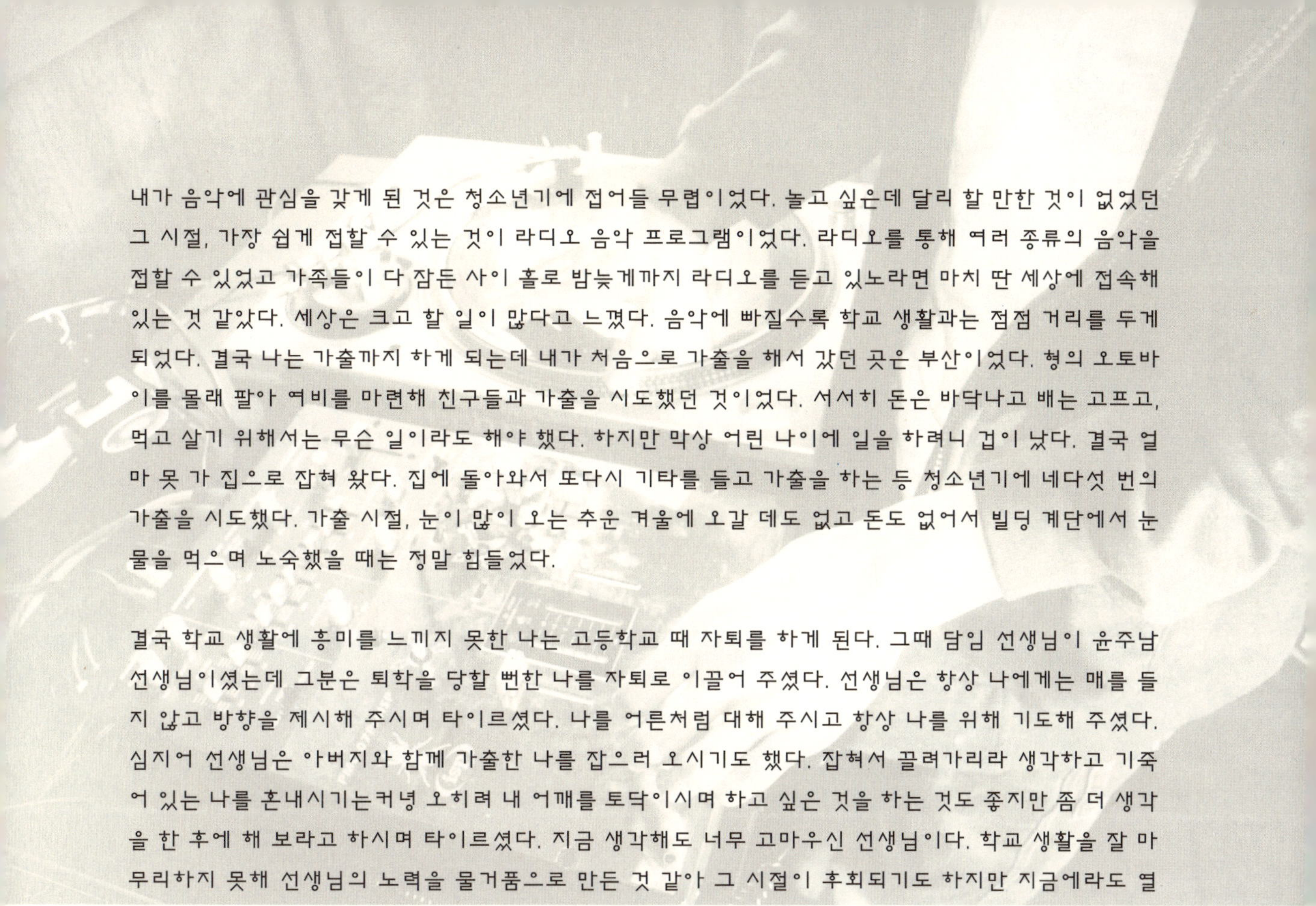

내가 음악에 관심을 갖게 된 것은 청소년기에 접어들 무렵이었다. 놀고 싶은데 달리 할 만한 것이 없었던 그 시절, 가장 쉽게 접할 수 있는 것이 라디오 음악 프로그램이었다. 라디오를 통해 여러 종류의 음악을 접할 수 있었고 가족들이 다 잠든 사이 홀로 밤늦게까지 라디오를 듣고 있노라면 마치 딴 세상에 접속해 있는 것 같았다. 세상은 크고 할 일이 많다고 느꼈다. 음악에 빠질수록 학교 생활과는 점점 거리를 두게 되었다. 결국 나는 가출까지 하게 되는데 내가 처음으로 가출을 해서 갔던 곳은 부산이었다. 형의 오토바이를 몰래 팔아 여비를 마련해 친구들과 가출을 시도했던 것이었다. 서서히 돈은 바닥나고 배는 고프고, 먹고 살기 위해서는 무슨 일이라도 해야 했다. 하지만 막상 어린 나이에 일을 하려니 겁이 났다. 결국 얼마 못 가 집으로 잡혀 왔다. 집에 돌아와서 또다시 기타를 들고 가출을 하는 등 청소년기에 네다섯 번의 가출을 시도했다. 가출 시절, 눈이 많이 오는 추운 겨울에 오갈 데도 없고 돈도 없어서 빌딩 계단에서 눈물을 먹으며 노숙했을 때는 정말 힘들었다.

결국 학교 생활에 흥미를 느끼지 못한 나는 고등학교 때 자퇴를 하게 된다. 그때 담임 선생님이 윤주남 선생님이셨는데 그분은 퇴학을 당할 뻔한 나를 자퇴로 이끌어 주셨다. 선생님은 항상 나에게는 매를 들지 않고 방향을 제시해 주시며 타이르셨다. 나를 어른처럼 대해 주시고 항상 나를 위해 기도해 주셨다. 심지어 선생님은 아버지와 함께 가출한 나를 잡으러 오시기도 했다. 잡혀서 끌려가리라 생각하고 기죽어 있는 나를 혼내시기는커녕 오히려 내 어깨를 토닥이시며 하고 싶은 것을 하는 것도 좋지만 좀 더 생각을 한 후에 해 보라고 하시며 타이르셨다. 지금 생각해도 너무 고마우신 선생님이다. 학교 생활을 잘 마무리하지 못해 선생님의 노력을 물거품으로 만든 것 같아 그 시절이 후회되기도 하지만 지금에라도 열심히 사는 것이 은혜에 보답하는 길이라고 생각한다.

여러 가지 어려움을 겪을 때마다 항상 내가 느끼는 것은 어떤 어려움이 내 앞에 놓여 있을지라도 음악을 듣는 그 순간에는 이 모든 어려움이 사라지고 기분이 좋아진다는 것이다. 라디오를 들을 때나 어디선가 음악이 흘러나오면 기분이 좋아지고 살맛이 났다. 아! 음악을 틀어 주는 사람은 묘한 권력이 있다는 것을 깨달았다. 내가 다른 사람에게 기쁨을 줄 수도 있다. 그 시절 절망하거나 희망이 보이지 않을 때면 음악은 마치 구세주와도 같이 나를 건져 주었다.

처음 내가 DJ를 본 것은 18살 즈음에 신촌의 락까페에 갔을 때였다. 그곳에선 DJ가 바(bar)에서 LP(레코드 판)를 갈아 끼우면서 음악을 틀어 주고 있었다. LP가 너무 신기했던 나는 그 DJ에게 LP 파는 곳을 알아내 일단 복사판 LP 몇 장을 구입했다. 그 후 나는 DJ라도 되는 양 열정적으로 LP를 수집하기 시작했다. 그리고 한번은 친구와 함께 나이를 속이고 이태원에 갔는데 DJ가 당시 유행하던 현진영과 와와의 노래를 틀어 주고 있었다. 그런데 분명 내가 잘 알고 있는 노래인데도 비트가 믹스되어 전혀 다른 노래처럼 들리는 것이었다. 음악을 그냥 틀어 주는 데 그치는 것이 아니라 그 음악을 변조하고 변화시켜 재창조까지 해내는 것! DJ란 바로 그런 일을 하는 사람이었다.

I have a frog in my throat. 사래가 걸렸어.

scape**goat**남의 죄를 대신 지는 사람, 희생양.
Don't use me as a scapegoat! 날 희생양으로 삼지 마!

beat a dead **horse**(죽은 말을 두드리는 것처럼) 소용없는 일에 계속 정력을 쏟다.
Quit beating a dead horse! 벌써 끝난 일에 자꾸 정력 쏟지 마!
**horse** around 장난을 치다.
We horsed around before class started. 우리는 수업이 시작되기 전에 장난을 쳤어.

make a mountain out of a **mole**hill (두더지가 파놓은 흙두둑을 산더미로 표현하는 상황) 과장해서 말하다.
Don't make a mountain out of a molehill! 사소한 일을 크게 만들지 마!

smell a **rat** 누군가를 수상쩍게 생각하다, 눈치 채다.
My motocycle has two flat tires. I smell a rat. Maybe it's my neighbor because we had a fight.
내 오토바이 바퀴가 다 펑크 났어. 이웃 사람이 아닐까 의심 돼. 왜냐면 우리는 싸웠었거든.

**snake** eyes 주사위 두 개를 던져 똑같이 1이 나오는 경우로 그 모양이 뱀의 눈과 닮은 데서 유래했으며 주사위 놀이에서 지게 되므로 불운함을 나타낼 때 사용한다.
I rolled snake eyes. 이크, 둘 다 1이다!

can of **worms** (벌레가 든 깡통처럼) 헷갈리고 복잡하고 불쾌한 일이나 상황.
I opened a can of worms when I asked her about her old boyfriend. 내가 그 여자에게 옛 남자 친구에 대해 묻자 오만 말이 홍수같이 쏟아져 나왔어.

**monkey** suit 턱시도.
My girlfriend wants me to wear a monkey suit to the wedding.
내 여자 친구는 결혼식 때 내가 턱시도를 입길 바래.

night **owl** 야행성, 밤늦도록 자지 않는 버릇이 있는 사람.
I'm a night owl and do all my work at night. I sleep during the day.
나는 야행성이라 밤에 일을 다 해. 그리고 낮엔 잠을 자지.

DJ에 대해 점점 매력을 느끼고 있던 중 나에게 뜻밖의 기회가 찾아왔다. 외삼촌 친구의 친구가 DJ를 하게 되어 그분의 보조로 일을 하게 된 것이었다. 당시 나는 미성년자였기 때문에 클럽 안에는 들어가지 못하고 차에서 기다리다가 판 가방 같은 것을 들어 주는 지극히 간단한 일을 했다. 하지만 무슨 일이든 밑바닥에서부터 시작하기 마련 아닌가. 어쨌든 나는 드디어 DJ의 세계에 발을 들여놓은 것이었다.

DJ가 되기 위해 여러 가지 기술을 익히던 중 나는 스크래치를 알게 되었다. 윌 스미스와 DJ 제지 제프(DJ Jazzy Jeff and The Fresh Prince)의 MTV 뮤직 비디오 '아이 워나 락(I Wanna Rock)' 을 보고서 말이다. 마치 지구가 긁히기라도 하는 듯한 스크래치 소리는 정말 독특했다. LP 한 장으로 얼마나 많은 것을 할 수 있는지! LP에 녹음된 음악을 재창조할 수 있을 뿐 아니라 판 그 자체로도 소리를 낸다니 너무 신기했다. 당시에는 스크래치 등의 디제이 기술에 대해 이론적으로 정리된 자료가 없었다. 학원이나 가르쳐 주는 사람은 더더구나 없었다. 그 뮤직 비디오를 녹화해서 계속 감아서 다시 보면서 그대로 똑같이 따라 하면서 익히는 수밖에 없었다. 몇 달에 걸쳐 손동작을 하나하나씩 발견해 가면서 익히다 보니 자연히 시간이 오래 걸렸다. 그런 인고의 시간을 버틸 수 있었던 것은 DMC 세계 챔피언 쉽(DMC World DJ Championship)에 나가 우승하겠다는 꿈이 있었기에 가능했다. 당시 우리나라는 아직 DMC에 가입이 되어 있지 않아 나는 일본의 친구에게 자료를 구해 때를 기다리며 연습에 매진했던 것이었다.

92년에 디제이에 입문해 신촌, 홍대, 대학로, 이태원 등 소규모 클럽에서 활동하던 나는 96년경 당시 신철(DJ 처리)씨가 일했던 강남 노보텔 엠베서더 호텔 내에 있는 클럽으로 자리를 옮긴다. 그 시절에는 강남에서 활동해야 일류 디제이로 인정받을 수 있었다. 디제이로 어느 정도 자리를 잡았지만 활동 영역을 넓혀야겠다는 생각에 나는 엄청나게 적은 돈(25만원 정도)을 받고 강남에서 다시 디제이 보조 생활을 시작했다. 어떻게 해서든 신철 씨를 만나려고 했지만 그분은 유명한 디제이이고 나는 한낱 보조에 불과해 그 간격을 좁히기가 쉽지 않았다. 그분이 일을 마치고 떠나시는 뒷모습만 안타깝게 지켜볼 수밖에 없었다.

그러던 중 운명의 날이 다가왔다. 드디어 신철 씨가 DMC에 가입한 것이었다. 나는 그 소식을 듣자마자 업소를 그만두었다. 강남에 따로 나와 옥탑방에 장비를 두고 연습에 매진하기 위해서였다. 항상 빠듯하게 살았지만 그때는 정말 힘들었다. 낮에는 아르바이트를 하며 돈을 벌고 밤에는 디제잉을 연습하는 생활이 계속되었다. 결국 결전의 날이 다가와 나는 98년 제1회 DMC 한국 디제이 챔피언 쉽(DMC KOREA DJ CHAMPION SHIP)에서 입상했다. 내가 옥상에서 배를 곯으며 닦아 온 실력이 빛을 발하는 순간이었다. 다른 사람에게 배우는 것도 중요하고 유익한 면이 있지만 혼자 도전하고 시행착오를 겪으며 배우는 것이 때론 더 값지다. 물론 시간은 더 걸리지만 그렇게 배운 것은 자기의 한 지체처럼 평생 자신의 몸에 붙어 있는 것이다. 그 후 나는 여러 행사에서 DJ 활동을 하며 리믹스 작업에 참여하기도 하였다. 2002년 월드컵(World Cup) 한국전 전야제, 문화관광부 주최 한일 힙합 축제 등에서 DJ로 활약했다. 또한 여러

let the **cat** out of the bag(자루 속에 고양이를 넣어 돼지로 속여 팔았다는 중세의 일부 상인들에게서 유래) 무심코 기밀 사항을 누설하다.
Look who the **cat** dragged in!아니, 이게 누구야!
scaredy **cat** 겁쟁이.
Don't be such a scaredy cat! 겁쟁이처럼 굴지 마!

**chicken** out 꽁무니를 빼다.
I chickened out before the fight. 싸움이 일어나기 전에 꽁무니를 뺐어.

fat **cow** 뚱보.
I was a fat cow before starting to exercise. 운동을 시작하기 전에는 뚱보였어.
to have a **cow** 화 내다, 식겁하다.
My mom had a cow when she saw my grades. 엄마는 내 성적을 보고 불같이 화를 냈어.

sick as a **dog** 매우 아프다.
I was sick as a dog and could not go to school. 너무 아파서 학교에 못 갔어.
(in the) **dog**house 면목 없는, 미움을 산, 관계가 서먹해진.
I'm in the doghouse with my parents because I lied about going out. 외출한 것에 대해 거짓말을 해서 부모님께 미움을 샀어.

dead **duck** 끝장난 사람(것).
You're a dead duck! 넌 이제 끝장이다!

spread **eagle** 사지를 쭉 뻗고.
I laid in the snow spread eagle. 난 눈 위에 대자로 누웠다.

big **fish** in a small pond 우물 안 개구리.
I'd rather be a big fish in a small pond. 난 차라리 우물 안 개구리가 되는 게 나아.
There are plenty of fish in the sea! 세상에 널린 게 남자(여자)다!

**fish**y 수상한, 의심스러운.
There is something fishy going on at school. 학교에 수상한 일이 일어나고 있어.

**frog** in my throat 목이 쉰, 사래가 걸린.

ANIMALS

앨범 작업에도 참여하며 DJ 활동을 꾸준히 하고 있다. 지금도 여전히 나는 나의 디제잉 기술을 다듬고 조직적으로 정리하면서 진정한 턴테이블리스트로 거듭나고 있다.

턴테이블은 하나의 악기이다. 사람들이 피아노를 연주하는 것처럼 나는 턴테이블을 '연주' 한다. 마치 능숙한 음악가처럼 DJ는 턴테이블과 믹서를 이용해 정확한 타이밍, 탁월한 손과 눈의 운동 신경, 능숙한 기술, 그리고 창의력으로 음악을 재창조한다. 미국에서는 이제 뉴스쿨(new school) DJ들이 등장하여 옛날 DJ들의 기술을 바탕으로 놀라운 신기술을 접목해 보다 새로운 음악을 만들어 내고 있다. 그리하여 이제 턴테이블리스트들은 힙합 음악의 한 요소로 굳건히 자리를 잡고 있다. 내 손끝에서 음악을 만들어 낼 수 있는 한 나는 부러울 것이 없다. 사람들이 내 음악을 듣고 즐거워할 테니까.

# 동물이 들어가는 관용어들

## IDIOMS USING ANIMALS

party **animal** 파티광, 파티족.
I never studied and went to parties every night. I was such a party animal.
나는 공부는 하나도 안 하고 매일 밤 파티에 갔어. 그 정도로 파티광이었지.

**ant**sy(몸에 개미가 붙은 것처럼) 안절부절못하는, 불안한.
I couldn't sleep because I was so antsy. I was worried  about the exam.
너무 불안해서 잠을 못 잤어. 시험 때문에 걱정이 되어서.

blind as a **bat** (박쥐처럼) 눈이 먼.
I'm as blind as a bat without my glasses.
안경 없이는 난 완전 장님이야.
like a **bat** out of hell (지옥에서 내빼는, 즉 불을 비출 때 박쥐가 도망가는 모습) 재빨리, 민첩하게.
When the building started to crumble, I got out of there like a bat out of hell.
그 건물이 무너지기 시작했을 때, 나는 재빨리 거기에서 빠져나왔어.

early **bird** 일찍 일어나는 사람.
I get up at noon. I am not an early bird.
나는 대낮에 일어나. 아침형 인간은 아니지.

**buck** 돈, 달러.
Yo, lend me fifty bucks.
야, 50달러만 꿔 줘.

**bug** someone 누군가를 귀찮게 괴롭히다.
Will you stop bugging me! I'm busy.
그만 좀 괴롭힐래! 바쁘단 말이야.

(have) **butterflies** in my stomach 안달하다, 안절부절못하다.
I'm going on a date for the first time. I have butterflies.
처음으로 데이트 하는 거라서 너무 떨려.

Use idioms in ewveryday conversation, but sometimes, using idioms in writing can be too informal. Idioms and new idioms are constantly being used in rap music. Another thing to be carefu of is using idioms that are out-of-date. Learn idioms during this stage of the Hip-hop Project. Make your dreams come true.

# HOW TO DJ WITH DJ MINGI

영어에서 관용어는 특히 대화할 때 많이 쓴다. 이제 뜻을 아니까, 노래를 들으면서 랩을 따라 해 보자. 이제 좀 느낌이 오지? 블레이크와 똑같이 랩을 하도록 연습해 봐.

자, 이제 이 관용어들을 바탕으로 다른 기막힌 관용어와 표현들을 배워 볼까? 하나의 중성자에서 시작된 연쇄 반응으로 핵폭탄이 엄청난 위력을 발휘하게 되듯이 영어 핵폭탄에서도 하나에서 시작해서 결국 전체를 다 배우게 되지. 마치 꼬리를 잡는 것처럼 하나를 배우면 그것을 통해서 다른 것을 배우고 또 다른 것에 연결되고…. 결국엔 모든 것이 연결되어 있는 거지. 힙합은 영어와 닿아 있고, 한 노래에 나오는 영어를 통해서 또 다른 영어를 배울 수 있어. 여기서는 크게 4가지 종류로 관용어를 분리했다.

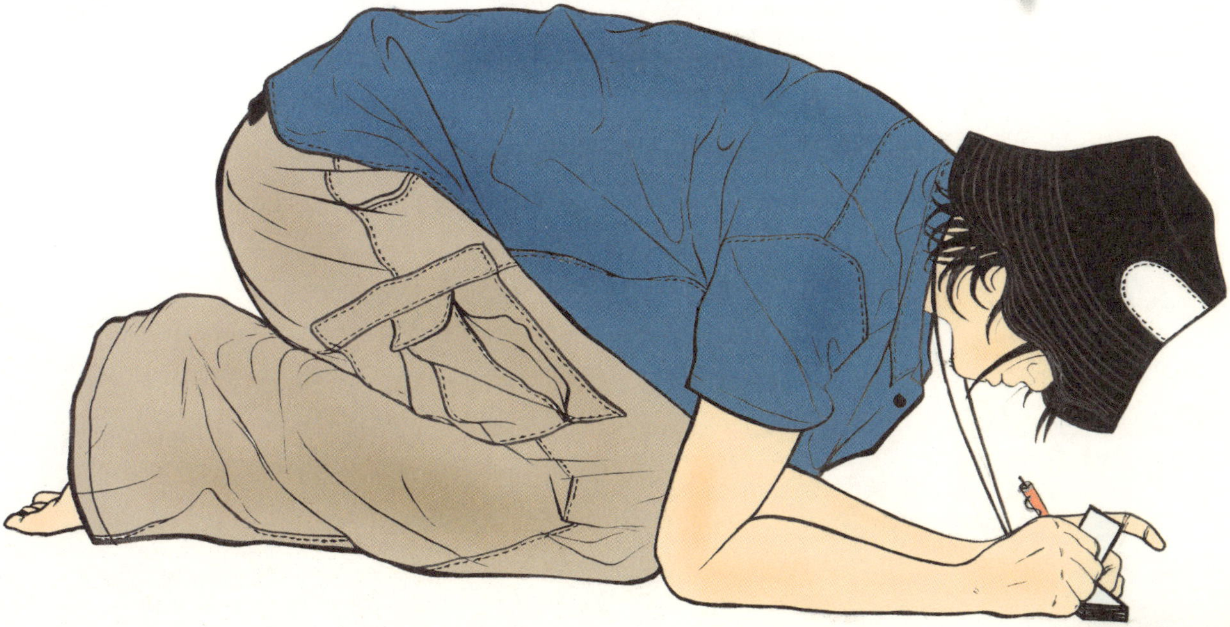

# 1 Man, 2 Turntables Can Change the World...

# IDIOMS FROM "MOUTH OF THE HORSE"

hold your horses (뭔가를 재촉하는 사람에게 하는 말) 진정해.

ex) Mom: You're late for school! Son: Okay, mom. Hold your horses!

pulled out all the stops 온갖 노력을 다 기울이다, 모든 방법을 동원하다.

took it up a notch 한 단계 끌어올리다.

stepped it up 한 단계 높이다, 분발하다.

over the top 목표를 능가하다, 오버하다.

ex) Women: How's my skirt? Man: It's a little over the top.

tied the knot 결혼하다.

flip-flop 이랬다저랬다 하다.

put a sock in it 입 닥쳐.

diamond in the rough 흙 속의 진주.

off the record 비공식적으로.

off the cuff 즉석의.

off the top 즉흥적으로.

caught with my pants down (준비가 안 된 상황) 망신을 당하다.

in your face (상대방을 꼼짝 못하게 지키는 것, 노골적으로 괴롭히는 것) 눈 앞에서.

smell the roses 여유를 가지다.

raining cats and dogs 비가 억수같이 퍼붓다.

pedal to the metal 전속력으로 달리다.

stir it up 선동적으로 행동하다, 문제를 일으키다.

devil's in the details (악마는 세부적인 사항 속에 있다) 성공 여부는 가장 세세한 부분에서 판가름 난다.

ride our coattails (타인의 성공에 편승하는 것) 덕을 보다.

chewing the fat 쓸데없는 말을 계속하다.

on the map 유명해지다.

## STREET PHILOSOPHY #3

### NO REGRETS

조희라

No Regrets.

후회 없이 살 것

"They say you don't know what you got until it's gone..."

Busta Rhymes from *Till It's Gone*

디제잉도 역시 미국이 원조니까
장비 명칭도 역시 대부분 영어이다. 영어 핵폭탄은 물론이고, 힙합 핵
폭탄을 만들기 위해서는 잘 알아 두어야 해. 힙합···영어····. 이 관
계는 힙합 프로젝트의 핵심이라고 할 수 있다. 물론 사람들마다 힙
합 요소들 중에 관심 있는 부분이 각각 다르겠지만, 두
루 아는 것이 좋지 않겠어? 요즘 턴테이블
(turntable)이 다시 유행하고 있는 거
알지? 판으로 듣는 독특한 음악 소
리와 스크래칭 기술의 매력을
느껴 봐.

Y'all know what the mouth of the horse is. '말 주둥이' 가 무슨 뜻인지 모두 알겠지.
It's the place where you hear it first kids. 네가 어떤 말을 처음 들은 곳을 뜻해.

It could be raining cats and dogs, 비가 억수같이 올 수도 있지.
big drops that hit when they fall. 그러면 아주 큰 빗방울이 떨어지지.
Flocab'll put the pedal to the metal, 플로캡은 전속력으로 달아날 거야,
if you meddle with my levels, 네가 내 수준에 대해 이러쿵저러쿵 한다면 말이야,
I'm gonna stir it up like Steve Biko, never settle. 나는 스티브 비코처럼 선동적으로 행동할 거야, 절대 양보 안 해.
They say the devil's in the details, 사람들은 세부적인 사항을 조심해야 한다고 하지.
so if you making a beat, 그러니 비트를 만들 때,
never overlook the treble. 고음을 무시하지 마.
I be selling this retail, 난 이걸 소매로 팔지,
like Sally at the seashore selling seashells. 마치 샐리가 바닷가에서 조개 껍데기를 팔듯이.
Followers ride our coattails, 우리의 추종자들은 우리 덕을 보지,
cut them off each week like toenails. 그러나 우리는 매주 발톱을 깎듯이 그들을 잘라 내지.
Oh yeah, Flocab up on that, 그래, 플로캡 못 당해,
crews who be chewing the fat, 어떤 무리들은 잡담이나 나누고 있지,
talking bout this and bout that, 이것저것 지껄이면서 말이야.
oh, now we up on the map. 이제 우리는 유명해졌어.
Chorus

스티브 비코는 미국에서 "검은 것은 아름답다(Black is beautiful.)" 는 슬로건 아래, 반인종주의 운동(anti-aparthied movement)을 주동했다.

This is news for all you new crews, 새로운 무리들에게 알린다,
keep your kids close like Kangaroos do. 캥거루처럼 식구들을 가까이 둬라.
I could eat a horse, or an animal, (말이나 동물을 잡아먹을 수 있을 정도로) 나는 배가 고파,
so hungry I can't stand it though. 너무 배가 고파서 참을 수 없다니까.
I see red when I'm mad like the Red Sea, 정말 화가 날 때면 모든 것이 홍해 바다처럼 붉게 보여,
Or the color other than blue on your Pepsi, 아니면 펩시 깡통처럼 푸르게 보이든지.
Who are you to test me? 니가 뭔데 나를 시험해?
Hold your horses like a jockey, 경마 기수처럼 말을 멈춰,
cause it's impossible to stop me... 왜? 나를 막지는 못하니까...
Chorus

# DJ TERMS

**ambient**

공항·실내용 음악으로 멜로디, 화성, 리듬 등 음악의 전통적 요소는 축소하고 음색과 텍스처(texture, 질감)에 초점을 맞추어 듣는 이로 하여금 공간감을 느끼도록 한다. 앰비언트 음악에서 발전된 한 형태로 명상음악을 들 수 있다.

**beatmatching**

들려오는 음악의 속도를 빠르게 혹은 느리게 조절해 노래 속도를 맞추는 것이다.

**breakbeat**

비보이가 춤출 때 나오는 음악처럼 드럼 비트만 반복되거나 반주만 나오는 특정 부분을 말한다.

**cutting break**

간주 부분의 루프(계속 반복되는 사운드의 특정 부분)를 반복적으로 재생하는 방법을 말한다.

**drum & bass**

일렉트로니카의 하위 장르 중 하나로 이름에서 추측할 수 있듯이 드럼과 베이스 같은 리듬 악기가 주가 되며 리듬을 강조하는 사운드의 특징이 있다.

**drum machine**

드럼이 없는 밴드에서 드럼 대용으로 쓰기도 하며 드럼의 보조 리듬 역할로 쓰기도 하는 기계 장치이다.

**jungle**

소울, 재즈, 힙합, 테크노, 레게 분위기에 브레이크 비트가 가미된 댄스 뮤직으로 후기 레이브/테크노 뮤직이라 할 수 있다. 가수 박미경의 '이브의 경고' 라는 곡의 발표와 함께 우리나라에 널리 알려졌다.

**juggling**

LP 2장으로 전혀 새로운 드럼 루틴을 만들거나 소리를 만드는 것이다.

**mixer**

두 대의 턴테이블에서 나오는 소리를 섞어 하나의 소리로 내보내 주는 기계이다.

**mixing**

음악과 음악을 섞어서 끊어지지 않게 재생하는 기술로 클럽에서 많이 사용한다.

# MOUTH OF THE HORSE

We pulled out all the stops, took it up a notch, 우리는 모든 수단과 방법을 동원해 한 단계 더 올라갔지,
Stepped it up, so we over the top. 한 단계 더 올라가 목표를 능가했지.
I'm married to hip-hop till I die, 나는 죽을 때까지 힙합과 결혼한 몸,
so I tied the knot... 그래, 결혼했지...
You flip-flopped, changed your mind, 넌 갈팡질팡, 마음을 바꿨지.
so you get dropped. 그래서 넌 떨어져 나갔어.
(힙합 죽었어.)
That's nonsense, 그건 말도 안 되는 소리,
stop talking, put a sock in it. 그만 지껄여, 입 닥쳐.
If you don't have a sock, use a stocking, (입 막을 때) 양말이 없으면 스타킹을 이용해.
We rockin' it. 신난다.
(아이고)
Like a quarry, 귀중한 것이 간직되어 있는 보고처럼,
a diamond in the rough, no need to worry. 흙 속의 진주이니 걱정할 필요 없어.
Now you know what's up. 이제 뭐 어떻게 되는 건지 알겠지.
I'm off the record, off the beat, and off the cuff, 비공식적으로, 길에서 벗어나, 즉석으로,
I'm off the top, I'm just making it up, 즉흥적으로, 그냥 만들어 내고 있지,
I'm caught with my pants down, (바지를 밑으로 내리고 있는 걸 들켜) 망신을 당했지,
But my hands are up. 하지만 손은 위로 올리고 있지.
**We in your face like your nose is, (네 얼굴에 코가 붙어 있듯이) 우리가 두 눈 부릅뜨고 지키고 있지.**
go slow kids. 어이, 천천히 해.
When you walk through life, 인생을 살아가면서,
don't forget to smell the roses. 여유를 가지는 것을 잊지 마.
And I think that you know this. 벌써 알고 있을 테지만 말이야.

Chorus
Whoa, hold your horses. 워워, 진정해.
You call me like a 종 'cause I'm serving verses? 내가 가사를 제공한다고 나를 종으로 부를텐가?

**OLD school**

랩의 시대를 구분하는 기준으로 쓰이는 말로, 올드 스쿨은 뉴 스쿨(New School: 새로운, 요즘 유행하는 음악 트렌드라는 뜻)에 반해 옛날식, 복고풍으로 이해할 수 있다. 명확한 시간적 구분이 있는 것은 아니나 1980년대 중반을 기점으로 힙합의 아버지 뻘인 랩퍼들의 음악을 올드 스쿨로, 그 이후의 것을 뉴 스쿨로 분류하고 있다.

**sampling**

곡의 한 부분이나 특정 샘플을 골라 재구성하여 새로운 사운드를 만드는 기술을 말한다.

**scratching**

믹서와 턴테이블을 작동시키며 손가락으로 LP를 앞뒤로 움직여 독특한 소리를 만들어 내는 디제잉 기술이다.

**slider**

조절 장치. 페이더(FADER)는 소리를 조절하는 SLIDER이다.

**slipmat**

LP 판이 긁히지 않게 보호하기 위해 또는 스크래치가 잘 되도록 하기 위해 LP 판 밑에 까는 매트를 말한다.

**toasting**

DJ들이 늘어놓는 사설을 말한다.

**trainspotting**

클럽에서 DJ가 무슨 음반을 틀고 있는지 알아맞히는 것을 말한다.

**trance**

테크노의 일종으로 강렬한 신디사이저(전자 악기의 일종)의 음과 감성적인 멜로디를 이용해 몽환적인 분위기를 연출해 내는 음악이다.

**turntablist**

피아노를 연주하는 사람을 피아니스트라 하듯 턴테이블을 악기 삼아 연주하는 사람을 지칭한다.

**turntable T.V.**

비지니스의 천재라고 불리는 요가프로그(Yogafrog)에 의해 만들어졌으며 스크래치와 턴테이블리즘 문화를 좀더 친숙하고 재미있게 담아낸 프로그램이다. DVD나 비디오로 출시되고 있다.

# Mouth of the Horse

Performed by Flocab
"A song about American idioms."

# The Origins of DJing
## 디제잉(Djing) 발전사

1969년 최초의 힙합 DJ로 불려지는 DJ 쿨 허크(DJ Kool Herc)는 컷팅 브레이크스 (cutting breaks) 기술로 브레이크 비트(breakbeat)를 선보인다. 쿨 허크는 보컬 후의 비트만 반복되는 간주 부분을 특히 좋아했는데 애석하게도 브레이크(break)라 불리는 이 간주 부분은 너무 짧았다. 그래서 그는 두 개의 턴테이블에 똑같은 레코드 판을 올려 놓고 자신이 원하는 부분만 반복해서 틀었다. 이 과정에서 생긴 비트가 브레이크 비트로 알려졌고 이 브레이크 비트는 힙합 음악의 신호탄이 되었다.

당시 DJ들은 이 간주 부분에 최초의 랩이라고 할 수도 있는 잡담을 늘어놓곤 했는데 간주가 짧아 시간적 제약이 많았다. 하지만 컷팅 브레이크스 기술로 간주 부분을 무한정으로 재생할 수 있게 된다. DJ들이 음악을 믹싱해서 재생하며 멘트 따위를 하는 것을 토스팅이라 칭하는데 당시 DJ들의 기술의 차이는 토스팅을 얼마나 더 재미있고 다이나믹하게 잘하느냐에 달려 있었다. 후에 DJ들은 디제잉에 주력하게

힙합 프로젝트 2단계... 이제 분발할 때가 됐다. 'Mouth of the Horse' 라는 노래는 미국 관용어를 소개하고 있다. 가사 자체가 관용어를 설명하고 있고, 또 말장난을 통해 그 뜻을 더 깊이 이해하게 된다. 이 단계에서는 노래를 듣고 따라 하고 분석해서 가사를 거의 외우다시피 한다. '헉! 이렇게 많은 영어 단어를...!'

하지만 걱정 마시라. 왜, 있잖아. 교과서에 나오는 딱딱한 내용은 밤을 새워서 공부해도 잘 안 외워지는데 노래 가사는 저절로 외워지는 거···. 이 기회를 빌어 관용어를 통째로 외워 보자고. 노래를 들으면서 계속 랩을 따라 하다 보면 발음도 좋아지고 자연스럽게 영어에 대한 '느낌'을 터득하게 된다. 노래를 통해서 배운 재미있는 표현들을 일상생활에서 써먹어 보자.

되고 청중에게 외치는 것은 MC들의 손에 떠맡겨지게 된다. 컷팅 브레이크스, 토스팅 등의 기술이 선보이고 시작된 곳은 댄스홀(dancehall, 클럽)이었고 이러한 기술의 발달과 함께 힙합 음악이라는 새로운 장르가 탄생하게 된다. 힙합의 어원적 배경은 DJ가 컷팅 브레이크스 따위를 하면서 양쪽 턴테이블을 번갈아 오가면서 엉덩이를 들썩거리는 모습(hip hoppin)에서 유래되었다고도 한다. 그게 사실이라면 힙합 음악은 DJ들에 의해 탄생되었다고 해도 과언이 아닐 것이다.

댄스홀에서 토스팅과 믹싱으로 발전되어 오던 DJ 문화에 또 다른 변혁을 가져온 계기는 다름 아닌 스크래칭(scratching)의 발명이었다. 이제는 디제잉의 필수 기술이 되어 버린 스크래칭은 DJ 그랜드 위저드 시어도어(DJ Grand Wizard Theodore)가 13살 때 처음으로 발명했다. DJ 그랜드 위저드 시어도어는 매일 학교에서 돌아오면 레코드를 듣곤 했는데 1975년 어느 날 시끄러운 레코드 소리 때문에 어머니가 방에 들어오자 시어도어는 얼떨결에 재생되고 있는 레코드 판에 손을 대게 된다. 순간 레코드 판 위에서 손가락이 앞뒤로 밀리면서 독특한 소리가 났고 그는 이 독특한 소리에 주목해 이 소리를 연구해 베이비 스크래치로 발전시켰다. 이렇듯 스크래치의 발견은 우연 중의 우연이었다.

1979년에는 최초의 힙합 앨범인 슈가힐 갱(Sugarhill Gang)의 '래퍼즈 딜라이트(Rapper' s Delight)' 가 발매되었다. 실질적인 디제잉 기술이 담겨져 있지는 않았지만 이 음반은 힙합 음악이 대중적으로 인정받게 되는 최초의 앨범이 된다. 1970년대 후반 이후 랩 뮤직과 힙합 뮤직의 유행으로 야기된 댄스홀 붐은 장비의 발달을 부추겨 믹싱을 좀더 편하게 할 수 있는 피치 컨트롤(Pitch Control)이 달린 테크닉스 SL(Technics SL) 시리즈의 개발로 이어진다. 이러한 장비 덕택으로 믹싱 스타일도 한 걸음 더 발전하게 된다.

1980년대에 들어 비트를 만들어 낼 수 있는 드럼 머신(drum machine)이 등장한다. 이러한 장비들의 발전으로 DJ들은 본격적으로 그들만의 비트를 창조해 내기 시작한다. 1981년에는 그랜드마스터 플래쉬 앤 더 퓨리어스 파이브(Grandmaster Flash & The Furious Five)가 '더 어드벤처 오브 그랜드마스터 플래쉬 온 더 휠즈 오브 스틸(The Adventures Of Grandmaster Flash On The Wheels Of Steel)' 이라는 음반을 발매한다. 이 음반은 힙합 디제잉의 스킬을 담아낸 최초의 음반이 되었고 큰 인기를 얻었다.

'더 어드벤처 오브 그랜드마스터 플래쉬 온 더 휠즈 오브 스틸' 앨범의 성공에 힘입어 DJ들의 음반들이 속속 모습을 드러내기 시작하는데 1982년 아프리카 밤바타(Afrika Bambaataa)는 크라프트베르크(Kraftwerk)를 샘플링(sampling)한 앨범인 '플래닛 록(Planet Rock)' 을 발표하며 일렉트로닉 힙합(Electronic Hip-hop)을 소개했다. 그 결과 음악적으로 계속 발전을 거듭하면서 명곡들과 명반들이 무수히 쏟아지게 되었다. 이 시기에 나온 DJ들의 음반은 힙합과 일렉트로닉 음악을 적절히 섞어 낸 역작들이 많다.

# 2.1
## Chain Reaction

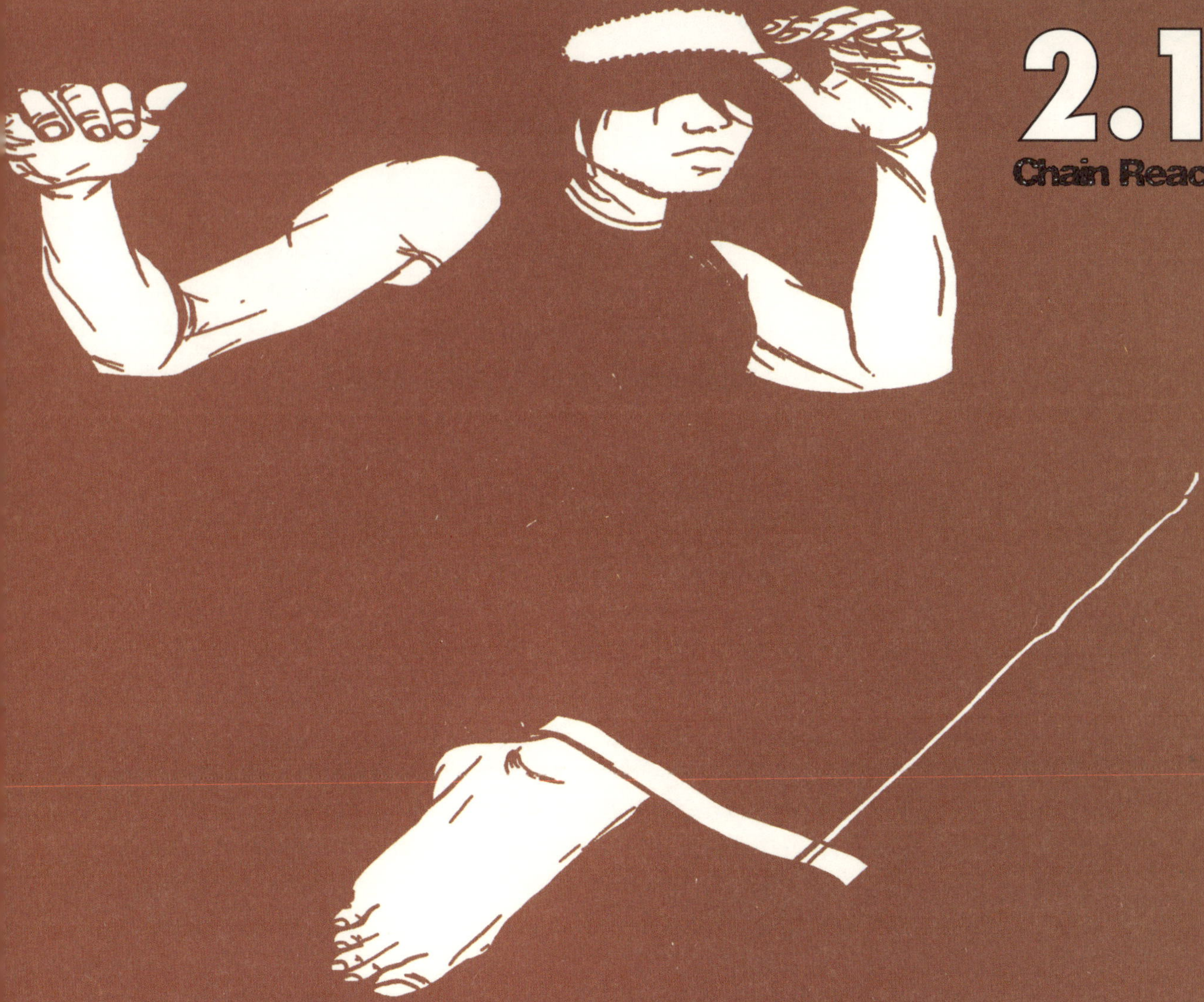

# Idioms through Hip-hop
## 힙합 & 관용어

# 주요 곡명 (아티스트 - 곡명)

Grandmaster Flash & The Furious Five - The Message
(진지한 메세지를 담은 첫 랩 레코드)
Davy DMX - One For The Treble
Afrika Bambaataa - Planet Rock
Juice 'The Electric Wire' - Skanless Electric Funk Megamix
Afrika Bambaataa & The Soul Sonic Force - Planet Rock
Twilight 22 - Electric Kingdom
Planet Patrol - Play At Your Own Risk
Hashim - Al Naayfish (The Soul)
Grandmixer D.ST. - Crazy Cuts
Newcleus - Computer Age (Push The Button)
Jonzon Crew - Pack Jam (Look Out For The OVC)
Debbie Deb - When I Hear Music
Newcleus - Jam On It
Connie - Funky Little Beat
Shannon - Let The Music Play
'Pretty' Tony - Jam The Box
Grandmaster Flash, Melle Mel & The Furious Five - White Lines (Don't Do It)
Laid Back - White Horse

1983년에는 스크래치가 세상에 알려지게 되는 또 다른 계기가 생겼다. 허비 행콕(Herbie Hancock)의 1983년 앨범인 '퓨전 앤 스무드 재즈(Fusion & Smooth Jazz)' 에 수록되어 있는 '락 잇(Rock It)' 이란 곡에 DJ 그랜드믹서 DXT(DJ GrandMixer DXT)의 스크래치가 삽입되어 대중 매체에 처음으로 소개된 것이었다. 이 곡이 상당히 큰 히트를 거두면서 자연스럽게 중간 중간에 들어가 있는 스크래치 사운드에 관심이 쏠리게 되었고 이로 인해 많은 스크래치 DJ(scratch DJ)가 양성되는 효과를 거두었다. 이후 DJ 그랜드 마스터 플래쉬(DJ Grand Master Flash)나 아프리카 밤바타 같은 올드 스쿨(Old School) 힙합 뮤지션들이 앞을 다퉈 스크래치 사운드(Scratch Sound)를 삽입하여 앨범을 발매하기 시작하였고 이 앨범들은 모두 큰 인기를 끌며 스크래치(Scratch)라는 장르가 대중적으로 자리 잡는 데 큰 공헌을 하게 되었다.

get their point across, Harrison and Rappaport use lines like "Columbus sailed the ocean blue in 1492." But the sessions often get much more creative. "We tell the students 'Don't be afraid because it's Shakespeare,'" Rappaport said. "And it's really the same idea as 500 years ago. What Shakespeare and other poets did was take their love of the spoken word and use it as a way to teach."

해리슨은 또한 MC 에셔로 알려져 있으며 플로캐벌러리의 랩을 담당하고 있다. 26살의 래퍼포트는 이 2인조 그룹의 프로듀서이다. 그들은 CD, 웹 사이트, 세익스피어 힙합 스쿨 튜어라 불리는 라이브 워크샵을 통해 읽고 쓰는 능력을 기르며, 학업을 장려하는 힙합 음악을 제작하고 있다. 워크샵은 수업에 열정을 가지는 것이 얼마나 중요한지 보여 주기 위한 라이브 퍼포먼스, 실연, 청중의 참여로 이루어져 있다. 힙합의 라이밍 패턴을 이용하는 플로캐벌러리의 발상은 학생들의 암기력을 향상시킨다고 한다. 이해를 돕기 위해, 해리슨과 래퍼포트는 "콜럼버스는 1492년 대서양을 항해했다." 와 같은 가사를 쓴다. 그러나 수업은 좀더 독창적이다. "우리는 학생들에게 세익스피어라고 두려워하지 말라고 말하지요." 래퍼포트가 말했다. "500년 전이나 똑같아요. 세익스피어와 다른 시인들도 구어에 대한 사랑을 가르치는 방편으로 이용했지요."

## VOCABULARY

rhyme 라임
SAT exam 미국 대학수학능력시험
intense 강렬한
speaker-rattling 스피커를 울리는
rhythm 리듬
nontraditional 종래와는 다른
struggling 악전고투하는
segment 단편, 조각
student population 학생수
groundbreaking 혁신적인
bridge the gap 틈을 메우다
wrestled 씨름하다
subjects 과목
duo, pair 2인조
foster 촉진하다
Tour 순회
audience participation 관중의 참여
passion 열정
memorization 암기
creative 독창적인
spoken word 구어

**STREET PHILOSOPHY #2**
**NEVER FAKE JACKS**

**박준성**
**Never fake jacks.**
**돈 있는 척하지 말 것**
**"Lookin' at my fake Gucci, it's about that time..." Common from Chapter 13 (*Rich Man vs. Poor Man*)**

스크래치에 대한 대중의 인지도가 높아지면서 클럽이나 음지 등지에서 일하던 DJ들은 점차 대중 매체의 화려한 스포트라이트를 받게 된다. 그 결과 DJ들은 단지 음악만을 담당해 주던 역할에서 벗어나 새로운 DJ 사운드(DJ sound)라는 것을 창조해 내며 뮤직 아티스트로서의 역량을 키우기 시작했다. 점차 DJ들의 기술과 음악이 다양해지고 스타일이 많아지면서 자기만의 색깔을 가진 DJ들이 속속 등장하게 되었다. 뉴욕을 근거지로 삼아 활동했으며 후에 익스큐셔너스(The X-Ecutioners)로 개명하는 DJ 크루인 엑스-멘(X-Men )은 바디 트릭(Body Trick)과 비트 저글링(Beat Juggling)이라는 새로운 DJ 기술들을 선보이며 디제잉의 동작이나 화려함을 더욱 부각시켜 대중들의 마음을 사로잡았다. 반면, 믹스마스터 마이크(MixMaster Mike), DJ 큐-버트(DJ Q-Bert)를 중심으로 한 ISP(Invisibl Skratch Piklz, 인비즈블 스크래치 피클즈)는 2명 또는 3명으로 팀플레이를 선보이며 DJ만의 새로운 음악 사운드를 만들었다. 이처럼 초창기 스크래치 음악을 대중들에게 널리 알리는 데는 이 두 스크래치 크루의 공이 컸다고 볼 수 있다. DJ 매니아 층이 두터워지면서 영국에서는 1986년부터 *DMC 세계 DJ 챔피언쉽(DMC World DJ Championship)이 개최되었다. 이 대회에서 우승을 하게 되면 명실 공히 DJ 세계 챔피언으로 인정받게 되는 것이어서 많은 스크래치 DJ들의 선망의 대상이 되고 있다. DMC 세계 DJ 챔피언쉽은 해마다 꾸준히 개최되고 있다.

*DMC 세계 DJ 챔피언쉽(DMC World DJ Championship): 세계 최대의 턴테이블 제조사인 테크닉스가 후원하는 DJ, 턴테이블리스트 간의 배틀 경기다. 수많은 실력 있는 DJ를 발굴한 권위 있는 대회이다.

## World DJ Champions

**1986 DJ Cheese (USA)**
**1987 Chad Jackson (United Kingdom)**
**1988 Cash Money (USA)**
**1989 Cutmaster Swift (United Kingdom)**
**1990 DJ David (Germany)**
**1991 DJ David (Germany)**
**1992 Rocksteady DJs (DJ MixMaster Mike, DJ Q-Bert & DJ Apollo) (USA)**
**1993 Dreamteam (DJ MixMaster Mike & DJ Q-Bert) (USA)**
**1994 Dreamteam (DJ MixMaster Mike & DJ Q-Bert) (USA)**
**1995 Roc Raida (USA)**

# ABC NEWS

## Rhyme and Reason: Teaching With a Hip-Hop Beat

**by Keith Garvin**

**WASHINGTON, Aug. 1, 2006** — Imagine Eminem, Jay-Z or Busta Rhymes tutoring students for the all-important SAT exam.
에미넴, 제이지, 부스타 라임스가 학생들에게 대단히 중요한 SAT시험을 가르친다고 상상해 보라.

The sessions would be intense, full of energy and speaker rattling rhythm. But would it help your child perform better on the test? It sounds rather nontraditional, but that is exactly the approach that two young men who love hip-hop have taken to educate a growing number of students across the country.
스피커에서 쏟아지는 라임과 에너지로 가득 찬 매우 열기 있는 수업이 될 것이다. 하지만 시험에서 좋은 성적을 받는 데 도움이 될까? 기존의 방식과는 좀 다르지만, 힙합을 사랑하는 두 청년은 바로 이 방식으로 전국 방방곡곡의 점점 더 많은 학생들을 가르치고 있다.

After meeting in California, Alex Rappaport, a graduate of Tufts University, and Blake Harrison, a University of Pennsylvania graduate — combined their love of hip-hop with their desire to educate a struggling segment of the student population. They call their groundbreaking method Flocabulary, and since 2004 have worked to bridge the gap between academic culture and hip-hop culture. “How can I memorize every single word of my favorite rap album, but I struggle to memorize simple lessons in class?” said 25-year-old Harrison as he thought back to how he wrestled with certain subjects during his high school days. “So I brought hip-hop and my studies together, and the union helped me tremendously.”
캘리포니아에서 만난 알렉스 래퍼포트(터프츠 대학 졸업)와 블레이크 해리슨(펜실베니아 대학 졸업)은 자신들의 힙합에 대한 애정에 악전고투하는 학생들을 교육하고자 하는 소망을 결합시켰다. 그들은 자신들이 창시한 방법을 플로캐벌러리라 부르고 2004년부터 학업 문화와 힙합 문화 간의 틈을 메우기 위해 열심히 뛰고 있다. "수업 시간에 배우는 내용은 외우기 힘든데 내가 좋아하는 랩 앨범의 가사는 어떻게 한 자도 빼먹지 않고 다 외울 수가 있을까요?" 고등학교 시절 몇몇 과목을 붙잡고 씨름했던 기억을 떠올리며 25살의 해리슨이 말했다. "그래서 힙합과 공부를 연결시켰고 엄청나게 도움을 받았죠."

Harrison is also known as Emcee Escher. He does the rapping for Flocabulary. Rappaport, 26, is the duo's producer.The pair produces hip-hop music to foster literacy and promote academics with CDs, a Web site and a live workshop called Shakespeare's Hip-Hop School Tour. The workshops combine a live performance, demonstrations and audience participation to show students the importance of bringing passion to the classroom. By using the rhyming patterns of hip-hop, the Flocabulary concept improves students' memorization skills, the duo said. To

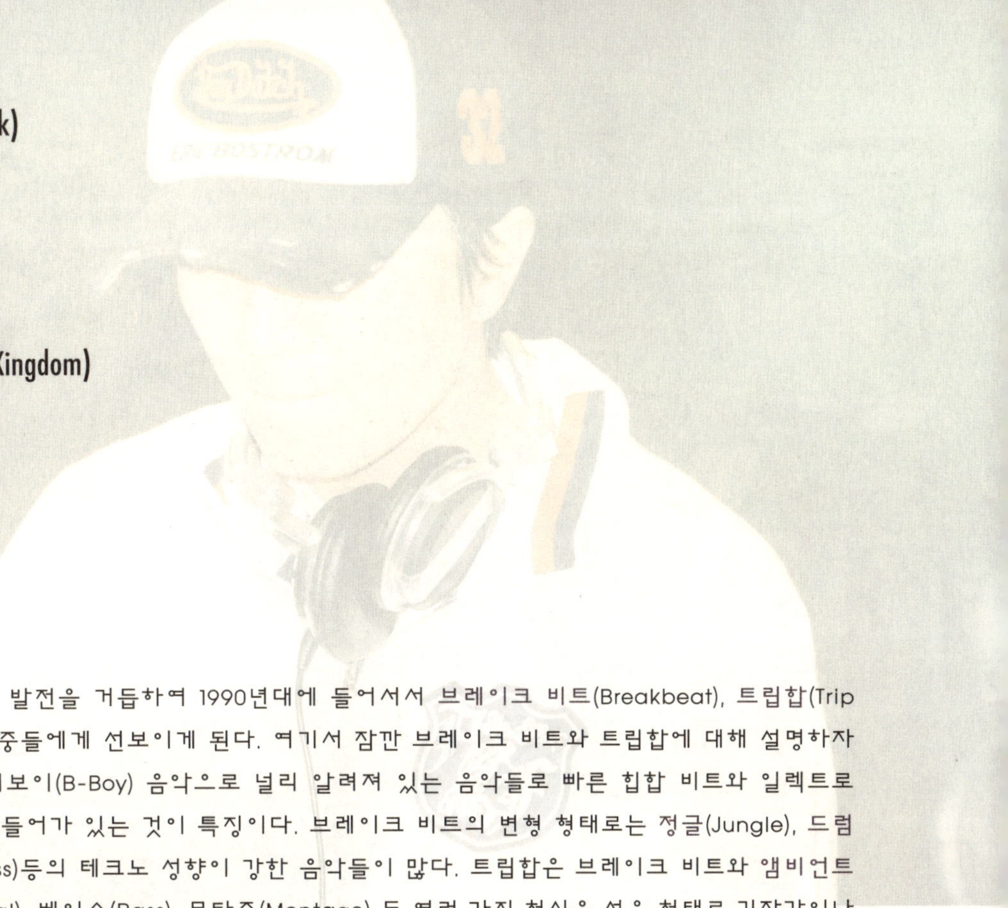

1996 DJ Noize (Denmark)
1997 A-Trak (Canada)
1998 DJ Craze (USA)
1999 DJ Craze (USA)
2000 DJ Craze (USA)
2001 Plus One (United Kingdom)
2002 Kentaro (Japan)
2003 Dopey (Canada)
2004 ie.MERG (USA)
2005 ie.MERG (USA)
2006 Netik (France)

DJ들의 음악은 수많은 발전을 거듭하여 1990년대에 들어서서 브레이크 비트(Breakbeat), 트립합(Trip Hop)이라는 장르가 대중들에게 선보이게 된다. 여기서 잠깐 브레이크 비트와 트립합에 대해 설명하자면 브레이크 비트는 비보이(B-Boy) 음악으로 널리 알려져 있는 음악들로 빠른 힙합 비트와 일렉트로니컬한 신디음이 많이 들어가 있는 것이 특징이다. 브레이크 비트의 변형 형태로는 정글(Jungle), 드럼 앤 베이스(Drum & Bass)등의 테크노 성향이 강한 음악들이 많다. 트립합은 브레이크 비트와 앰비언트(Ambient)에 보컬(Vocal), 베이스(Bass), 몽타주(Montage) 등 여러 가지 형식을 섞은 형태로 긴장감이나 생동감이 있는 음악들이 많다.

1990년대에 들어 믹스마스터 마이크와 DJ 아폴로(DJ Apollo)는 섀도우 오브 더 프라핏(Shadow Of the Prophet)이라는 스크래치 크루(scratch crew)를 결성했는데 이들은 최초의 스크래치 크루였다. 이를 계기로 무수한 스크래치 크루가 결성되어 스크래치라는 디제잉 스킬이 좀더 대중들에게 널리 알려지게 되었다. 이후 1992년 DMC 챔피언쉽에서 DJ 큐-버트가 스크래치를 긁어서 내는 소음이 아닌 악기에 의한 연주로 정의하면서 더욱더 많은 사람들이 스크래치에 관심을 가지는 계기가 되었다. 큐-버트 뿐만 아니라 믹스마스터 마이크, 아폴로와 같은 DJ들은 스크래치를 재정의하고 기술적인 요약이나 명칭, 방법, 소리에 대한 연구를 하기 시작했다. 많은 스크래치 DJ들이 경쟁적으로 신기술을 개발해 그 소리를 대중들에게 전파하기 시작했고 이후 DJ 플레어(DJ Flare)가 만든 플레어(Flare)라는 기술이 스크래치의 한 기술로 인정을 받게 된다. 이 해에는 배틀 브레이크스(Battle Breaks)가 나온 해이기도 하다. 배틀 브레이크스란 배틀 DJ들의 연습용이나 퍼포먼스에 이용되는 비트와 샘플들로 채워진 레코드를 말하며 다쓰 페이더(Darth Fader)에 의해 최초로 만들어졌다.

1994년 큐-버트가 자신의 믹스테이프(Mixtape) '데몰리션 펌프킨 스퀴즈 뮤직(Demolition Pumpkin Squeeze Musik)' 을 발매하여 독창적이고 실험적인 스크래치 사운드를 알리게 된다. 우후죽순 격으로 많은 DJ들의 이름을 건 믹스테이프가 봇물 터지듯 나오기 시작한 것도 이 시점이다. 그리고 믹스테이프와 스크래치 사운드와는 좀 성격이 다른 DJ 섀도(DJ Shadow)의 '인/플럭스(In/Flux)' 같은 앨범이 발매되면서 스크래치 사운드와 믹스테이프, 그리고 DJ들만의 음악이 만들어지기 시작했다. 샘플링에 대한 인식의 변화와 함께 많은 DJ들은 이러한 새로운 음악 장르를 개척하는 데 주저없이 뛰어들었다. 다양한 음악들이 쉴 새 없이 쏟아져 나오는 DJ 음반들은 점차 매니아들을 확보하게 되었고 결과 매니아적인 음악 장르로 자리 잡히게 된다. 1995년 즈음, DMC에서 수차례 우승했던 DJ 큐-버트와 믹스마스터 마이크는 스크래치 샘플만으로 음악 장르를 만들기 시작하였다. 이 해에는 ISP가 전자 악기 제조사인 베스탁스(Vestax)의 스폰서를 받는 최초의 DJ 크루가 되었다. 이후 베스탁스는 ISP 크루와 손잡고 *DJ 믹서(DJ mixer)인 PMC 시리즈를 함께 만들게 되었다.

DJ 문화가 계속 발달되면서 스크래치 문화도 동반 발전하게 되는데 이 흐름에 맞추어 1996년 턴테이블리스트들의 위상을 높이기 위해 ITF(International Turntablist Federation, 국제 턴테이블리스트 연합)가 결성되었다. 또 이 해에는 다큐멘터리 영화 '행 더 DJ(Hang the DJ)' 가 만들어져 세계 각국에 상영되면서 스크래치라는 문화를 좀더 세계적으로 알리게 되었다. 턴테이블을 악기처럼 연주한 'Invisibl Skratch Piklz Vs. Da Klamz Uv Deth' 가 발매된 해이기도 하다.

1997년에 스크래치만을 전문적으로 하는 하나의 엔터테인먼트가 생겼는데 다름 아닌 턴테이블 티비(Turntable T.V)이다. 이 엔터테인먼트는 스크래치 문화를 좀더 널리 전파하고 대중들이 쉽게 이해하도록 하기 위해 만든 것으로서 여러 배틀 DJ들이 우스꽝스러운 복장으로 자신들의 스킬이나 팁 등을 소개하면서 스크래치만의 색다른 재미를 선사했다. 이를 계기로 들려주기만 했던 스크래치 문화에 시각적인 요소가 가미되었다. 또한 이 해는 DJ 크루인 ISP가 턴테이블 메카닉스 워크샵(Turntable Mechanics Workshop)을 열어 스크래치 용어를 정리한 해이기도 하다.

1998년에는 요가프로그가 ISP에 합류하면서 스크래치 문화의 비지니스 측면이 좀더 발달된다. 여러 가지 행사나 쇼케이스 등을 주관하고 매니아층에만 국한된 스크래치 음악을 좀더 대중들에게 알리게 된다. 이 해에 ISP 멤버인 DJ 큐-버트가 DMC로부터 공로상을 받는다. 또 믹스마스터 마이크가 유명한 랩 그룹인 비스티 보이즈(Beastie Boys)에 합류하면서 스크래치 음악을 많은 대중들에게도 선보여 매니아층에만 인기 있던 스크래치 문화를 대중적인 문화로 성장시키는 데 큰 역할을 하게 된다. 이후 스크래치라는 장르가 많은 이들에게 전파되었지만 90대 후반에 들어 사실상 미국이나 일본 등지에서만 꾸준히 스크래치 장르가 발전될 뿐 다른 나라에서는 쇠퇴의 길로 접어드는 추세이다. 그러나 턴테이블리즘(Turntablism)이 존재하는 한 스크래치라는 장르는 계속 존재할 것이다.

**QUESTION: WHAT COMES TO MIND WHEN YOU THINK OF KOREA?**

질문: '한국' 하면 무엇이 떠오릅니까?

Alex: My impression is it's a hip culture like a culture that is not only identifying new trends in the world but also embracing those trends. I imagine... I've never been to Seoul... I imagine Seoul, Korea as a place buzzing with energy and excitement.

알렉스: 저는 새로운 트랜드를 발견하고 수용하는 아주 세련된 문화가 생각이 나요. 서울에 가 보진 않았지만, 아주 활력이 넘치고 흥미진진한 곳이 아닐까 생각해요.

Blake: I don't know very much about Korea at all but I envision it as a place really of cultures coming together in a lot of ways, kind of like an old, very traditional culture- I think of the generations past really changing as Koreans... I mean, I think Koreans lead the way in terms of technology and incorporating technology into their lives. I imagine it as a place with a lot of different input and output going on.

블레이크: 저도 한국에 대해서는 많이 알지 못하지만 다른 문화들이 여러 방식으로 어우러진 곳이 아닐까 생각해요. 예를 들어 매우 전통적인 문화와, 한국의 과거 세대들도 무척 변하고 있죠... 그러니까 제 말은 한국 사람들은 기술적으로 또 그 기술을 삶에 적용하는 것에서도 앞서 나가고 있다는 것입니다. 아주 많은 것이 '입력' 되고 '생산' 되는 곳이라고 생각합니다.

**SAYING HELLO TO KOREA:**

한국 사람들에게 인사 한마디:

Blake: Hey, everybody in Korea. This is MC Escher coming at you from New York City. Just want to say hello. Hopefully, we'll be over there to hang out with you guys pretty soon... Do some shows... And we look forward to it... So, 안녕하세요... See you soon.

블레이크: 한국에 계신 모든 분들, 저는 뉴욕의 MC 에셔입니다. 그냥 안부 인사 드리는 것입니다. 곧 한국에 가서 여러분을 만나게 되길 바랍니다. 행사 좀 마련해 주세요. 기대하고 있겠습니다. 네, 안녕하세요… 곧 만나요.

Alex: Hey everybody! I'm Alex. Looking forward to eating some Gimchi with you in Seoul next year. Peace!

알렉스: 여러분! 저는 알렉스입니다. 내년에 서울에서 여러분과 함께 김치를 먹게 되기를 바랍니다. 그럼, 안녕히!

# Types of DJ
## DJ의 종류

### BATTLE DJ 배틀 DJ

주로 세계 DMC 대회나 ITF 대회 등에 출전하는 것을 목표로 저글링이나 스크래치를 연습하는 DJ들이다. 랩퍼나 비보이에게 배틀이 있듯이 DJ들의 세계에서도 배틀이 있다. 배틀 DJ들은 새로운 스크래치 사운드나 새로운 비트를 창출해 내는 데 많은 시간을 투자하며 노력한다. 디제잉를 시작하는 사람들 대부분이 배틀 DJ를 꿈꾸며 DJ의 세계에 입문할 만큼 매력적이지만 그만큼 엄청난 노력이 필요한 직업이다. 턴테이블리스트라고도 칭하는데 턴테이블리스트란 턴테이블을 재생이나 스크래치 형태로만 사용하는 사람이 아니라 턴테이블로 악기 이상의 연주를 하는 사람을 칭한다. 이 말은 비트 정키스(Beat Junkies)의 멤버인 DJ 바부(DJ Babu)에 의해 1995년 처음으로 만들어진 말로, DJ 바부가 "턴테이블리스트에 대한 나의 정의는 턴테이블을 이용해 음악을 트는 사람이 아니라 거기서 나오는 소리를 다뤄 음악을 창조하는 사람이다" 라고 말한 데서 유래되었다.

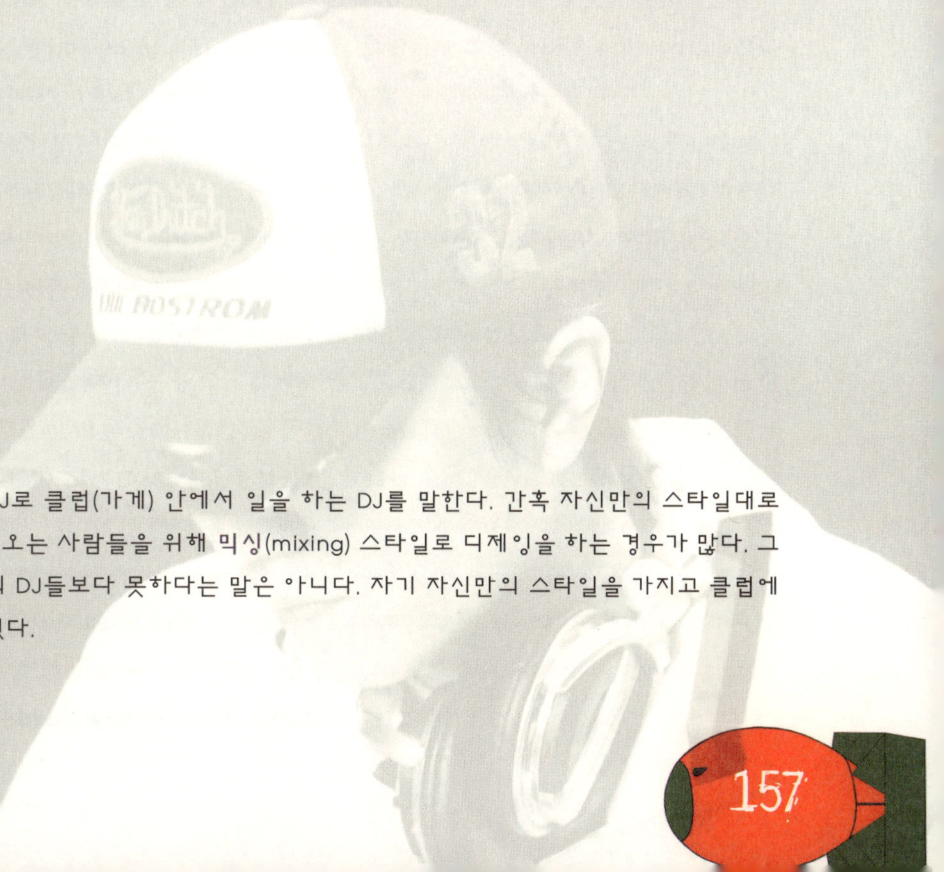

## Battle DJ

DJ Q-Bert
DJ Short Cut
DJ Disc
DJ MixMaster Mike
DJ D-Styles
DJ Roc Raida
DJ Crazy
DJ A-Trak
DJ Babu

### CLUB DJ

클럽 등지에서 음악을 트는 DJ로 클럽(가게) 안에서 일을 하는 DJ를 말한다. 간혹 자신만의 스타일대로 음악을 틀기도 하지만 클럽에 오는 사람들을 위해 믹싱(mixing) 스타일로 디제잉을 하는 경우가 많다. 그렇다고 클럽 DJ가 다른 장르의 DJ들보다 못하다는 말은 아니다. 자기 자신만의 스타일을 가지고 클럽에서 활동하는 사람들도 많이 있다.

**QUESTION: WHY IS HIP-HOP SO POPULAR AROUND THE WORLD?**

질문: 힙합이 왜 세계적으로 인기 있다고 생각합니까?

Alex: In my mind it's more than a music thing– it's a culture, so it can be wrapped up in style and fashion... As you were saying, hip-hop culture has become an attitude that can be brought into any culture. Rock and roll nowadays is not a culture, it's just music. You know... "grunge" was a culture; early rock and roll was a culture with its fashion and style. But now, hip-hop is a full package and people really get attached to that.

알렉스: 제 생각에 힙합은 음악 이상이에요. 하나의 문화지요. 그래서 스타일나 패션으로 포장될 수 있어요. 당신 말대로, 힙합 문화는 일종의 마음가짐으로 어떤 문화에든 편입될 수 있어요. 락앤롤은 이제 문화가 아니지요, 그냥 음악이에요. 그런지(grunge) 음악은 하나의 문화였어요. 초기 락앤롤도 나름대로의 패션과 스타일을 지닌 문화였지요. 하지만 이제 사람들은 완벽한 세트인 힙합에 호감을 느끼고 있어요.

Blake: I think the fact that it came from these African American kids who basically had nothing and the whole system, the whole culture and the country were not listening to them. So, they basically created something that was important to them, and so in a way, I think there is something about hip-hop where maybe it's kind of selling out at this point, but for a long time it's really something that's like very pure– it's like an art form and a culture that hasn't really been necessarily that super-exposed. And so for a kid in Poland or in Korea or Nigeria to adopt hip-hop is to say, "Hey, I want this culture that connects to me. Not just because the government says it or my parents did it." But it's really something that's kind of unique.

블레이크: (힙합은) 전 체계, 문화, 나라에 외면 당한 가진 것 없는 길거리의 흑인 아이들에게서 시작되었습니다. 그래서 그들은 자기네들만의 소중한 것을 창조했지요. 그래서, 어떻게 보면- 지금은 힙합이 대중의 인기를 얻기 위해서 좀 변질되었지만- 아주 오랫동안 힙합은 아주 순수했어요. 마치 과도하게 노출하지 않은 예술 형태나 문화처럼. 그래서 폴란드나 한국, 나이제리아에 사는 아이들도 힙합을 자기 것으로 수용하며 "나는 나와 연결된 이 문화를 원한다. 정부에서 하라고 하거나 부모님이 했기 때문이 아니다…" 라고 말합니다. 그래서 아주 독특하지요.

Alex: Yeah, it's still very young as you said, and flexible. It's kind of like a blank canvas in a way; a lot of people can still contribute to that.

알렉스: 네, 그리고 (힙합은) 아주 젊고 유연합니다. 빈 캔버스 같지요. 아직 많은 사람들이 힙합에 기여할 수 있습니다.

Blake: And I think hip-hop music, which is really what drives the culture primarily, –though obviously all these other things like fashion, graffiti, and break dancing all play a big role– but the music which really drives it is so exciting and fresh... what's going on in hip-hop music. I think the innovations in hip-hop music are second to none in terms of music in the world right now.

블레이크: 물론 패션이나 그래피티, 브레이크 댄싱의 역할도 빼놓을 순 없지만, 초창기부터 이 힙합 문화를 주도해 온 힙합 음악은 아주 신나고 신선합니다. 제 생각에 힙합 음악에 있어서의 혁신은 이제 아무것도 따라올 수 없어요.

## PARTY DJ

말 그대로 파티나 행사 등에서 자신이 선곡한 노래나 쇼케이스 등을 준비해 음악을 트는 DJ를 말한다. 클럽 DJ와는 다르게 음악적인 제약을 크게 받지 않고 자신만의 스타일대로 음악을 틀 수 있는 장점이 있다.

## PRODUCING DJ

DJ 자신이 곡을 만들고 프로듀싱을 하는 DJ들을 말한다. 힙합 씬이나 트랜스(Trance), 테크노(Techno) 장르에서 주로 활동하며 다른 DJ들에 비해 좀더 유명한 경우가 많다. 힙합계의 거물 닥터 드레(Dr. Dre)조차도 처음엔 클럽 등지에서 DJ를 하다가 프로듀서로 전향한 경우이다.

## RADIO DJ

방송 등지에서 음반이나 노래를 소개하면서 음악을 트는 DJ들을 말한다. 주로 멘트나 선곡, 신청곡 위주로 음악을 틀기 때문에 디제잉 기술에 크게 구애 받지 않는 DJ라고 볼 수 있겠다.

위와 같이 DJ들의 종류는 많지만 어느 한 분야에만 전념하는 DJ는 거의 없다. 보통 파티도 하면서 클럽 활동을 병행하는 경우도 있고 믹스테이프를 만들면서 프로듀싱까지 하는 경우도 많다. 이처럼 어느 한쪽에 치우치지 않고 여러 분야에서 동시다발적으로 하는 직업이 DJ이다. 그러므로 진정한 DJ가 되고 싶다면 어느 한쪽에 치우치지 않는 것이 바람직한 것 같다. 물론 자신이 가장 자신 있는 분야에 전력투구해야겠지만 다른 쪽을 무시하거나 배제하는 것은 바람직하지 않을 것이다.

저는 항상 아이디어는 갖고 있었지만 어떻게 실현해야 할 지를 몰랐어요.

Alex: And for me, at the time I was trying to write music for films, T.V, cell phones... I was just trying to make it. I had studied composition and when I heard about this idea for educational hip-hop, it just seemed to me... I loved hip-hop. I loved the way hip-hop combined different styles of music and also this was a totally new way to break into the music business.

알렉스: 저는 그때 영화나 텔레비전, 휴대폰을 위한 음악을 작곡하고 있었어요. 출세하려고 노력 중이었죠. 대학에서 작곡을 공부했고 교육적인 힙합이란 아이디어를 들었을 때… 저는 힙합을 아주 좋아해요. 힙합이 여러 장르의 음악과 융합하는 점이 마음에 들었고, 그리고 음악 산업에 발을 들여놓을 새로운 방법 같았어요.

**QUESTION: WHAT HIP-HOP ARTISTS DO YOU LISTEN TO? YOUR INFLUENCES?**

질문: 어느 힙합 가수의 음악을 듣습니까? 그리고 그 영향은?

Alex: Mostly the early 90s stuff: Tribe Called Quest, Black Sheep, De La Soul... but I actually really like Eminem, too some really old schools stuff... I have Young MC's Stone Cold Rhymin' on my I-POD.

알렉스: 저는 주로 90년대 초기 음악을 들어요. 예를 들자면, 트라이브 콜드퀘스트(Tribe Called Quest), 블랙 쉬프(Black Sheep), 드 라 소울(De La Soul)… 그런데 사실 에미넴도 좋아하고 그리고 아주 옛날 올드 스쿨 음악도 들어요. 제 아이팟(ipod)에는 영 MC(young mc)의 스톤 콜드 라이밍(Stone Cold Rhyming) 앨범도 있어요.

Blake: For me it's really a lot of different stuff... The genre of hip-hop that really got me into it was in the late 90s when it was like the Roots and Taleb Kwali, Mos Def, Common... All those people, when they were coming out with those albums, I got really into it then. So, I'm still into that music but then, I've been really branching out, listening to a lot of underground stuff recently– Immortal Technique, and Papoose, and Mobb Deep... and just a lot of different people. Then, I've also been trying to take it a little bit back to Old School, to really learn about where it's coming from ... The last two albums I bought, I bought Pubic Enemy and some Erik B and Rakim. So, really, it's all over the place.

블레이크: 저는 정말 다양한 음악을 들어요. 저를 힙합에 빠지게 만든 힙합 장르는 90년대 후반의 루츠(Roots), 탈립 콸리(Talib Kweli), 모스 데프(Mos Def), 커먼(Common) 같은 가수들이었어요. 이런 가수들이 앨범을 발매하면서 저는 그때부터 힙합 음악을 정말 좋아하게 되었어요. 지금도 그런 음악을 듣지만, 이제는 좀 폭넓게 듣고 있어요. 요즘은 언더그라운드 음악을 많이 듣고 있어요. 예를 들어 이모탈 테크닉(Immortal Technique), 파푸즈(Papoose), 모비 딥(Mobb Deep) 등 다양한 가수들의 음악을 듣고 있어요. 그리고 올드 스쿨의 옛날 가수들도 듣고 있어요. 힙합이 어디서 시작했는지 배우고 싶어서… 최근 구입한 2장의 앨범은 퍼블릭 에너미(Pubic Enemy)와 에릭 비 앤 라킴(Erik B and Rakim)이지요. 그러니 아주 폭넓게 듣고 있는 셈이지요.

# Basic DJ Equipment
## DJ 기본 장비

Turntable

턴테이블

Headphones

헤드폰

DJ mixer

DJ 믹서

블레이크: 여동생이 두 명 있습니다. 동생 한 명은 어제 생일이었습니다. 지금 17살이에요. 그리고 다른 여동생은 21살이고 막 대학을 졸업했고 이제 뉴욕으로 이사 올 겁니다. 우리 둘 다 가족들과 친하게 지냅니다.

**QUESTION: WHERE DID YOU GET THE IDEA FOR FLOCAB?**

질문: 플로캡의 아이디어는 어디서 얻었습니까?

Blake: For me, it was an idea I had in high school while I was working, and basically for me, the thing I really had the hardest time with was memorizing information. I liked school; I liked writing papers; I liked being in class with teachers and with my friends; but when it came time to taking a test, I hated the idea of testing, of memorizing information. So... I was really struck by how I could memorize the lyrics to songs but I couldn't memorize what certain words meant or certain facts. It was really hard. So, basically had the idea, "Hey, why don't they put all these facts I need to memorize in the songs, put educational material in the songs... Then, I'm going to memorize it that much more easily." So, I had that idea just in the back of my head for a long time. I went to college... kind of started rapping a little bit just with friends and at parties and stuff... Then I met Alex after school in San Francisco and basically said the idea to him. We were playing basketball at the time, and I was probably beating him at basketball...whatever...

블레이크: 고등학교 다닐 때부터 품고 있었던 생각이었죠. 사실, 저는 정보를 외우는 것이 제일 힘들었어요. 학교는 좋아했어요. 에세이 쓰는 것도 좋아했고 선생님들과 친구들과 같이 수업하는 것도 마음에 들었지만 시험 기간이 되어 외우고 시험 치는 건 정말 싫어했어요. 그래서 노래 가사는 외울 수 있는데 왜 어떤 단어의 뜻이나 정보는 잘 외우지 못하는지에 대해서 의문이 생겼어요. 정말 힘들었어요. 그래서 '내가 외워야 하는 이 모든 정보, 교과서에 나오는 내용들을 노래 속에 집어넣으면 어떨까? 그럼 더 쉽게 외울 수 있을 텐데…' 하는 생각이 들었죠. 그냥 오랫동안 그 생각이 머리 한 켠을 차지하고 있었습니다. 그리고 대학 가고… 친구들과 또 파티에서 랩핑을 시작하게 되고… 그러다가 대학을 졸업하고 샌프란시스코에서 알렉스를 만나 이 아이디어를 말해 줬어요. 그때 우리는 농구를 하고 있었지요. 아마 제가 이기고 있었을 거예요.

Alex: That's not true.

알렉스: 그건 사실과 좀 다르군요.

Blake: I mentioned the idea to him. And Alex... he had a studio and he was a music producer but not anything major but working in the music field– he said, "Let's do it. Come in the studio. I'll get you on the mic. We'll make a demo. We'll send it around." So, it was basically born from there. For me it was always an idea but I didn't know how to make it actually happen.

블레이크: 알렉스에게 이 아이디어를 말해 줬지요. 그때 당시 알렉스는 스튜디오도 있었고 음악 프로듀서를 하고 있었지요. 규모는 작았지만, 어쨌든 음악 분야에서 일하고 있었어요. 알렉스가 "한번 해 보자! 내 스튜디오에 와서 마이크를 잡고 데모 노래를 하나 만들어, 한번 돌려 보자." 고 했죠. 거기서 시작했어요.

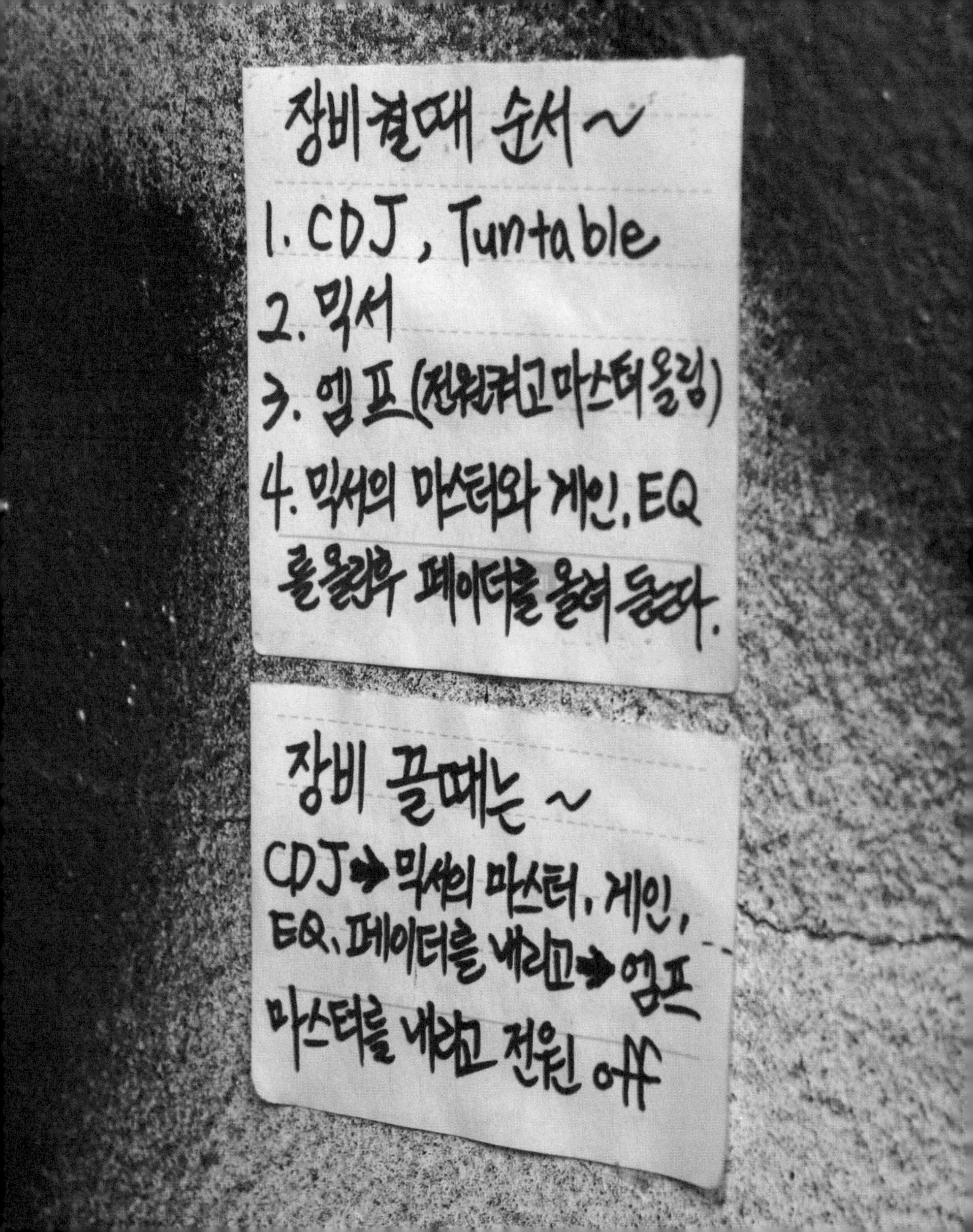
장비 켤때 순서~
1. CDJ, Tuntable
2. 믹서
3. 엠프 (전원켜고 마스터 올림)
4. 믹서의 마스터와 게인, EQ
를 올린후 페이더를 올려 놓는다.
장비 끌때는~
CDJ → 믹서의 마스터, 게인,
EQ, 페이더를 내리고 → 엠프
마스터를 내리고 전원 off

## Can We Talk? Meeting up with Flocab in New York City

Alex: My name is Alex and I was born in Philadelphia. I went to school in Boston and after living in San Francisco, I'm living in New York City now.

제 이름은 알렉스이고 필라델피아에서 태어났습니다. 보스턴에서 대학을 다녔고 샌프란시스코에서 살다가 뉴욕에 왔습니다.

Blake: All right, my name is Blake aka MC Escher and I was born in Boston and went to school in Philly. And met Alex out in San Francisco. And now, here were are in New York City... And our burritos are here!

네. 제 이름은 블레이크, 별명은 MC 에셔. 보스턴에서 태어났고 필리(필라델피아를 줄여서 부르는 말)에서 대학교를 다녔습니다. 그리고 샌프란시스코에서 알렉스를 만났습니다. 지금은 뉴욕에 삽니다…그리고 우리가 주문한 부리도(멕시코 요리)가 도착했군요! ㅎㅎ

**QUESTION: HOW DO YOU LIKE LIVING IN NEW YORK CITY?**

질문: 뉴욕에 사는 것은 어떻습니까?

Blake: I'm kind of an East Coast guy. So, basically, this feels a little bit more normal to me. San Francisco, I liked a lot but I kind of missed seeing the sun rise over the ocean instead of set over the ocean... I don't know... And the trees out here – even though there aren't that many trees in New York City– I just like how big the trees are. So, I'm happy here in New York.

블레이크: 저는 원래 동부 사람입니다. 그래서 여기에 사는 게 더 맞아요. 샌프란시스코에서 사는 것도 좋았지만, 바다 위의 일출보다 일몰을 보는 게 그리웠고…그리고 여기 뉴욕에 있는 나무들은 많지는 않지만 아주 커서 마음에 듭니다. 그래서 뉴욕에서 사는 것을 좋아합니다.

Alex: As far as music is concerned, I mean, this is the best place to be because we're surrounded my amazing artists- not just hip-hop- but every style is at our fingertips as far as doing production.

알렉스: 음악에 관한 한 여기가 제일 좋아요. 주변에 탁월한 실력의 음악가들이 있고, 힙합뿐만 아니라 모든 종류의 음악을 쉽게 접할 수 있습니다.

**QUESTION: TELL US ABOUT YOUR FAMILIES.**

질문: 가족에 대해서 얘기해 주세요.

Alex: I have an older sister and a couple of parents...

알렉스: 누나가 한 명 있고 부모님이 계십니다.

Blake: I got two younger sisters, one of whom her birthday was yesterday, and she's seventeen. The other one is twenty-one and she just graduated from college and now she's moving to New York City so... I think we're both really close with our families.

# DJ TECHNIQUES

CAN WE TALK....?

DJ 핵폭탄...어떻게 보면 디제잉, 이 마지막 단계는 제일 중요한 단계라고 볼 수 있다. 왜? 바로 음악이니까. 음악이 있어야 랩이 있고, 음악이 있어야 춤이 있지. 디제잉 기술을 한번 배워 볼까? WWW.SWAGGERLOU.COM에서 DJ MINGI 동영상을 같이 보면 많은 도움이 될거야.

**Dj Mingi on the Internet**

www.swaggerlou.com-->
projects-->
Hip-hop Project-->
Hip-hop School-->
DJ Mingi

힙합 프로젝트를 위해 뉴욕까지 날아가서 노래를 녹음했는데, 녹음에 앞서 플로캡과 이야기를 나눴다. 음. 그날 정말 더웠다. (솔직히 녹음할 때 너무 더워서 옷을 벗고 녹음할 때도 있었다. 녹음하는데 선풍기를 틀 수도 없잖아? 비디오? 편집했다...ㅎㅎㅎ) 인터뷰 도중 음식도 시켜 먹고 정말 재미있었다. 미국에서 엘리트 대학을 나온 이 두 사람은 랩을 하는 사람들은 공부를 못한다는, 또는 음악이 공부에 방해가 된다는 편견을 깨는 데 일조하고 있다. 공부도 잘하고 랩도 잘한다. 그리고 교육적인 랩을 주로 하니까, 가사가 수준 높고 문법상에 전혀 문제가 없다.

힙합 프로젝트에서 이 단계는 정통 리-스-닝 연습이다. 성우가 읊어 주는 지루한 내용이 아니라 힙합 프로젝트의 노래를 부른 사람들의 생생한 목소리를 듣는 것이다. www.swaggerlou.com에 들어가서 PROJECTS--〉Hip-hop Project--〉Video에서 확인할 수 있다. 먼저 비디오를 보면서 인터뷰 내용을 죽 한번 들어 봐라. 그리고 대화 내용과 우리말 번역을 참고해 다시 들어 본다. 힙합에 대한 그들의 생각과 철학을 알 수 있다.

그리고 나서, 플로캡에 대한 기사를 하나 읽도록 하자. 리-딩 공부라고나 할까?

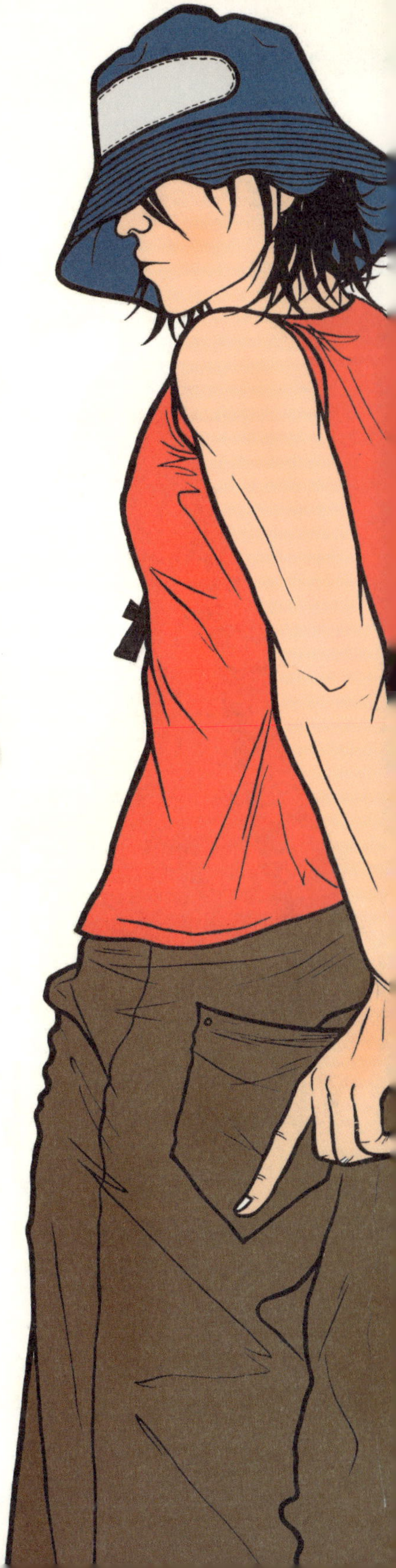

**VIEW THE VIDEO AT:**

www.swaggerlou.com-->
PROJECTS-->
Hip-hop Project-->
Video--> Can We Talk?

## MIXING

여러 대의 턴테이블(또는 CDJ)과 믹서를 이용하여 LP(또는 CD)로 음악을 섞어 재생하여 새로운 음악을 창조하는 것으로 클럽 등지에서 이러한 방법으로 만들어진 음악을 흔히 들을 수 있다. 믹싱은 원곡이나 샘플 등을 통해 DJ에 의해 재창조되므로 믹싱을 통해 완성된 곡은 DJ들의 음악이라고 봐도 무방하겠다.

## HOW TO MIX

가장 기본적이면서 가장 중요한 것으로 비트 믹싱(Beat Mixing)이 있는데 비트 믹싱 방법은 의외로 간단하다. 일단 BPM이라는 것을 이해해야 한다. BPM이란 '비츠 퍼 미니트(Beats Per Minute)' 의 약자로서 분당 박자 수를 말한다. 즉, 1분당 4분 음표의 개수를 말하는 것으로 곡의 템포, 빠르기를 의미한다. 그러므로 BPM 수치가 높을 수록 더욱 빠른 템포의 곡이라는 것을 의미한다. 비트가 들어 있는 노래들은 모두 BPM이 있다. 각 노래들은 다 제각기 BPM이 다르기 때문에 DJ는 선곡해 놓은 노래를 재생하기 전에 각 노래의 BPM을 알고 있어야 한다.

BPM을 맞추는 방법은 DJ용 턴테이블이나 DJ용 CDP 또는 CDJ에 달려 있는 피치 컨트롤(Pitch Control: 빠르기를 조절하는 장치)을 이용해서 한쪽에서 재생되는 음악을 나머지 다른 한쪽에 맞추어 가면서 피치(Pitch)를 조정해서 늘리거나 줄이면 된다. 이렇게 조정하는 과정을 거치지 않고 두 대의 턴테이블의 곡을 모두 재생시키면 두 곡이 섞이면서 시끄러워지므로 헤드폰으로 들으며 믹서를 이용해 두 번째로 재생될 곡의 볼륨이나 음색을 미리 맞추어서 자연스럽게 섞어 주면 된다.

음악은 대부분 인트로(Intro), 브레이크(Break), 아웃트로(Outro)로 이루어져 있다. 노래의 인트로(처음) 부분이나 중간의 브레이크(후렴) 부분 또는 아웃트로(끝) 부분 중에 가장 이상적인 마디를 잡아서 노래와 노래를 섞어 주는 방법이 비트 믹싱이다. 그러므로 자연스러운 믹싱이나 깔끔한 믹싱을 하려면 DJ 자신이 각 노래의 비트가 몇 마디인지 알고 있어야 노래가 자연스럽게 섞일 수 있다. 비트가 맞지 않는 상태로 노래를 함께 재생하면 노래가 시끄러워지는 경우가 많고 흔히 DJ들끼리는 속된 말로 말을 탄다고 하기도 한다.

노래를 섞이게 하기 위해서는 큐잉(Cueing: 시작점을 잡아 주는 것)이 중요한데 큐잉이 잘 되지 않을 경우 노래가 부자연스럽게 섞이는 경우가 많다. 그러므로 DJ는 평소에 큐잉 연습을 많이 해 두는 것이 좋

# 1.3
Raw Material

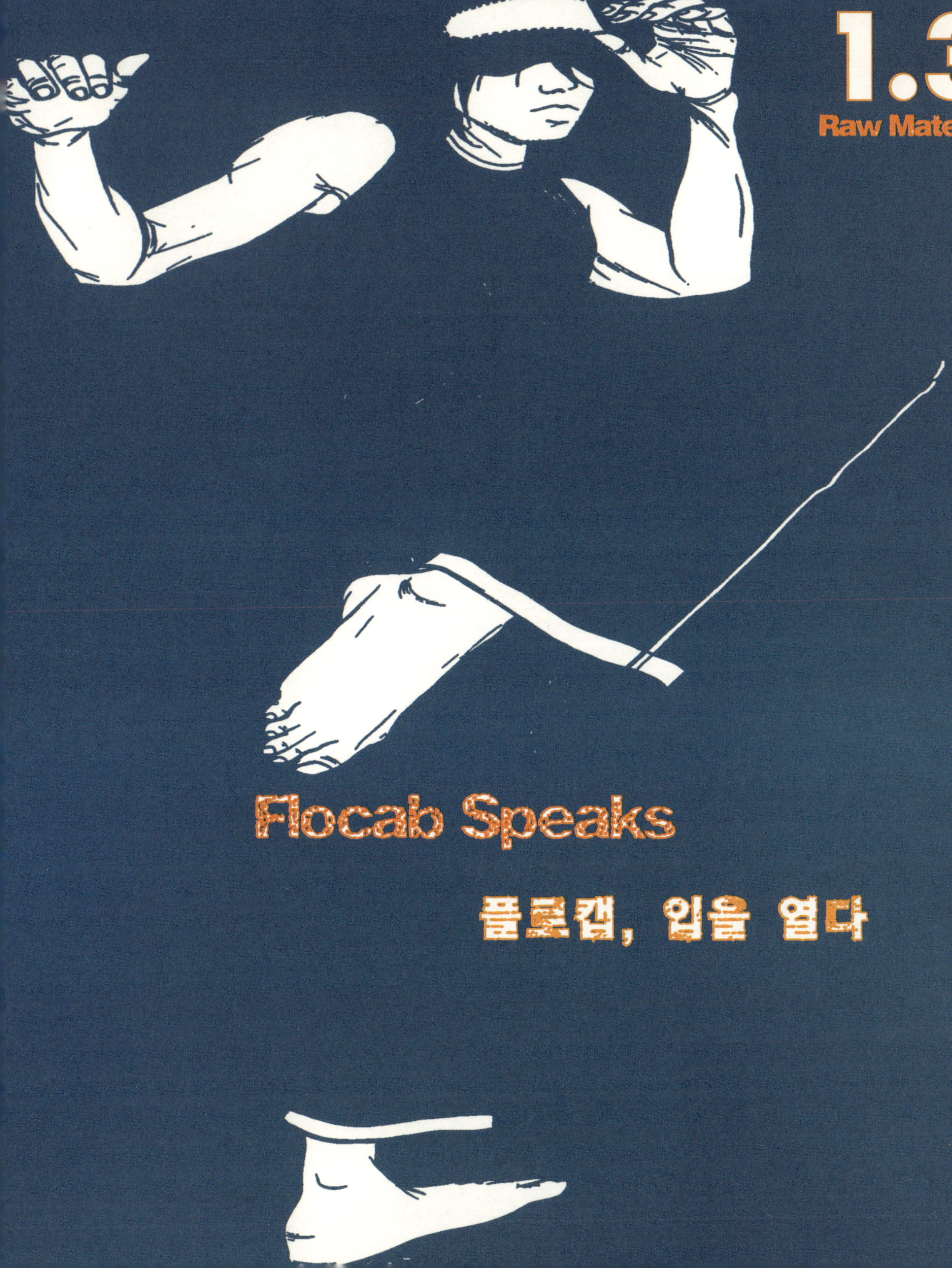

# Flocab Speaks

## 플로캡, 입을 열다

다. 또한, 음악 또는 믹싱할 음악을 선곡함에 있어서 피치 차이가 많이 나는 음악은 가급적 피하는 것이 좋다. 원곡이 너무 빠르거나 너무 느려지면 그 음악이 왜곡되기 때문에 BPM 차이가 많이 나는 곡끼리 믹싱하는 것은 바람직하지 않다. 물론 듣는 사람에 따라 틀리겠지만 노래는 너무 왜곡되지 않게 재생되는 것이 개인적으로는 바람직하다고 생각한다.

근래에 들어 DJ 장비가 많이 발전하면서 마스터 템포(Master Tempo: 곡의 음정은 바꾸지 않고 템포만을 컨트롤)라는 기능이 추가되어 피치 차이가 많이 나더라도 크게 왜곡되지 않게 재생하는 방법도 생기게 되었다. 여태까지는 믹싱을 할 수 있는 방법을 설명했지만 가장 중요한 것은 DJ 자신이 재생할 음악을 잘 구성하고 파악하는 것이다. 각 노래의 구성을 파악하고 악기나 코드, 박자 등등 노래를 완전히 이해하는 것이 좀더 나은 믹싱을 할 수 있는 방법이다. 믹싱을 배우고 싶은 사람들이 있다면 각자 자신들이 많은 노력을 해야 한다. 믹싱을 가르쳐 주는 학원도 있고 책도 있고 비디오도 있지만 스스로 노력하는 것이 믹싱을 가장 잘하고 자신만의 스타일을 만들어 갈 수 있는 방법이다.

## TYPES OF MIXING

믹싱의 종류는 수도 없이 많지만 자주 쓰이는 몇 가지만 소개한다.

### 더 슬램/컷팅(The Slam/Cutting)

피치 컨트롤이 발달하기 전에 많이 쓰이던 방법으로 주로 힙합 DJ나 테크노 DJ들이 많이 사용했다. 두 곡(편의상 1번과 2번으로 설명하겠다)의 노래를 섞는다고 가정할 때, 1번이 일단 재생되고 있는 상태라면 재생할 2번을 헤드폰 등에서 BPM을 맞추어 놓은 다음, 이상적인 믹싱 타이밍을 잡아서 2번을 슬램하는 것이다. (동시에 1번의 페이더를 줄여야 한다.)

### 비트 매칭 (Beat Matching/The 32-In-And-The 32-Out)

모든 장르에 쓰이는 가장 기본적인 믹싱으로 1번이 재생되는 가운데 음악이 끝나기 전에 2번의 BPM 등을 맞추어 비트를 함께 물려서 자연스럽게 믹싱하는 방법이다. 여기서 32라는 숫자는 인트로나 브레이크 부분, 아웃트로 부분 등의 비트 수를 말하는데 각 노래마다 인트로, 브레이크, 아웃트로 등이 틀리므로 12-32-16이 될 수도 있고 16-16-32이가 될 수도 있다. 그러므로 노래의 구성을 잘 파악하는 것이 가장 중요하다. 때문에 DJ들이 한결같이 중요하다고 말하는 것이 바로 모니터링(Monitoring: 곡을 자세하게 듣고 곡의 구성 등을 파악하는 것)이다.

'8마일' 에 나오는 로토와 에미넴의 배틀을 예로 들어 봅시다. 로토는 50년대 티비쇼 'Leave it to Beaver' 를 참조해 배틀을 시작합니다. 에미넴은 그 주제를 집어서 그 쇼에 나오는 모든 캐릭터를 참조해 바로 되공격하지요.

LOTTO:

Screw 'Lotto,' call me your leader
I feel bad I gotta murder that dude from "Leave It To Beaver"

EMINEM:

Ward, I think you were a little hard on the Beaver
So was Eddie Haskell, Wally, and Ms. Cleaver

## 9단계: 좋은 힙합 앨범을 듣고 배워라

최고의 랩퍼는 프리스타일 랩을 하는 방법을 잘 알고 있습니다. 좋아하는 노래를 듣고 그들이 랩을 어떻게 하는지를 살펴보고 그들의 스타일을 모방해 보는 것도 좋은 연습이 됩니다.

## 10단계: 쉬지 말고 연습해라

자, 이제 거리로 나가 볼 시간입니다. 항상 랩을 하며 밤낮으로 연습을 하세요. 연습을 한다고 완벽해지는 것은 아니지만 훨씬 좋아질 것입니다. 행운을 빕니다.

## 블렌드
## The Blend /Mix

이 믹싱은 주로 트랜스에 사용되는 방법인데 가장 어렵기도 하고 가장 창조적인 믹싱이라고도 할 수 있다. 믹싱 타임이 길어지는 것이 특징이다. 1번과 2번의 노래를 완전하게 섞어서 원곡이 아닌 다른 곡을 재창조해 내는 믹싱이라고 할 수 있다. 한마디로 곡에 곡을 섞는 것이라 할 수 있지만 재창조라는 목적으로 하는 믹싱이므로 누가 하느냐에 따라 음악이 전부 틀려진다는 것이다. 블렌드를 하는 DJ들 중에는 비트가 주가 되는 트랜스 DJ들이 많다.

## 라디오 페이드
## The Radio Fade/Fade In Fade Out

보통 라디오나 방송 등에서 많이 들어 볼 수 있는 믹싱 형태로 비트를 맞춰 자연스럽게 넘기는 믹싱이라기보다는 선곡 위주나 신청곡 위주의 믹싱 방법이다. 방법은 1번이 재생되면 서서히 페이더를 줄이면서 2번의 음악을 재생하는 방법이다.

## 스크래치 앤 슬램
## The Scratch & Slam /Hip-hop Mix

힙합 믹스테이프를 들어 본 사람들은 알겠지만 힙합에 많이 쓰이는 믹싱 방법이다. 슬램 방법과 같지만 한 가지 다른 점은 LP나 CDJ로 큐잉 부분을 스크래치하다가 가장 이상적인 부분에서 슬램하는 점이다.

각각의 믹싱 방법은 여러 가지이지만 한 가지만을 고수할 필요도 없고 모든 믹싱 방법을 다 습득할 필요도 없다. 단지 자기만의 스타일 또는 가장 자연스럽게 할 수 있는 방법을 습득해 본인이 재창조해서 음악을 선곡하고 틀어 보는 방법이 제일 좋은 방법이다. DJ 에반 사무린(DJ Evan Samurin)은 "누가 어떻게 믹싱을 하든 그들의 믹싱에 신경 쓰지 말고 자기 자신만의 믹싱 스타일을 만들어라" 고 했다. 믹싱이란 것은 바로 자기 자신이 만들어 가는 것이다.

# SCRATCHING

기본적인 스크래치 기술로는 베이비 스크래치(Baby Scratch), 스크리블(Scribble), 테어스(Tears), 포워드(Forward), 백워드(Backword/Reverse), 촙(Chop), 트랜스폼(Transform/Transformer), 첩스(Chirps), 플레어(Flare /One Click), 오빗 (Orbit/Two Click), 크랩(Crab) 등이 있다.

fast? son, that ain't fast.
I'm rising faster than the price of gas.

## 8단계: 마이크를 돌려라

두 명 이상의 랩퍼들과 무리를 지어 서로 랩을 주고받아 보세요. 이 방법은 실력을 키우는 데 아주 좋을 뿐 아니라 재미도 있습니다. 비트를 틀어 놓거나 누군가 비트 박스를 하거나 아니면 아무것도 없이 그냥 프리스타일을 합니다. 차례로 돌아가며, 자신이 원할 때 또는 누군가 마이크를 넘겨주면 (물론, 진짜 마이크는 아닐테지만요.) 끼어들기도 하면서도요. 절대로 가상의 마이크를 떨어뜨려서는 안 됩니다! 마이크를 들고 계속 돌리세요!

만약 상대방이 성경에 관해 무언가를 내뱉으면 여러분도 빨리 그 주제에 착수하도록 하세요. 비슷한 주제로 나가려고 노력하세요. 상대편의 가사를 참고해서 내용을 보태세요. 저는 제 친구와 프리스타일을 할 때면 우리의 사생활처럼 서로 잘 아는 내용에 대해 닥치는 대로 언급합니다.

**ME:**
Derek's life is tough, his job is rough,
plus Suparna took all his dopest stuff,
for her apartment in NYC,
'cause that's where she be,
holding down a job at a publishing company.

**DEREK:**
Yeah, my life is tough, but not that hard,
'cause I spend all my nights watching Sponge Bob,
Blake you the one with the job that sucks,
asking people if they want more pepper on their halibut.
Or take this example from Eminem's battle with Lotto from 8-Mile. Lotto starts off references the old 50's TV show, Leave it to Beaver.
Eminem picks it up and spits it right back, references all the characters from the show.

**Baby Scratch 베이비 스크래치:** 많은 사람들이 베이비 스크래치하면 DJ 큐-버트를 떠올린다. 이유는 간단하다. 현존하는 DJ 가운데 스크래치의 기본이라고 할 수 있는 베이비 스크래치를 가장 잘하는 사람이 바로 DJ 큐-버트이기 때문이다. 하지만 정작 베이비 스크래치를 처음 만든 사람은 큐-버트가 아니라 DJ 그랜드 위저드 시어도어이다. 베이비 스크래치는 믹서의 페이더를 사용하지 않는 기술로써 기본은 그냥 쉽게 아기가 판을 긁는 것으로 생각하면 쉽다. 즉 자기가 느끼는 감정대로 요령껏 엘피를 앞뒤로 움직이면서 소리를 만드는 것을 베이비 스크래치라고 생각하면 된다. 베이비 스크래치는 그만큼 자기의 느낌이 중요하고 그 느낌을 잘 표현하느냐 못하느냐가 관건이라 할 수 있기 때문이다.

**Scribble 스크리블:** 베이비 스크래치의 변형 기술이라고 할 수 있는 기술로써 LP를 잡고 앞뒤로 순간적으로 힘을 주어서 소리를 만들어 내는 기술이다.

**Tears 테어스:** 베이비 스크래치의 변형 기술로서 LP가 앞으로 갈 때 한번 밀어 주고 뒤로 당길 때 두 번에 나눠 들어오게 해 소리를 만들어 내는 기술이다. 변형된 형태로 앞으로 두 번을 나누어 밀어 주고 당길 때 한 번에 들어오게 하는 방법도 있다.

**Forward 포워드:** 믹서의 페이더를 사용하는 기술로서 페이더를 쓰는 가장 기본이 되는 기술이다. LP를 앞으로 놔주며 내보내는 동시에 페이더도 함께 열어(open) 주고 LP의 당기는 소리가 들리지 않게 페이더를 재빠르게 닫아(close) 주는 것이 중요하다.

**Backward/Reverse 백워드:** 포워드의 반대로 생각하면 쉽다. LP를 당기는 동시에 페이더를 열어 주고 나가려는 소리를 재빠르게 닫아 주면 된다. 포워드나 백워드는 깔끔하게 소리내는 것이 중요하므로 언제나 LP의 위치나 소리를 기억해 두는 편이 좋다.

**Chops 촙:** 포워드와 백워드의 변형 형태로 LP를 밀어 주면서 페이더를 열고, 당기는 음이 들리기 전에 페이더를 닫아 주는 기술이다. 포워드의 경우 LP를 놔주면서 페이더를 열지만 촙 같은 기술은 직접 손으로 자기가 힘 조절을 해 줘야 한다. 때문에 소리가 상당히 날카롭다는 걸 느낄 수 있다.

**Transformer 트랜스폼:** DJ 캐쉬 머니(DJ Cash Money)에 의해 고안된 기술이며 1988년 DMC 대회에서 DJ 캐쉬 머니가 우승을 하는 데 가장 큰 공을 세웠던(?) 기술이다. 이 기술은 믹서의 페이더를 닫은 상태에서 열었다 닫았다를 반복하면서 동시에 LP의 소리를 끊어 주는 기술이다.

I'm hungry driving in this old Volvo,
I think I'll stop by Olive Garden and drink some olive oil.

## 6단계: 은유를 집어넣어라

은유와 직유는 프리스타일 랩에 있어 매우 중요한 부분입니다. 가사 중에 가장 재미있고 재치 있는 부분에서 주로 나타나지요. 숙련된 엠씨와 초보를 구별 짓는 중요한 요소가 됩니다. 탈립 콸리의 가사를 살펴봅시다.

"We're like shot clocks, interstate cops and blood clots,
my point is... your flow gets stopped."

숙달된 랩퍼에게 있어 은유와 직유는 척추와도 같습니다. 은유를 제대로 사용하면 여러분의 라임이 더 재미있고 재치 있을 뿐 아니라 더 근사하게 들릴 것입니다. 카니예의 가사를 살펴봅시다.

"Ooh, girl, your breath is harsh,
cover your mouth up like you've got SARS."

## 7단계: 현재 일어나고 있는 일들을 참조해라

프리스타일 랩퍼가 강렬한 인상을 남길 수 있는 방법은 시의 적절한 문화, 행사의 참조입니다. 예를 들어, 친구들과 랩을 하다가 그 전날 오프라가 최근 200파운드를 뺐다는 기사를 읽은 것이 생각났다고 합시다. 그걸 여러분의 랩 안에 집어넣는다면 얼마나 근사할까요?

You big now, but you 'bout to get cut down,
smaller than Oprah Winfrey dropping 200 pounds.

저는 최근에 어느 엠씨가 랩을 할 때 가스 가격 인상을 참조하는 것을 들었습니다.

나가는 소리를 잘라 주거나 들어오는 소리를 잘라 주는 역할도 하지만 리듬을 만드는 기술로도 사용되어지곤 한다.

**Chirps 첩스**: 유명한 그룹 DJ 제지 제프 앤 더 프레쉬 프린스의 리더인 DJ 제지 제프에 의해 고안된 기술이다. LP를 앞뒤로 움직여 주면서 페이더로 나가는 소리와 들어오는 소리를 엑스(X)자 형식으로 잘라 내는 기술이다. 이 기술은 소리가 세련되고 깔끔한 게 특징이고 세션이나 여러 음악의 샘플로 많이 이용되고 있으며 또 가장 많이 쓰는 스크래치 기술 중에 하나이다.

**Flare/One Click 플레어**: ISP의 멤버였던 DJ 플레어가 고안해 낸 기술이다. 플레어 기술은 트랜스폼이나 포워드와는 달리 페이더를 연 상태에서 시작하는 것이 특징이다. LP를 내보내면서 열려 있는 페이더를 한 번만 닫았다 열었다 한다. 다른 명칭으로는 원 클릭 플레어(One Click Flare)라고도 한다. 이 기술은 트랜스폼을 두 번 쳐 주는 것과 이론상으로는 같은 원리지만 소리와 느낌이 분명히 다르기 때문에 스크래치의 한 기술로 인정받게 되었다. 트랜스폼은 끊긴다는 느낌이 강하지만 플레어는 끊기지 않고 소리가 돈다(진행된다)는 느낌이 강하다.

**Orbit/Two Click 오빗**: ISP의 멤버였던 DJ 디스크(DJ Disk)에 의해 고안된 기술이다. 이 기술은 플레어(One Click)를 빠르게 두 번 치는 기술이다. 투 클릭 오빗(Two Click Orbit)이라고도 칭한다. 이 기술 역시 트랜스폼과 플레어와는 소리가 다르기 때문에 오빗이라는 기술로 인정받게 되었다.

**Crab 크랩**: 세계에서 가장 유명한 스크래치 DJ인 큐-버트가 만든 기술이다. 이 기술은 닫아 있는 상태의 페이더를 세 손가락이나 네 손가락으로 긁어 주며 소리를 끊어 주는 기술인데 마치 이 동작이 게 발가락 같다고 해서 크랩이란 명칭이 되었다.

DJ란 직업 자체가 좀 특별하기도 하고 어렵기도 한 직업이기도 하다. 보통 음악이 좋아서 DJ를 시작하는 경우가 많지만 직업 특성상 현실적으로 많이 힘든 직업이기도 하다. 그렇지만 DJ란 직업은 한번쯤은 꼭 해 보고 싶은 직업이고 또 다른 일보다는 정말 매력적인 직업이라고 생각한다.
DJ를 잘하는 방법 중에 하나는 디제잉을 즐기는 것이라고 생각한다. 디제잉은 하나의 놀이이자 취미로 자신의 생각과 표현을 다 표출해 낼 수 있는 특수성이 있기 때문이다. 디제잉으로 성공하고 싶으면 남다른 생각으로 색다른 소리를 빨리 찾아내는 것이 옳은 방법이라고 생각한다. 내가 만약 이 분야에서 성공하여 명언을 남긴다면 이 말을 남기고 싶다... 많이 듣는 자가 승리한다!!!

## 4단계: 비트에 맞춰, 또는 무엇에든 맞춰 랩을 해 봐라

랩 비트 곡 또는 여러분이 좋아하는 힙합 CD에 맞춰 실제 랩퍼들의 목소리 위에다 큰 소리로 플로잉을 해 보세요. 또 클래식 음악, 재즈, 락, 테크노에 맞춰 랩을 해 보세요. 샤워를 하면서도, 버스에서도, 학교 가기 전이나 점심 시간에도 랩을 하세요. 조깅을 하면서도, 아이팟을 즐기면서도 쉴 새 없이 프리스타일 랩을 연습하세요. 사람들이 지금은 여러분이 미쳤다고 생각할지도 모르지만 여러분의 앨범이 플래티넘 세일즈를 기록하게 되면 생각이 달라질 것입니다.

## 5단계: 주변에 있는 것들에 대해 랩을 해라

이렇게 하는 것이야말로 미리 써온 것을 내뱉는 것이 아니라 진짜 프리스타일을 하고 있다는 것을 증명하는 가장 좋은 방법입니다. 눈에 보이는 것들에 대해 랩을 하세요. 사물, 행동, 사람, 옷, 상황, 들리는 소리들을 랩에 집어넣으세요. 예를 들어, 저는 샤워를 할 때면 제가 쓰고 있는 비누에 대해 랩을 합니다.

Trying hard to get clean, maybe just a smidgen,
I use ghetto Dove soap, also known as pigeon,

배틀에 있어 이러한 능력은 아주 중요합니다. 여러분은 상대방에 대해 구체적인 사실을 언급해 치명타를 날려야 합니다. '8마일' 의 에미넴의 프리스타일을 볼까요? (사실, 대본대로 연기한 것이므로 진짜 프리스타일이라고는 할 수 없겠지요.) 그는 몸에 짝 달라붙는 하얀색 탱크탑을 입은 로토라는 남자와 배틀을 하고 있습니다.

"Lookin' like a cyclone hit you,
Tank top screamin', 'Lotto, I don't fit you!"

만약 여러분이 차로 드라이브를 하는 동안 랩을 한다면, 여러분의 느낌이나 보이는 물건들에 대해 랩을 해 보세요.

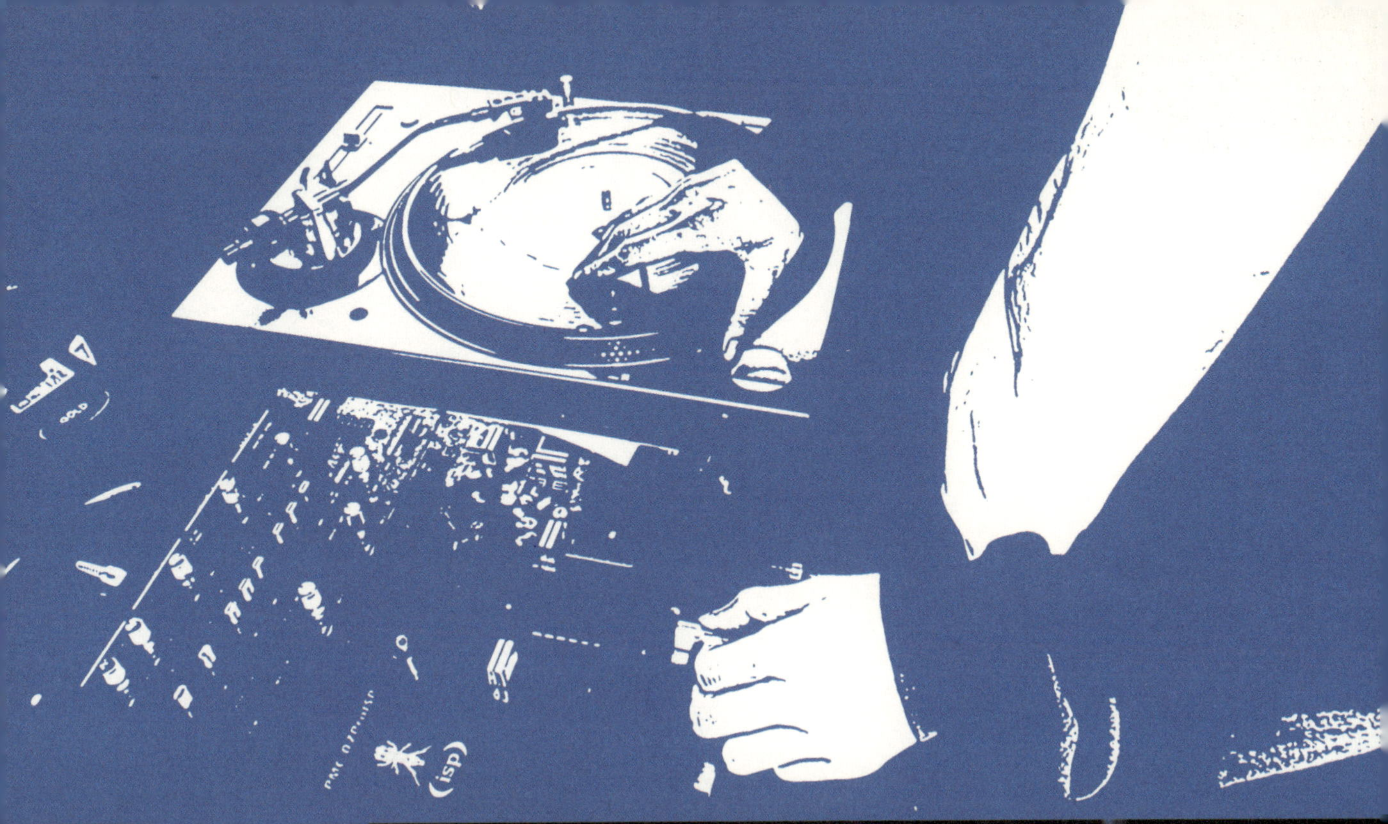

# Scratching that hits the spot... DJ Mingi

I drive you bananas, apples and oranges,
ah.... damn, nothing rhymes with oranges,
to make it rhyme, I squeeze it into orange juice,
flow's tighter than small undies...
yours are mad loose.

## 3단계: 라임

여러분의 우스꽝스러운 프리스타일 랩 가사의 모든 줄이 다 라임이 맞아야 하는 것은 아니지만 어느 정도는 라임이 맞아야 합니다. 라임이 되는 말들이 랩을 하는 데 있어 기초가 되기 때문이지요. 첫 번째 줄이 무슨 말로 끝날지 짐작하게 되는 순간부터 여러분은 머릿속으로 둘째 줄의 끝에 어떤 단어를 쓸 지 생각해 봐야 합니다. 만약 첫 번째 줄이 **"I'm exhausted from doing summer reading."** 끝났다고 가정합시다. 'reading' 으로 그 행이 끝나리라는 것을 간파하자마자 여러분은 라임이 맞으면서 내용상으로도 연결이 되는 어떤 말을 생각해야 합니다.

meaning,
weeding,
beading,
ceiling,
teething,

만약 'weeding' 을 골랐다면, 이런 내용이 올 수 있을 것입니다.

I'm exhausted from doing summer reading,
breaking my back digging holes, painting and weeding.

만약 'meaning' 을 골랐다면, 이런 내용이 올 수 있겠지요.

I'm exhausted from doing summer reading,
my eyes skim the page but always miss the meaning.

# THE HIP-HOP CLUB SCENE
## DJ 민기가 본 클럽 변천사

### 1993

DJ를 시작했을 당시 일명 락카페라는 소규모 클럽들이 한참 붐이었고 신촌 · 홍대 · 이대 · 돈암 · 방배 · 화양 · 대학로 · 신림 등 주로 대학가나 유동 인구가 많은 지하철역 주변에 많이 분포되어 있었다. 나 또한 신촌에 있는 60평 정도의 조그만 바에서 음악을 틀다가 영업 형태가 락카페로 바뀐 덕에 정식으로 DJ를 하게 되었다.

락카페라는 명칭을 사용하던 이 클럽들은 한 지역에 10곳 이상이 있었고 돈암 지역 같은 경우는 18곳 정도까지 있었던 걸로 기억된다. 강남이나 이태원, 명동 등의 규모가 크고 비싼 나이트클럽들은 락카페란 새로운 유행에 긴장하게 되었다. 자금 사정이 어렵지 않았던 대규모 나이트클럽들은 그나마 현상을 유지했으나 유행을 몰고 가는 20대들에게는 락카페라는 곳이 상당히 흥미스러웠던 걸로 기억된다. 마치 지금의 클럽이 유행하는 것과 조금은 흡사하다. 주대가 저렴하고 춤을 출 수 있으며 나이트클럽처럼 DJ가 있었기에 많은 사람들이 선호했다.

# The Official 10-Pronged Technique for Learning to Freestyle Rap.

# 플로캡의 프리스타일 랩을 배우는 10가지 테크닉

## 1단계: 쉬운 것부터 시작해라

처음부터 'the toasty cow's utter' 와 ' most o' my flow's butter' 처럼 라이밍을 할 필요는 없습니다. 라이밍 자체를 할 필요도 없지요. 플로우와 그 밖의 다른 것들에 대해서도 신경 쓰지 마세요. 단순한 라임에 가사도 이류일지라도 머릿속에서 지어냈다면 프리스타일링을 하고 있는 것입니다. 다음은 제가 11개월 때 처음으로 한 프리스타일 랩입니다.

I am funny,
I like bunnies,
touch my tummy,
mummy,
어때요? 깜찍하지 않나요?

## 2단계: 플로잉

실수도 많이 하고 목소리도 이상하게 들릴 것입니다. 여러분의 첫 번째 프리스타일 랩 가사야말로 최악의 가사이겠지만 신경 쓸 필요 없어요. 계속 플로잉을 하세요. 라임이 생각나지 않는다고요? 그래도 계속 플로잉을 하세요. 말을 더듬거린다고요? 그래도 계속 플로잉을 하세요. 일부 가사가 라임이 안 되거나, 말이 안 되거나 은연 중에 자기 자신을 깎아내리게 되거나 하는 현상은 어느 시점까지는 불가피합니다. (저는 프리스타일을 할 때면 항상 무심코 자기 자신을 깎아내리는 사람을 한 명 알고 있답니다.) 그래도 계속 플로잉을 하세요. 만약 실수를 하면 그 다음에 나오는 가사에서 실수를 만회하려고 노력해야 합니다.

이 당시 상황은 락카페의 영업 허가는 따로 없어서 거의 불법이었고 바나 호프집을 개조해서 너도나도 장사했으며 지금보다는 경기가 호황인 탓에 100평도 안 되는 조그만 곳도 불법 영업 단속에만 안 걸리면 상당한 이익을 남겼던 걸로 안다. 손님 연령층은 거의 20대 초반이었고 주대 가격은 2명 기준 평균 1-2만원 안팎이었으며 지금의 클럽과 마찬가지로 분위기와 시설이 좋고 규모가 큰 곳이 잘되고 오랫동안 유지되었다. 그리하여 강남이나 이태원 등지의 나이트클럽들은 손님을 변두리 지역으로 조금씩 빼앗기기 시작했다. 한 예로 압구정을 무대로 한 오렌지족들은 방배동 카페 골목에 위치한 벤(BEN)이라는 곳에서 종종 집결하였고 이 바닥에서 좀 나간다 하던 사람들도 지금의 명소가 된 엔비(NB)처럼 한 번씩 들러보곤 했다. 그 당시 실제로 본인은 벤 건너편의 락카페에서 일을 하고 있었기에 벤의 명성을 잘 안다. 강남이나 이태원 나이트클럽들은 이러한 유행에 맞추어 가기엔 타산이 전혀 안 맞았고 특히 락카페와 가격 경쟁을 할 수도 없는 상황이어서 이러지도 저러지도 못하는 상황이었다. 락카페와 나이트의 대결에도 아랑곳없이 독창적인 문화를 고집하던 홍대에는 신세대 오렌지족들이 새로운 문화를 찾아 가끔 모이며 고급 카페를 빌려서 파티를 즐기기도 했다.

## 1994-1995

한참 잘나가던 소규모 락카페에 유흥 문화 발전에 보수적이었던 정부의 규제가 시작되었다. 지역마다 우후죽순처럼 생기던 락카페에 대한 무허가 영업 단속이 심해졌다. 본인이 근무했던 곳도 주말이면 미성년자, 심야 영업, 불법 조명, 무허가 단속이 끊이지 않았다. 남이 해서 잘되면 너도나도 따라 하는 장사 유행은 락카페 붐에 찬물을 부은 결과가 되었고 사람들은 점점 나름대로 명목을 유지하고 있던 대규모 나이트클럽으로 발길을 돌렸다. 이젠 락카페식 싸구려 영업 스타일에 식상하고 눈높이가 높아져 버린 손님들의 발길이 줄어들면서 락카페는 하나둘씩 문을 닫기 시작한다.

그리고 강남 4대 호텔 나이트(지금의 선샤인 호텔, 힐탑 호텔, 다이내스티 호텔. 노보텔 앰버서더 호텔)에선 충격적인 영업 방법인 부킹이 도입되기 시작했고 전국의 나이트클럽들이 부킹을 내세워 호황을 누리기 시작한다. 이때부터 지금까지 나이트클럽이라는 곳이 명맥을 이어가는 데는 부킹의 역할이 큰 것 같다. 더 나아가 웨이터들은 가수처럼 무선 마이크 헤드셋을 끼고 영업을 하였다. 별건 아니었지만 젊은 유행층들에게는 새로워 보였다. 사소한 부분이었지만 앞서 갈 수 있는 적절할 투자인 것 같았다.

그러나 자본이 넉넉지 않은 락카페나 소규모 클럽에선 최첨단 부킹 영업 시스템을 진행하기 힘들었다. 음악이나 저렴한 가격밖에 내세울 게 없었던 소규모 클럽들이 점점 쇠퇴해 가고 대부분의 사람들은 춤추고 술 마시는 곳은 부킹이 있어야 재미있다고 생각하기 시작한다. 그리고 대부분의 DJ들도 음악이 아닌 다른 쪽으로 변질되어 가기 시작한다. 개인적으로는 이때부터 DJ에 대한 사람들의 인식이 음악인에서 광대로 바뀌지 않았나 싶다.

## ALEX RAPPAPORT / PRODUCER FLOCAB

### 알렉스 래퍼포트/ 플로캡 프로듀서

알렉스 래퍼포트는 터프츠 대학교(Tufts University)에서 음악 학사 학위를 받았다. 샌프란시스코에서 영화 음악 작곡가, 음악 감독, 휴대폰 컨텐츠 프로듀서, 녹음 기사로 일했다. 샌프란시스코 필모어, 데이비드 레터맨의 '레이트 쇼' 등의 세계적인 무대에서 공연했다. 드뷔시(Debussy)로부터 드 라 소울(De La Soul)에 이르기까지 여러 장르의 음악인들에게 영향을 받은 알렉스는 전혀 다른 음악 양식들을 한데 섞은 곡들을 만들어 왔다. 플로캡의 제작 총지휘자이다.

## BLAKE HARRISON AKA MC ESCHER / LYRICIST, RAPPER FLOCAB

### 블레이크 해리슨 또는 MC 에셔/ 작사가, 플로캡 랩퍼

블레이크 해리슨은 펜실베니아 대학(University of Pennsylvania)에서 영어학을 전공했다. 블레이크는 보스톤, 필라델피아, 버클리에서 작문, 수학, SAT 교사로 일했다. 그는 이미 고등학교 때 플로캡에 대한 아이디어를 구상했다. 열심히 교과서에 있는 내용들을 외웠던 모범생이었던 그는 왜 노래 가사는 외우기 쉬운데 책에 있는 내용들은 외우기 어려운지 의아했다. 그는 랩 음악이 신나고 효과적인 공부 방법이 될 수 있다는 것을 깨달았다. 플로캡의 주 저자와 MC를 겸하며 미국에 있는 수천 명의 팬들을 위해 공연하고 있다. 현재 뉴욕에 거주하며 한국과 미국의 교육 현장에 혁명을 불러일으킬 만한 교과 과정을 고안하고 있다.

클럽 문화에 새로운 바람이 필요했던 이 시기에 유난히 별난 특성의 홍대 거리엔 지금의 크라잉넛, 자우림 등이 연습하던 라이브 클럽인 프리버드(Freebird)가 탄생한다. 프리버드는 그 당시 유일하게 인디밴드 오디션을 보던 곳이었다.

## 1996-1998

부킹 문화가 전국의 나이트클럽에 확고하게 뿌리내려 나이트클럽이 가장 호황을 누렸던 시기였다. 이 시기의 나이트클럽들은 일본의 유명한 클럽인 줄리아나, 벨파레, 마하라자 등을 표방한 한국식 부킹 나이트클럽으로 색깔을 다지는 시기였다. 그 당시 본인은 리믹스라는 한국에선 생소한 분야를 찾아 헤매며 해외 유학하는 친구들의 영향으로 외국의 선진 클럽 문화를 배우고 있던 중이었다. 우리나라에 제대로 된 음악 전문 클럽이 없다는 게 아쉬웠다. 그러던 시기에 영국의 명문 클럽이었던 하시엔다를 표방한 클럽이 서울에서 가장 큰 나이트클럽으로 이태원에 탄생했다. 혹시 오리지날 영국 체인 클럽일지도 모른다는 기대를 가졌으나 역시 간판만 똑같았다. 어쨌든 장사는 호황이었다. 그리고 96년 겨울에 전 세계 109개의 프랜차이즈를 두고 있는 하드락 까페가 청담동에 문을 열고 힙합 클럽의 원조인 블루몽키스가 신촌에 슬슬 자리를 잡는다. 힙합 음악이 클럽가에는 비주류였던 시기라 블루몽키스 DJ들은 거의 가요와 테크노 위주로 음악을 틀었고, 힙합은 아주 작은 비율로 들려주곤 했었다. 그리고 홍대 피카소 거리 일대에는 클럽인지 바인지 구분이 안 가는 형태의 클럽이 운영되기 시작했고 지금의 홍대 유흥 발전에 일조한 연세대 어학당 유학생들과 외국인 학생들에 의해 외국 파티 문화가 슬슬 도입된다. 홍대 사업가들이 클럽을 구상하고 실제로 미술인이나 음악인 등이 홍대를 배경으로 카페나 바, 클럽을 시작한 시기이다. 또한 홍대 서교 호텔 나이트클럽 DJ출신인 지금의 DJ 엉클(DJ Uncle)이 엠아이(M.I)라는 트랜스 클럽을 운영한다. 그 당시 엠아이는 주택지에 위치해 있었으며 소문을 듣고 아는 사람만 오는 트랜스 매니아 클럽이었다.

## 1999-2001

99년부터는 요즘 흔히 말하는 클럽이라는 곳이 아주 서서히 홍대부터 정착이 되는 시기였다. 물론 강남, 이태원 등지의 나이트클럽들은 변함없이 잘되었지만 나이트클럽에서는 가벼운 가요나 빠른 댄스 뮤직이 유행이었고 예술인들이 주로 운영했던 홍대나 신촌 같은 곳에서는 힙합이나 트랜스, 락, 재즈 등 전문 DJ용 음악이 유행해 음악적인 차이가 있었다. 그리고 지금의 힙합 문화도 이 시점부터 시작되었다. 또 한번 유행이 바뀔 시기였던 것 같다. 힙합 가수로서 우리나라식 힙합 문화에 일조했던 그룹 허니패밀리와 드렁큰 타이거는 신촌의 블루몽키스에서 주말마다 랩 배틀을 했고 점점 신촌이나 홍대 쪽으로 외국인이나 유학생들이 몰렸다. 점점 강남과는 음악 차별화가 되었으며 이러한 흐름은 지금까지도 이어지는 것 같다.

그리고 현 엔비(NB)의 전신인 우리나라 최고의 힙합 클럽 엔비아이엔비(Nbinb)가 테크노 클럽으로 탄생

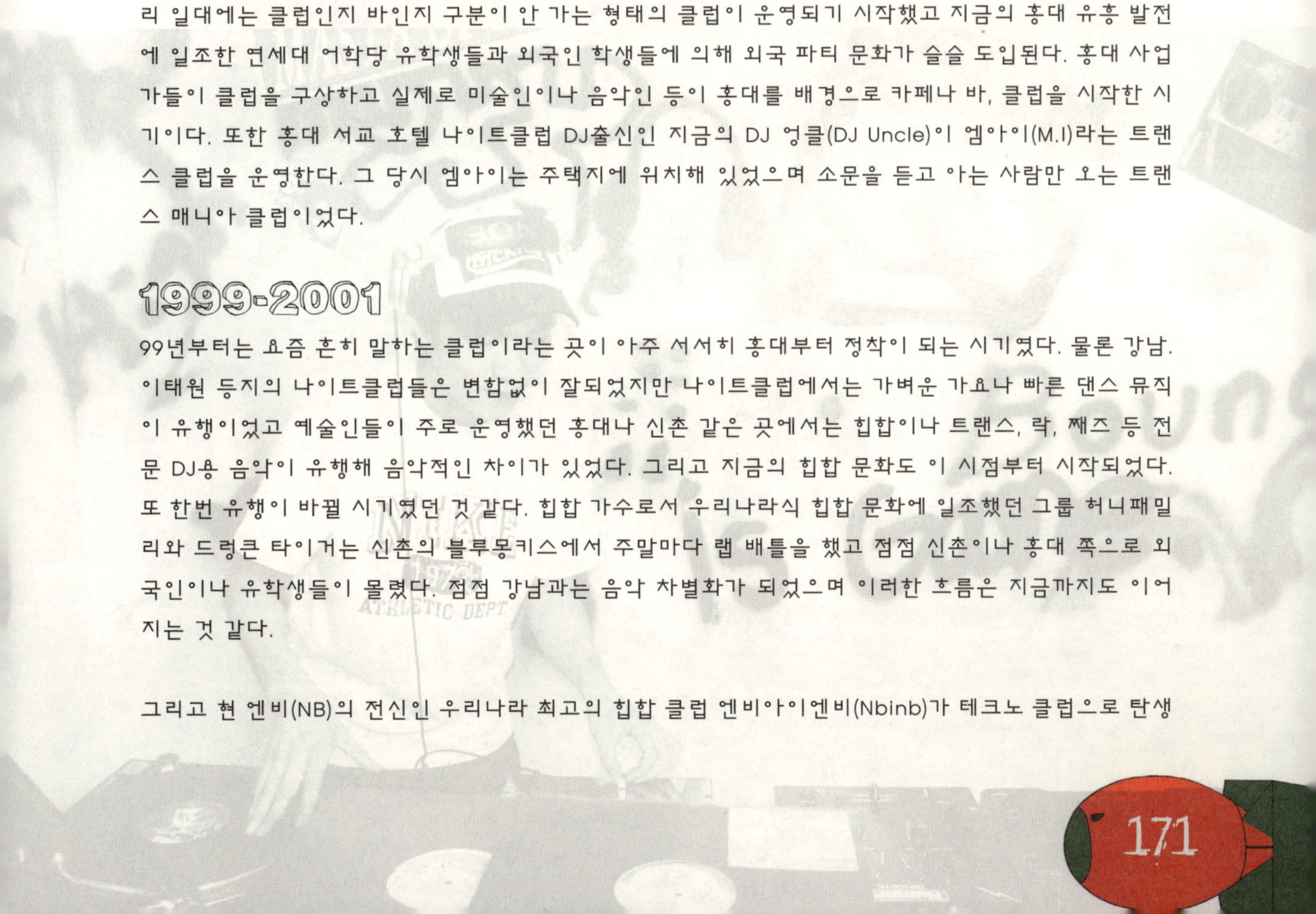

FLOCAB

했다. 그러나 주위에 있는 엠아이나 명월관, 조커레드, 마트마타의 경쟁력을 이겨내지 못하고 다시 엔비로 상호개명하며 와이지(YG)군단의 힘을 얻고 힙합 클럽의 원조 신촌 블루몽키스 DJ들을 영입해서 힙합 클럽으로 다시 자리를 잡기 시작한다. 양현석의 연예인 홍보 전략이 빛나던 부분이다. 그리고 이 당시에는 대마초나 엑스타시 등이 유학생이나 미군들의 의해 홍대에 많이 돈다 해서 마약 단속반들이 클럽을 기습하곤 했다. 실제로 모 클럽에선 바 매니저와 좀 친해지면 알약 같은 걸 전해 주고 판매하기도 했고 본인도 음악을 틀다가 몇 명이 잡혀가는 광경을 목격했다. 그런 점을 보면 홍대라는 곳이 철(?)없던 매니아들에게는 아직까지 신비스러운 곳으로 보이고 웃기지만 마약이 홍대가 클럽가로 발전하는 데 음악보다도 더 많은 영향을 주었던 것 같다.

한참 트랜스 뮤직이 강세였던 이때는 강남 신사 사거리 파라파라 나이트클럽에서는 일본의 유명 클럽 벨파레 수석 DJ였던 존 로빈슨이 공연하러 왔었고 얼마 후에는 세계적인 트랜스 DJ 폴반다익도 다녀갔었다. 클럽 디제잉의 흐름이 조금씩 전문 DJ쪽으로 맞추어져 가는 계기가 되었다. 2000년에 접어들자 홍대 클럽들이 어느 정도 자리를 잡고 엔비는 유일한 힙합 클럽으로 입지를 굳힌다. 이후 클럽들은 서로 연합하여 한 가지의 홍보물로 저렴하게 홍보할 수 있으며 클럽 입지를 확실하게 굳힐 수 있는 등 여러 가지 장점이 있는 클럽 데이를 만들어 홍대 클럽 문화의 발전을 도모한다. 나이트클럽의 부킹 문화에 식상해 버린 사람들은 또 다른 세계를 동경하며 홍대 클럽을 찾기 시작한다. 한 장의 티켓으로 여러 클럽을 왕래할 수 있는 클럽 데이는 처음 시작했을 당시에는 5000~7000명 정도가 클러빙했었다. 그 중 6000명 정도가 엔비를 다녀간 것을 보면 엔비의 위력이 얼마나 대단했는지 알 수 있다. 이 시절엔 홍대 음악의 원조격인 인디 밴드들은 힘없이 지냈고 일렉트로닉파와 엔비 힙합파로 나뉘는 분위기였다. 주로 돈은 없지만 음악을 좋아하는 사람들은 가격이 저렴한 홍대를 찾았고 음악보단 부킹이 목적이었던 사람들은 강남을 찾곤 했다. 본인이 홍대에서 파티를 많이 하던 시기였으나 솔직히 지겨운 시기였다. 밖에서 보기에는 뭔가 그럴듯한 홍대 클럽 문화였으나 뭔가 중간에 하나 빠져 버린, 돼지 목에 진주 목걸이 문화인 것 같았다. 오히려 이전에 아는 사람만 오던 그때가 더 좋았던 것 같다. 하여간 엔비의 성공으로 인해 다른 클럽에도 힙합 장르가 자리를 잡기 시작한다.

## 2002-현재

전국이 월드컵으로 떠들썩했었고 홍대 클럽 데이와 특히 엔비로 인해 홍대가 음악 매니아 지역으로 변했고 다양한 매체에서 힙합 문화가 자리를 잡아 간다. 당연히 도래할 현상이라고 생각한다. 90년대 말, 미성년 힙합 세대들이 이젠 클럽에 입장할 수 있는 나이가 되어 유행을 이끄는 세대들로서 클럽 문화의 주류가 된다. 엔비가 잘되는 이유도 유행 시기를 잘 맞추어서 준비했기 때문이라고 본다. 엔비의 성공을 지켜보며 시기했던 다른 클럽들은 이 유행을 틈타 힙합 클럽으로 변신을 꾀하고 싶었지만 엔비의 마케팅 능력과 규모를 따라잡기가 쉽지 않았기 때문에 쉽사리 바꾸지는 못했다. 이러한 힙합의 유행 여파로 다른 지역 부킹 나이트클럽들도 조금은 음악적으로 긴장하며 힙합을 들여온다. 그러나 강남의 나이트클럽들은 부킹 목적 클럽이라 쉽사리 시도를 하지 않았다. 아마도 지금도 장사가 안 되는 건 아닌데 하며 소규 노래는 잘 듣고 있나? 이제 랩의 본고장 출신인 플로캡에게 랩핑의 기본 원리에 대해 배우겠다. 플로캡이 미국에서 학생들을 가르칠 때에도 이 기본 원리는 가장 기초가 된단다. 랩을 통해 SAT 단어를 공부하는 플로캡의 공부 방식은 특히 미국 고등학생들에게 큰 인기를 얻고 있지. 공부에 도움이 될 뿐만 아니라 음악에 맞춰 신나게 랩도 할 수 있는데 누가 마다하겠어?

그런데, 플로캡이 도대체 뭐냐고? 알렉스 래퍼포트와 블레이크 해리슨이 만든 그룹 이름이지. 고등학생들에게 SAT 단어를 가르치기 위해 플로캡을 시작했다. 그들은 500개의 SAT 단어를 설명하는 12곡의 랩을 썼다. 지금은 고등학생들을 가르치며 미국 전역을 돌고 있지. MTV 등의 텔레비전 쇼에도 출연하고 말이야. 한국에도 자신들의 마술을 퍼트리려 우리와 손을 잡게 되었어. 자, 이제 플로캡의 강의를 한 번 들어 볼까?

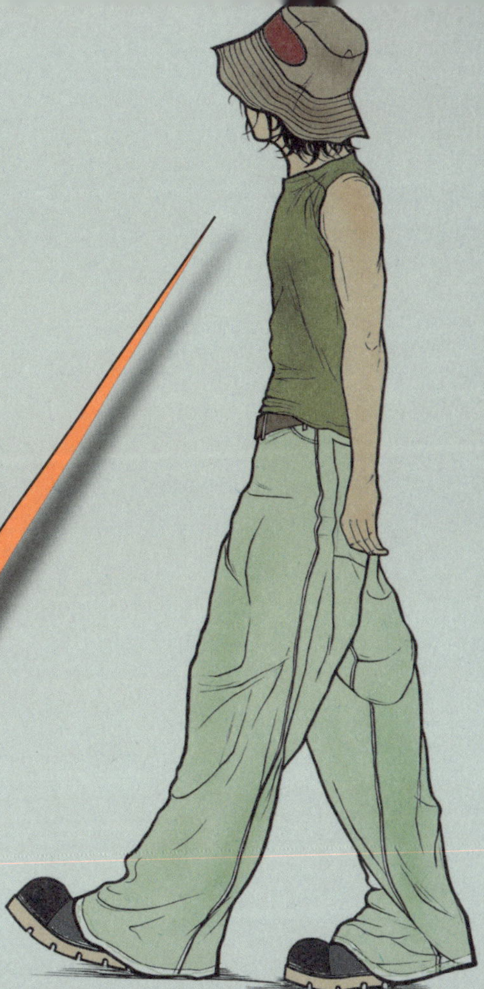

모의 클럽 문화를 받아들여 봐야 무조건 손해라는 계산이었을 것이다. 만약 이때부터 홍대 클럽 문화를 조금씩 접목시키고 개혁하여 나갔다면 지금의 엔비는 강남에 쉽게 진출하진 못했을 것이다.

클럽의 핵심인 음악과 DJ도 유행을 타는 시기였던 것 같다. 그동안 하우스 음악을 추구하였다가 힙합으로 스타일을 전향하기도 하고 음악 틀기엔 좋지만 수입이 적은 홍대 지역을 벗어나 전혀 코드가 맞지 않지만 나이트 클럽으로 넘어가서 일을 하는 사람도 있었다. 그리고 대부분의 사람들에게 홍대 DJ하면 음악 잘 트는 걸로 평가되고 강남 등 나이트 클럽 DJ하면 음악을 못 트는 걸로 인식되곤 했다. 그리하여 수년간의 노하우를 가진 자존심이 강한 몇몇의 나이트클럽 출신들은 일부러 수입이 적은 홍대로 유학을 가기도 하고 자신을 인터넷상에 과대포장하여 알리기도 하였다. 더 나아가서 실력적으로 검증이 안 된 DJ들도 닉네임과 스타일을 개선하여 거품이 잔뜩 실린 파티에 참여하기도 하였다. 이러한 현상으로 지금은 DJ들의 수준을 정확히 평가하여 영입하기가 힘든 게 사실이다.
그동안 클럽들은 수많은 유명 아티스트들의 파티를 유치했고 현재는 전국적으로 클럽 문화가 자리하고 있으며 앞으로는 성인 나이트클럽을 제외한 기존의 나이트클럽 문화가 전문적인 매니아 클럽으로 바뀔 전망이다.

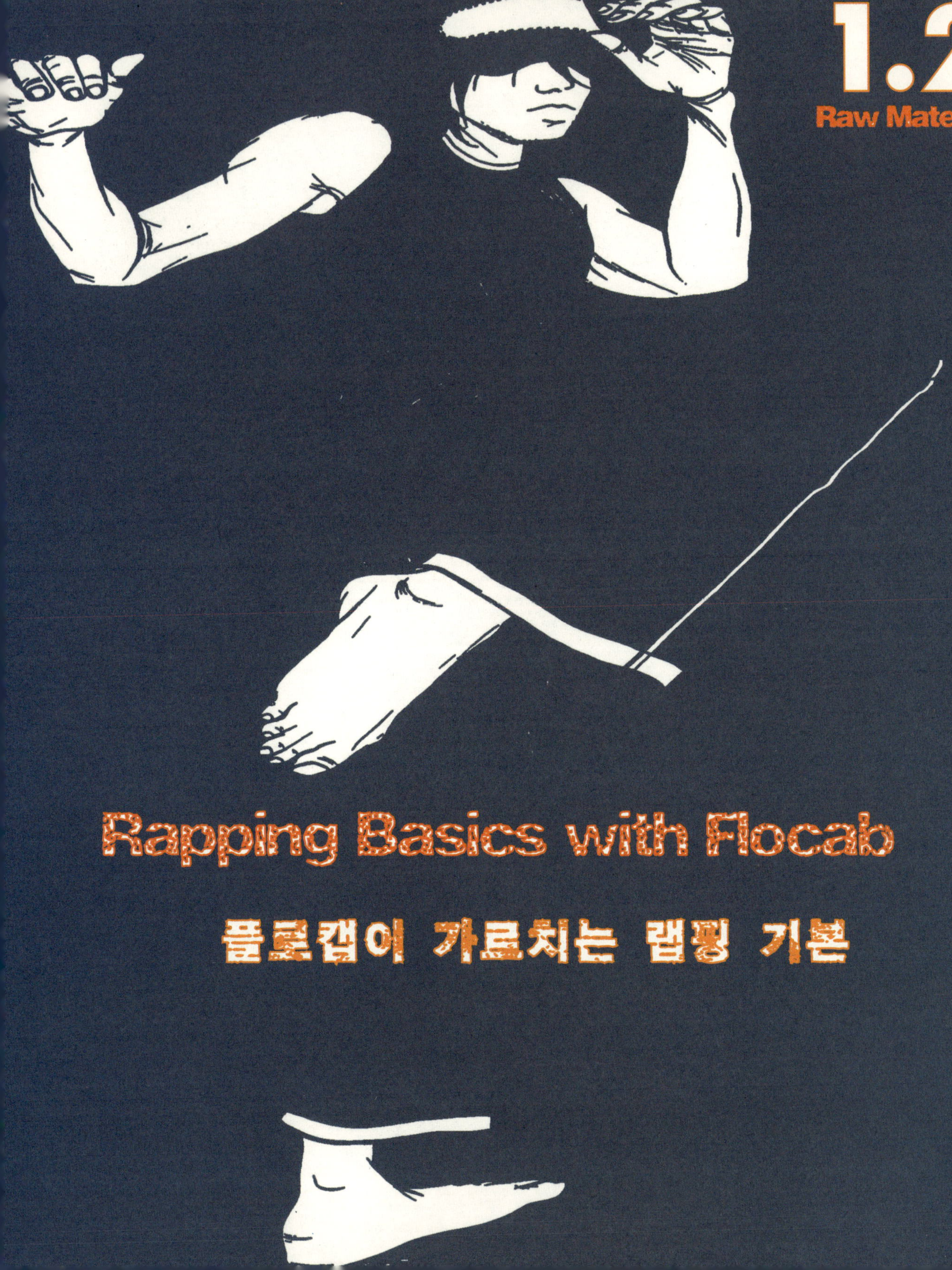

# 1.2
Raw Material

# Rapping Basics with Flocab
## 플로캡이 가르치는 랩핑 기본

I ♥ TA2

Music

## Playlist

| | | | |
|---|---|---|---|
| Mouth of the Horse | Book & Hip-hop Project | Flocab | P. 41 |
| 9번째 꿈 | Book & Hip-hop Project | Rappy | p.117 |
| 안녕하삼 | Book & Hip-hop Project | Flocab | p.135 |
| 개 같은 인생 | Book & Hip-hop Project | Rappy | p.151 |
| Lou Says Get... | Book & Hip-hop Project | Rappy | p.163 |
| Pop, Crackle, and Snap | Book & Hip-hop Project | Flocab | p.172 |

## STREET PHILOSOPHY #1

PAY YOUR DUES

김진희

Pay your dues.
꾸준한 노력과 고생으로 성공할 것
"I pay my dues, that's why I'm in the Boss man's shoes..."
Slim Thug from *Bic Banka Man*

# 패션 핵폭탄

힙합 프로젝트 1단계는 아주 쉽다. 노래를 그냥 듣는다. 그런데 힙합 음악은 다른 음악에 비해 베이스(BASS)가 두드러진다. 미국의 힙합 매니아들은 차 트렁크에 보조 스피커까지 장착해서 힙합을 즐긴다. 그래서 이들이 한번 지나가면 강렬한 베이스에 건물까지 흔들릴 정도다. 둥, 둥, 둥, 둥... 베이스에 맞춰 고개를 끄덕이면 느낌이 더 온다. 힙합 가수들도 이 베이스를 생각하면서 노래를 부르지.
힙합 프로젝트의 노래는 6곡이다. MP3에 담아서 가사나 영어에 신경 쓰지 말고 그냥 비트를 느끼면서 음악과 리듬에 익숙해지도록 해. '북 & 힙합 프로젝트'를 검색해서 다운 받으면 된다.

# HIP-HOP FASHION WITH

# SEONG HUI-CHAN

**www.smoodae.com**
**CEO**

1.1
Raw Material
Music Appreciation
음악 감상

# HIP-HOP FASHION

## 힙합 패션의 유래

감방의 죄수복에서 유래 : 빈민층을 형성하며 고된 삶을 살던 흑인 계층에서는 상대적으로 범죄자의 비율이 높았다. 감방에 들어간 이들에게 지급되었던 죄수복은 개개인의 체격에 다 들어맞지 않았고 벨트를 매는 것이 금지되어 있었으므로 허리 아래로 흘러내리는 옷을 입을 수밖에 없었다.

재고품에서 유래 : 미국 변두리의 한 의류 매장에서 재고품 정리를 위해 파격적인 세일을 단행해 평상시에는 고가의 의류를 구입할 수 없었던 흑인들이 대거 옷을 구입했다. 대부분 사이즈가 컸던 이 옷들을 구입한 흑인들은 수선비가 없어 그냥 입었는데 한 흑인 랩퍼가 이러한 의상을 입고 노상 무대에서 공연을 한 뒤 유행이 되었다고 한다.

헌옷에서 유래 : 하류층에 속했던 흑인들은 아이들에게 옷을 제때에 사 줄 수가 없었다. 그래서 부모님이나 형, 오빠, 언니, 누나의 옷을 물려 받거나 헌옷을 주워 입을 수 밖에 없었다. 여기서 헐렁한 힙합 패션이 유래했다고도 한다.

갱들의 의상에서 유래 : 할렘에서 자란 아이들의 직업은 대부분 '갱' 이었고 이들이 권총, 총탄, 마약 등을 소지하기 위해서는 통이 넓고 주머니가 많이 달린 옷이 필요했다. 이러한 의상이 길거리 패션으로 자리 잡았다고 한다.

## 힙합 패션

힙합 패션은 흑인 길거리 문화에서 비롯된 크고, 편안하고, 자유로운 복장 스타일이다. 대표적인 힙합 스타일로는 드럼 스타일(drum style)과 배기 스타일(baggy style)을 들 수 있다. 드럼 스타일은 전체적으로 통이 넓고 긴 반면 배기 스타일은 전체적으로 통이 넓으나 위는 통이 더 넓고 아래로 통이 좁아진다. 원래 정통 아메리칸 힙합 스타일은 배기 스타일이었으나 동양으로 건너오면서 동양인의 체형에 맞게 변형된 것이 드럼 스타일이다. 상의는 박스 스타일과 슬림하고 타이트한 스타일 두 종류가 있다. 폴리에스테르와 나일론 소재에 밝은 청색이나 네이비, 베이지 색상이 주류를 이룬다.

그러나 점점 힙합 패션의 초기 스타일만을 고집하지 않고 실용적인 힙합 스타일을 추구하여 스포츠 웨어와 힙합을 섞어 기능성 있는 옷이 인기를 얻고 있으며 여성의 힙합 스타일 선호가 증가하면서 세미 힙합 스타일이 인기를 얻고 있다. 힙합 스타일의 가장 큰 매력은 옷을 많이 구입하지 않고도 다양한 코디와 액세서리로 세련된 연출을 할 수 있으며 여기에다 실용성과 기능성을 가미해 누구든지 편하게 입을 수 있다는 것이다.

# HIP-HOP PROJECT blueprint

# 1. 힙합스타일 필수 아이템

**뉴에라** - 힙합 필수 아이템 중 1호라 불릴 수 있는 뉴에라. 주로 NBA, MLB 구단의 마크나 로고가 디자인 된 제품이 대부분이고 힙합 브랜드도 있다. 힙합 스타일에 뉴에라 정도는 써 줘야 힙합 매니아라는 소리를 듣는다. 사이즈가 국내에서는 좀 생소한데 7 1/2, 7 5/8 이런 식이다. (스무대 사이트 www.smoodae.com 뉴에라 사이즈 정보 참조)
주로 7 1/2의 중간 치수를 많이 선호하고 매니아층에서는 뉴에라에 수건이나 두랩(두건)을 함께 착용해서 리얼 스타일을 만들곤 한다. 뻣뻣한 스타일로 사용하는 것이 포인트이고 절대 일반 야구 모자처럼 앞쪽 챙을 구기거나 세탁해서 구깃하게 만들어 착용하면 안 된다.

**실버목걸이** - 뭔가 허전할 때 포인트를 줄 수 있는 최고의 제품으로, 특히 플레인(무지)스타일에 실버 목걸이 하나 정도 묵직하게 걸어 주면 스타일이 난다. 가슴 아래까지 길게 늘어지는 것이 특징이다.

Hip-hop is about...

....life.

**두랩** 좀더 강한 스타일이 필요할 때 좋은 아이템으로 두랩을 착용하면 개성 있고 프리한 스타일을 연출할 수 있다. 수건 스타일로 접어서 이마만 가리는 밴드형과 머리를 완전히 감싸는 두건형 두 가지로 가능하고, 앞서 말한 뉴에라와 함께 많이 착용되고 있다.

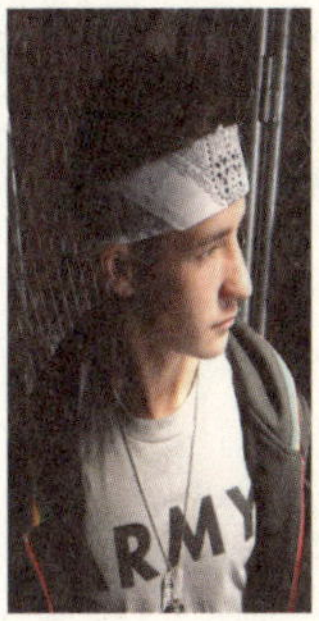

**벨트** - 힙합 벨트는 주로 로고나 이미지 버클이 대부분으로 버클이 크고 스틸 소재로 화려한 것이 특징이다. 힙합 스타일에서는 티셔츠를 안으로 집어 넣어 입으면 안 되기 때문에 벨트가 밖으로 드러나지는 않지만 매니아라면 착용해야 하는 숨은 공신이다.

Hip-hop is about...

...finding your path in life.

## 슈즈

포스 스타일(발목이 높은)이 대부분이고 전형적인 농구 스타일 슈즈가 많은데, 이는 길게 늘어지는 힙합 팬츠의 특성상 끌림도 방지하고 힙합 특유의 묵직한 여유 있는 스타일로 마무리해 주기 때문인 것 같다. 절대 얇아 보이는 스니커즈는 피해야 한다. 바지에 덮힐 뿐 아니라 힙합의 여유로운 사이즈에 비해서 다소 빈곤해 보이기 때문이다.

Hip-hop is about...

.. having fun.

## 밴드

필수는 아니지만, 스포티함을 강조할 때 좋은 아이템으로 머리에 쓰는 헤드 밴드, 팔목에 착용하는 팔목 밴드 등이 있는데, 주로 여름에 나시나 반팔을 입으면 허전해 보일 수 있는 손목이나 머리 부분에 포인트를 줄 수 있다. 원래는 스포츠 용도의 신체 보호용이지만, 힙합 패션에서는 스포티한 스타일을 강조할 때 사용이 되는 패션 아이템으로 자리 잡았다.

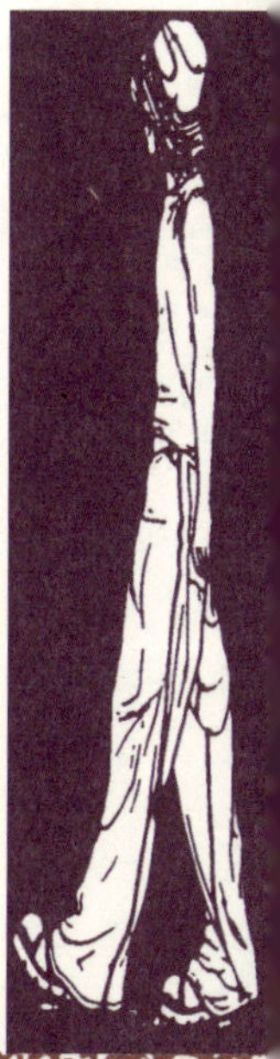

핵폭탄 5가지가 바로 되는 사람이 어디 있겠어? 하지만 만약 이 5가지가 다 된다면 얼마나 좋겠어? 그렇다고 6개월 안에, 또는 1 년 안에 어떻게 해 보겠다는 건 곤란하다. 큰소리치며 덤벼들었다가 좌절하는 사람도 많이 봤거든. 절대 그런 속전속결의 방편은 영어에서는 통하지 않는다는 것! 왜냐하면 영어는 일평생의 과업이니까. 그럼, 어떻게 하냐고?
영어 '공부'를 한다는 생각은 접어 두고 아래의 5가지를 벽에 붙여 놓고 그냥 이런 사람이 되도록 노력해 봐. 일평생 이런 사람이 되도록 노력하는 거지.
이 프로젝트의 주인공은 당신이고,
그 결과는 당신에게 달렸다.
키워드...힙합...

YO, DROPPIN' ENGLISH BOMBS
THAT ARE NUCLEAR.

## 영어 핵폭탄

1. 어디서든 누구 앞에서든 영어를 내뱉을 수 있다.
2. 구시대 영어는 안 쓴다.
3. 영어로 상대방을 제압할 수 있다.
4. 실수해도 열정은 넘친다.
5. 자신이 접하는 세상을 영어 랩으로 표현할 수 있다.

## 체인

워킹 스타일에 좀더 스타일을 강조하고 싶다면, 체인을 착용해 보자. 힙합은 대부분 청바지가 주류인데 심플한 바지의 경우 체인 하나만으로 리얼 스타일을 만들 수 있고 스트리트에서 워킹을 할 때 사람들의 시선을 집중시킬 수 있는 아이템이다. 기본적으로 허리 앞쪽이나 뒤쪽에 거는 방법과 그냥 아래로 길게 한 줄로 거는 방법, 그리고 지갑이나 가방과 연결해서 착용하기도 한다.

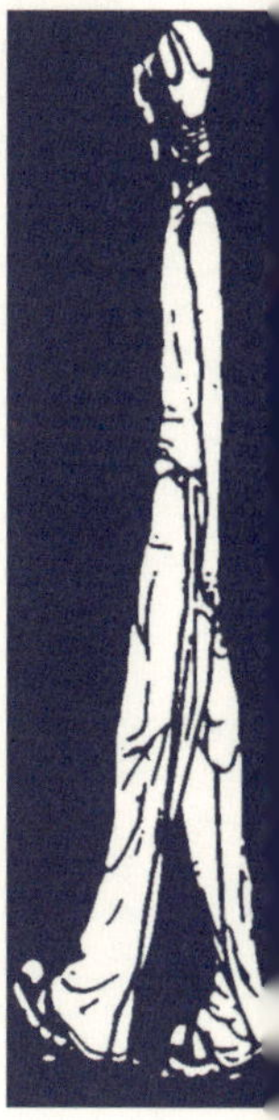

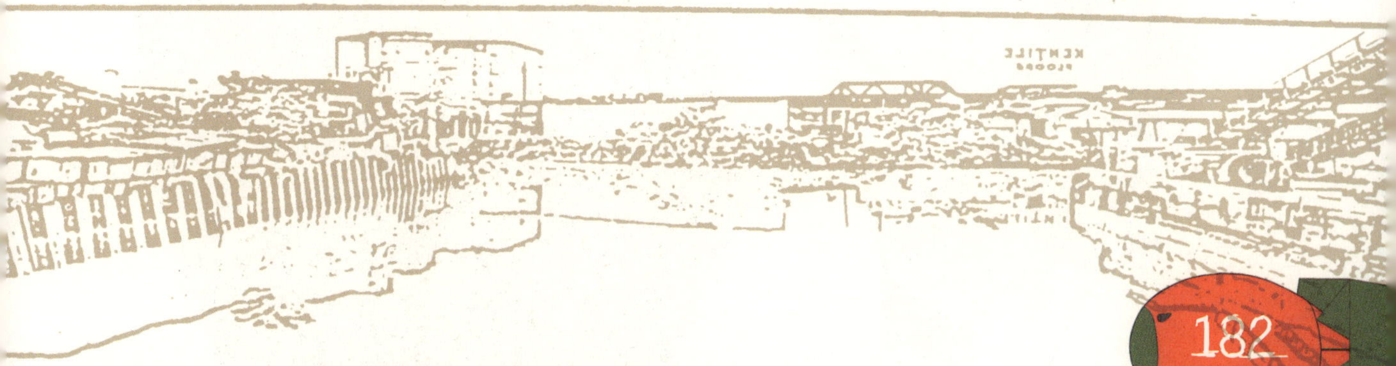

힙합 프로젝트에 참여하게 된 것을 환영한다. 내 이름은 루. 힙합 프로젝트는 쿨하고 느낌 있는 영어를 말할 수 있는 영어 핵폭탄을 만드는 프로젝트이다. 난 거짓말이나 사기 치는 걸 아주 싫어하니까 솔직하게 말하는데 그렇다고 뭐, 이 프로젝트 하나로 영어 문제가 다 해결되는 건 아니야. 하지만 힙합이라는 새로운 문화를 접하며 영어도 배울 수 있다는 건 참 매력적이지 않아?
그럼, 이제 시작해 볼까?
LET'S DO THIS!

## 2. 힙합 패션 클리닉

**타이트한 바지를 입는다 –** 짝 달라붙는 바지는 절대 피해야 합니다. 상의는 타이트하게, 하의는 헐렁하게 입는 것은 괜찮지만 반대로 하의를 타이트하게 입으면 락앤롤 스타처럼 보이게 됩니다.

**상의를 바지 안에 넣어 입는다 –** 힙합 패션의 생명은 여유입니다. 여유롭게 티셔츠를 길게 내려 입어 주세요.

WELCOME TO
MY WORLD...
THE HIP-HOP
PROJECT.

**무조건 크게 입는다 -** 물론, 아닙니다. 힙합의 기본은 여유이지만, 무조건 크게 입는 것은 절대 아닙니다. 요즘엔 힙합 스타일도 자꾸 변해서 사이즈는 좀 작아지고 힙합 특유의 디자인을 살리면서 일반 패션화하는 경향이 있습니다.

## 3. 힙합 보이 스타일

**플레인 스타일 -** 주로 흰 면티나 디자인이 거의 없는 깔끔한 스타일로 입는 패션으로 무지 스타일이라고도 한다. 특히, 얼굴이 어두운 흑인들에게 잘 어울리는데 화이트 컬러의 티셔츠와 힙합 청바지만으로도 스타일을 연출할 수 있고 실버 목걸이를 착용해 포인트를 줄 수 있다. 가장 저렴하게 힙합 패션을 입을 수 있고 화려하지는 않지만 사이즈만 넉넉하게 착용하면 경제적인 힙합 스타일이 나옵니다.

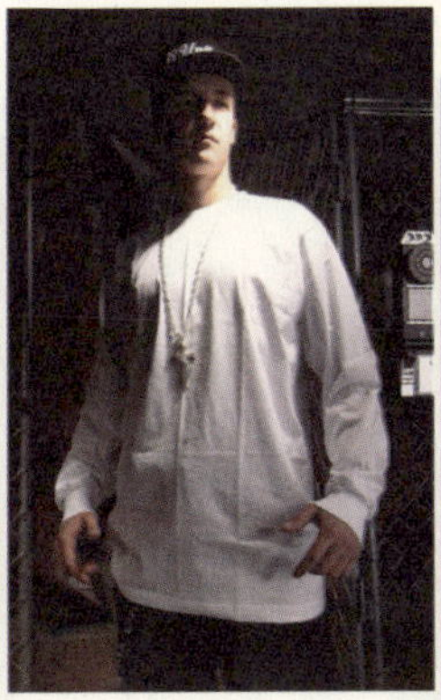

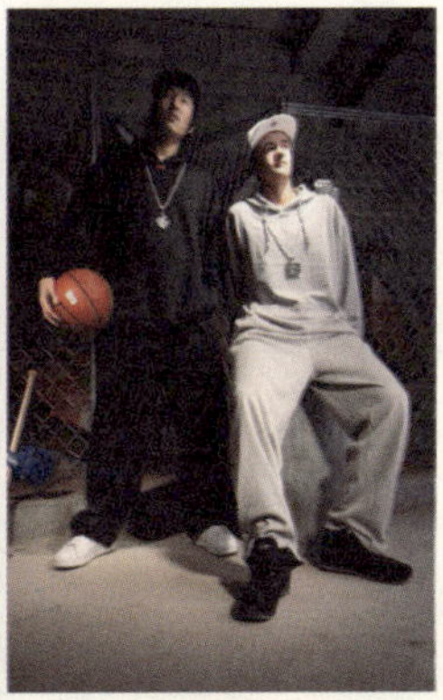

You are about to enter the Hip-hop Project: a revolutionary new way of learning English. Prepare to drop science. Class begins in 4...3...2..1...

**베이직 스타일** - 기본 스타일로 일반 패션을 즐기는 사람들도 부담 없이 입을 수 있는 힙합 패션이다. 요즘은 주 5일제 실시로 일반 회사원들이 레져, 피크닉 등 야외에 나갈 때 편하게 입는 스타일로 각광 받고 있다. 패션의 특징이라면 로고나 그래피티가 부담스럽지 않고 너무 튀지 않게 디자인 되어 가볍게 입기에 좋은 패션이다.

TOP SECRET

1941년, 독일의 히틀러 세력을 제거하기 위한 핵폭탄을 만들기 위해 전 세계 과학자들이 모였다. 바로 맨하탄 프로젝트(**Manhattan Project**)이다. 수많은 노력 끝에 역사상 최초의 핵폭탄을 개발했다. 21세기 현재, 영어가 필수인 이 시점에 '영어 핵폭탄'을 만들기 위해 또 다른 프로젝트가 문을 열었다. 바로 힙합 프로젝트(**Hip-hop Project**)이다. 힙합을 통해서 영어를 배운다는 것이다. 미국에서 벌써 진행된 이 프로젝트가 이제 한국에 왔다. 힙합을 통해 새로운 영어, 다른 세계를 경험하고 싶은 분들을 위해 힙합 프로젝트가 시작된다. 피나는 노력 끝에 우리도 '영어 핵폭탄'을 보유하게 될 감격의 순간을 떠올리며 고정 관념을 버리고 일단 힙합 스타가 돼 보자.

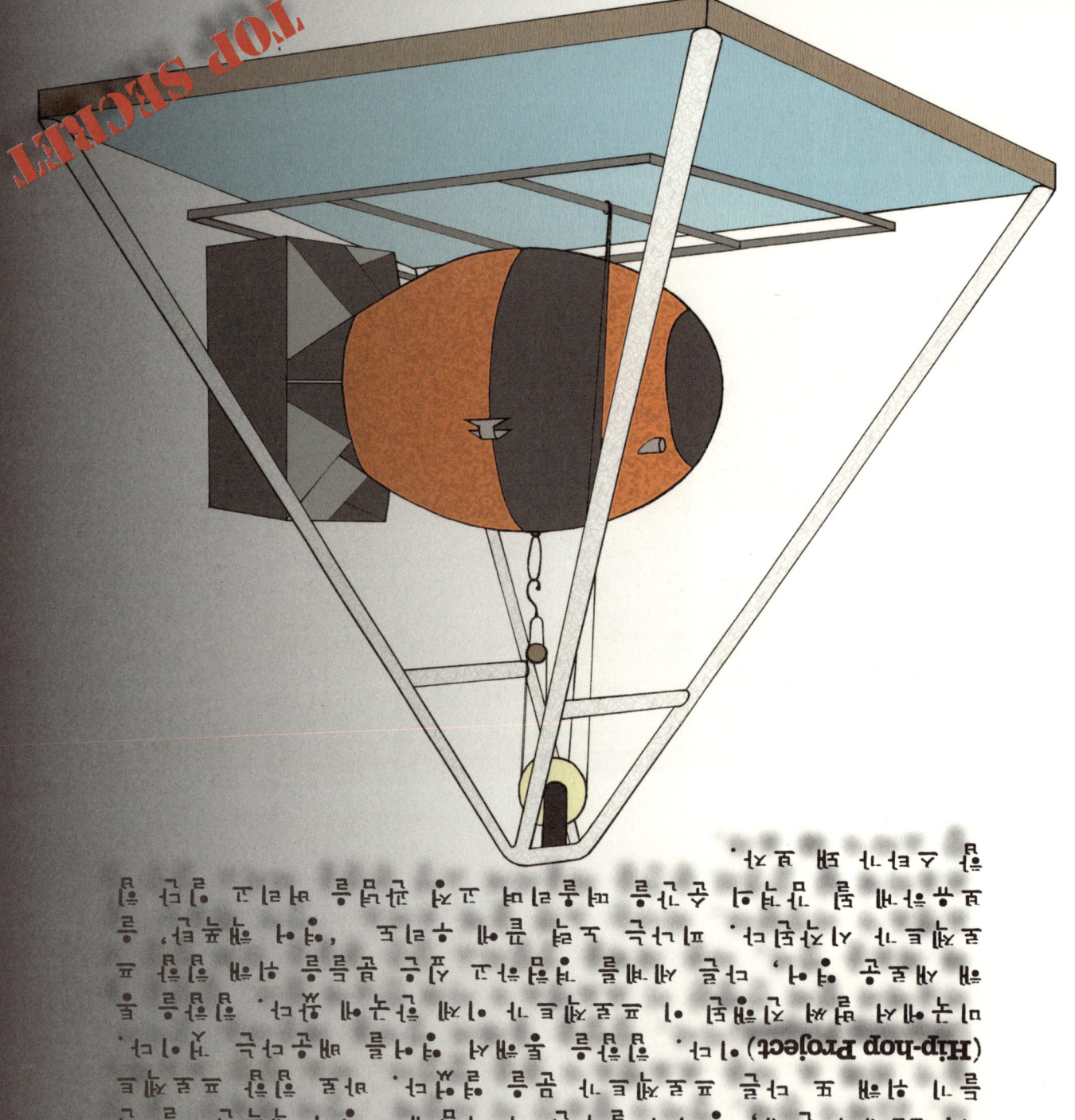

TOP SECRET

**믹스 스타일 -** 요즘 유행하는 스트리트 패션이나 밀리터리 패션 혹은 일반 패션 스타일과 믹스해서 입는 스타일이다. 주로 옷을 좀 입어 보는 매니아층에서 한 종류 옷만 입다가 싫증이 날 경우 다른 스타일과 믹스해서 시도를 하는 편인데, 그래서 다양한 스타일이 많다. 주로 상의는 타이트한 일본 스타일과 밀리터리 스타일에 하의는 통이 넓은 힙합 스타일 청바지나 카고 팬츠를 입어 활동적인 힙합 스타일을 풍기는 믹스풍이 많다.

**스포츠 스타일 -** 주로 NBA, MLB 믹스 스타일이 많다. 미국 스포츠계에는 흑인들이 많고 이는 힙합 패션에도 영향을 주었다. 기본 힙합 스타일에 스포츠 브랜드의 로고와 디자인이 화려하게 믹스되어 스포티한 점이 강조되는 것이 특징이다.

Hip-hop Project
힙합 프로젝트
초판 1쇄 인쇄/ 2007년 8월 20일
지은이/ 피니 최, 래피
발행처/ 스왜거루
등록/ 2002년 2월 5일
제 4-141호

주소/ 대구시 달서구 상인 1동
월촌보성화성타운 상가 106호
전화/ 080.089.0827
email:sam@swaggerlou.org



ISBN 978-89-959870-0-1

**리얼 스타일 -** 힙합 스타일의 자존심이라 불리는 최고의 스타일이다. 힙합 애호가라면 이 정도 스타일은 만들어 줘야 진정한 리얼이라 불릴 수 있다. 사이즈 면에서는 보통 2-3 사이즈 크게 입으며 디자인은 아주 심플하거나 정말 화려한 스타일로 나뉘는데 거의 스타들의 수준이라 볼 수 있다. 허벅지까지 내려오는 티셔츠에 걸친 듯 크게 입은 자켓, 흘러내릴 듯한 바지, 그리고 뉴에라, 실버 목걸이, 체인으로 포인트를 주면 스타일이 완성된다.

**세미 스타일 -** 특정 스타일이라기보다는 힙합이 좋아 시도하고 싶은데 너무 큰 사이즈에 부담이 가는 사람들에게 주로 시도되는 스타일, 디자인도 적당하고 사이즈도 아주 작지도 크지도 않다.

# 힙합 프로젝트

**BY**

피니 최 (PHINNEY CHOE) & 래피 (RAPPETIZER)

그림/아리엘 류 (ARIEL RYU)
옮김/저이다 리 (JADA LEE)
편집/클로이 리 (CHLOE LEE)

www.swaggerlou.com
English blog :
www. hiphopproject.net
Korean blog :
blog.naver.com/hiphoproject

Hip-hop Project
Live and in Full Effect
"A teacher will begin to speak in 4 seconds."

# Special props to...

# 고마운 분들...

First, we thank God for all His blessings. We turn all glory to God.

Shout out to our music distributor. Thanks for getting our songs out there and for the great ideas!

SEAL BROAD

콘텐츠팀 매니저 박장혁
hitmusic@sealmedia.com

Shout out to the recording studio and the engineers. Songs were dope.

Producer 김준우
zoo2636@hanmail.net

Thinking about studying abroad? Contact these guys....

Kim 김옥란 유학원

대구지사 대표 임경미
22kimokran@hanmail.net
www.kimokrandg.com

Shout out to the DJs. Thanks for lending us your practise room.

최대현 aka
Dj Fever

So many great people were involved in this project. Looking forward to making Hip-hop Project 2!

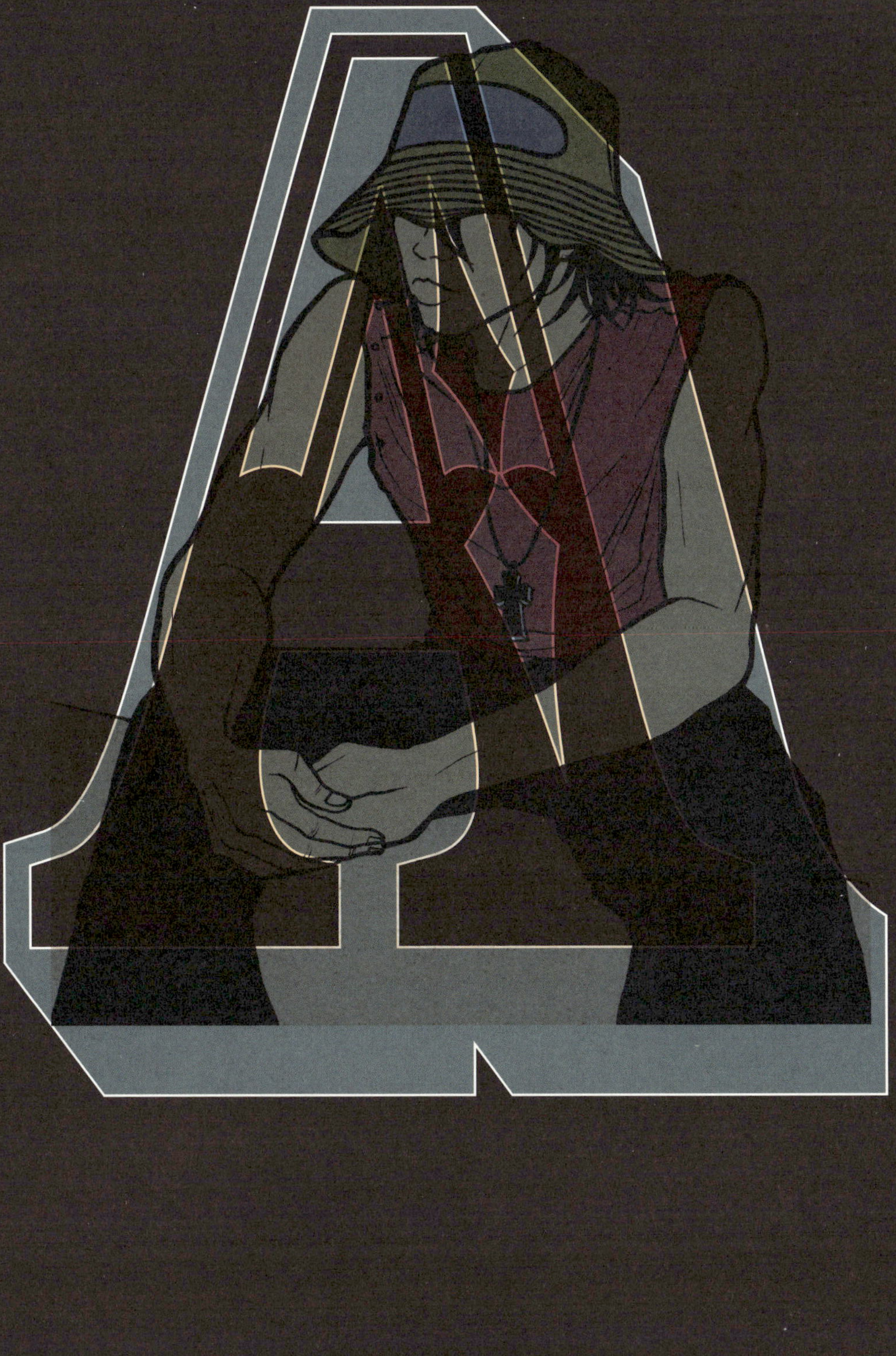

영어 핵폭탄 만들기